## Tu mir eine Liebe

*Essay über nachgeborene Juden in Deutschland und ihr Erbe*

An einem Nachmittag besuchte ich die Redaktion der *Jüdischen Allgemeinen* in Berlin, im Zimmer der Chefredakteurin Judith Hart klingelte unentwegt das Telefon, also gingen wir in ein Café. Wir setzten uns, wir sahen uns nach der Kellnerin um, die Kellnerin wollte erst noch im Eingang zur Küche ihre Zigarette zu Ende rauchen. Gut. Wir begannen schon mal, übers Geschäft zu sprechen, über die Konkurrenz, über die namhaften Zeitungen mit ihren hohen Auflagen und was die alles falsch machten, »aber manches machen sie auch wieder richtig«, sagte Judith Hart, beispielsweise hätte sie auch gern in der *Jüdischen Allgemeinen* eine Prominenten-Serie, eine Serie, in der sich bekannte jüdische Frauen und Männer zu einem bestimmten Thema äußerten oder zu einem bestimmten Stichwort. Nichts Fiktives, etwas, was alle irgendwie anginge und zu dem alle etwas sagen könnten, etwas Besonderes und Provozierendes, irgendeine heilige Kuh. Ob mir nichts einfiele. Und mir fiel die jiddische Mamme ein.

Wer würde von seiner Mutter und sich erzählen wollen? Natürlich alle. Aber zur Veröffentlichung? Woody Allen! Da weiß man schon alles. Ron Sommer? Der wird nichts sagen. Bette Middler! Hat die denn Kinder?

So ist das. Der Mann ist der Sohn. Die Frau ist die Mutter. Ob Ödipus Jude war? Vielleicht seine Mutter Iokaste, das hätte nach der Halacha schon gereicht.

Wir sollten im deutschsprachigen Raum bleiben, beschlossen wir, und das machte alles nur noch komplizierter. Wer ist Jude? Die Frage kennt man, die Antworten können unterschiedlich ausfallen. Wer ist deutscher Jude? Die Jeckes in Israel? Juden, die vor 1933 in Deutschland geboren wurden, hier zur Schule gingen, noch immer Hessisch oder Bayerisch sprechen und seit etwa sechzig Jahren in Florida leben, in Nizza, in Mexiko oder Montevideo? Die russischen Mitglieder der deutschen jüdischen Gemeinden? Die Israelis in Berlin? Für Juden draußen, in der Welt, scheint es nach der Shoa gar keine deutschen Juden mehr zu geben, nur Juden, die unbegreiflicherweise in Deutschland leben.

Was ist mit den jüdischen Frauen und Männern, die nach der Halacha nicht jüdisch sind, weil ihr Vater Jude ist, nicht aber ihre Mutter? Für die Nazis hätte es gereicht. Selbstverständlich braucht jede Religion wie jeder Verein Regularien, wer gehört dazu, wer ist willkommen im Club. Alle, die eine jüdische Mutter haben, eine Mamme. Reicht das aus, um Jude zu sein? Es reicht aus, um Jude zu werden, aber das allein ist es nicht. Nicht nur.

Es gab Zeiten, da wollten tatsächlich viele Leute auf einmal Juden sein, besonders in der Bundesrepublik, sie konvertierten zum Judentum, anstatt sich mit der Nazivergangenheit ihrer Familie auseinanderzusetzen, und sind nun Juden, während es in der DDR andersherum war, da wollten Juden keine Juden sein und entsprachen darin genau dem, wovon Juden seit Generationen wissen, daß es typisch jüdisch ist.

Kann eine nichtjüdische Mutter eine jiddische Mamme sein? Man möchte sofort sagen: Nein! Sie kann zum Judentum konvertieren, aber nicht zur jiddischen Mamme. Ob die jiddische Mamme die beste aller Mütter ist? Zumindest hält sie sich selbst dafür: Tu mir eine Liebe – und iß noch etwas, sei vorsichtig, ruf mich an, wenn du wieder zu Hause bist, egal wie spät es ist, nein, ruf mich nicht an, ich erschreck mich sonst zu Tode, oder, ruf mich lieber doch an, erschrickst du mich eben zu

Tode. Die jiddische Mamme ist kein Klischee, keine Kunstfigur, keine Übertreibung. Sie ist etwas unverwechselbar Jüdisches. Andererseits, fragt man in jüdisch-deutschen Familien nach – und das war es, was ich nun tat, auf der Suche nach Töchtern und Söhnen, die bereit sein würden, mir von ihrer Mutter zu erzählen –, trifft man auf Mischmasch. In jüdischen Familien trifft man immer auf Mischmasch, und jeder Mischmasch ist anders. Es gibt Mischmasch, der paßt in die Halacha, und es gibt Mischmasch, der paßt nicht.

Mir erzählte eine Tochter, ihre Mutter sei 1938 als junges Mädchen mit ihrer katholischen, nichtjüdischen, polnischen Mutter und ihrem jüdischen deutschen Vater von Leipzig nach Polen ausgewiesen worden, und von Polen seien sie nach damals Britisch-Palästina geflohen. Ihre Mutter habe später in Haifa einen jemenitischen Juden geheiratet und mit ihm fünf Kinder bekommen, darunter eine Tochter; ebendie Frau, mit der ich sprach. In den sechziger Jahren war ihre Familie in die damalige Bundesrepublik gegangen. Als erstes meldeten sie sich bei der jüdischen Gemeinde. Da sie alle aus Israel kamen, zweifelte niemand an ihrer hundertprozentigen Jüdischkeit, auch die nichtjüdische, katholische Polin, die Mutter ihrer Mutter, sagte mir meine Gesprächspartnerin, wurde mit eingemeindet, und selbstverständlich auch ihre Mutter, polnisch mütterlicherseits und jüdisch-sächsisch vom Vater her. Die Familie ließ es geschehen. Besser so, sagten sie sich. Aber dieses Geheimnis jetzt lüften? Wo gerade ihre Mutter aber wirklich alle Klischees einer jiddischen Mamme erfülle! Das könne sie ihrer Mutter unmöglich antun. Also wurde nichts aus unserem Gespräch.

Meine Mamme, die Schickse? Ein schwer belastetes Wort, vor allem für die Töchter und Söhne. Was ist mit ihrem eigenen jüdischen Selbst? Wer weiß schon, daß der nichtjüdische Mann einer Jüdin auf jiddisch Schajgetz heißt. Die Frau ist wichtiger, auch dann, wenn sie schlechtgemacht wird. Schickse ist das jiddische Wort für eine nichtjüdische Frau, die mit einem Juden zusammen ist, sie gilt orthodoxen Juden als unrein, da sie die religiösen Reinigungsgesetze für eine Frau nicht befolgt. Strenggläubige Juden sitzen Schiwe für ihren Sohn, wenn der eine Nichtjüdin heiratet, sie trauern um diesen Sohn, als sei er gestorben.

Ruth, eine der Stammütter der Judenheit, war eine Schickse, sie war Moabitin. Von ihr ist eines der anrührendsten und zudem berühmtesten Zitate überliefert. Sie liebte ihre Schwiegermamme Naomi, und nachdem Ruths Mann gestorben war, sprach Ruth zu ihr: *Dringe nicht in mich, dich zu verlassen, mich abzukehren von dir; denn wohin du gehest, gehe ich, und wo du weilest, weile ich; dein Volk ist mein Volk, und dein Gott ist mein Gott. Wo du stirbst, sterbe ich, und dort will ich begraben werden. So tue mir der Ewige, und so fahre er fort, der Tod (allein) wird scheiden zwischen mir und dir!* (Ruth 1:16, 17). Sie trat über zum Judentum und wurde im weiteren Verlauf der Familiengeschichte die Urgroßmutter von König David.

Was war mit Joseph, dem Sohn von Rachel und Jakob? Als einziger von seinen Brüdern heiratete er eine Schickse. Asenat war die Tochter des ägyptischen Priesters Poti-Phera und wurde die Mutter von Ephraim und Manasse. Keine Mamme. Sie soll übergetreten sein, behaupten die Orthodoxen, genau weiß es niemand. Historische Überlieferung, Geschichtsschreibung beruht im wahrsten Sinne auf Familiengeschichten, deren emotionale Zusammenhänge man nie ganz erfährt. Nicht nur weil die Eltern und die Verwandtschaft, sofern man eine hat, einem nicht die ganze Wahrheit sagen wollen, ganz im Gegenteil ist ihr Verschweigen ja gerade erhellend, sondern weil nie alles sagbar ist, was in einem lebt.

Am Anfang war die Frau, die Mutter. Sie ist der erste Mensch. Sie war zuerst da. Die Schöpfung des eigenen Lebens beginnt mit ihr und mit ihrer Hilfe. Die erste Liebesbeziehung im Leben eines jeden Menschen ist die Beziehung zur Mutter, zur Frau. In dieser wichtigen Position ist die Frau von immenser Bedeutung. Sie ist mächtiger als der Vater, der Mann. Sie ist die Autorität. Sie gibt und nimmt. Sie erlaubt und verbietet. Sie kommt und verläßt. Sie ist da und wärmt. Kommt sie nicht, wird sie vermißt und gehaßt und weiter geliebt. Die ersten Erfahrungen mit Liebe, Macht, Ohnmacht und Abhängigkeit sammelt jedes Kind, Mädchen oder Junge, in der Beziehung zur Frau. In welche Situation aber wird das Kind hineingeboren? In welche Lebenssituation der Mutter? Und was war damals, als die Mutter geboren wurde, was war in ihrer Kindheit?

Siebenundzwanzig Porträts sind entstanden, vierzehn jüdische Töchter und dreizehn jüdische Söhne haben erzählt, darunter eine Tochter und ein Sohn mit einer nichtjüdischen Mutter. Mindestens dreimal so viele Ablehnungen sind gekommen. Das ist interessant, bei diesem Thema will man wissen, warum jemand nein gesagt hat, die anderen, die zugesagt haben, scheinen nicht so wichtig. Die haben sowieso nur das erzählt, was die Mamme gern liest?

Da gibt es eine Geschichte von einem bekannten Juden, einer von denen, die nicht mit mir über ihre Mutter sprechen wollten, der ging über viele Jahre mehrmals die Woche zu einer Psychoanalytikerin, und jede Woche brachte er ihr ganz brav einen Traum mit. Nach ein paar Jahren Analyse gestand er ihr, daß er keinen seiner erzählten Träume wirklich im Schlaf geträumt hatte, sondern alle ausgedacht waren. Sie antwortete ihm, das sei nicht weiter schlimm, ob nun Träume oder Lügen, es seien ja doch immer seine Einfälle, und mit jedem Einfall lasse sich arbeiten.

Abgesagt wurde aus persönlichen Gründen, es sei nicht gut fürs Geschäft. Kann der bekannte Hamburger Bankier von seiner Mamme erzählen, wo die Aktien jetzt so schlecht stehen? Kann er nicht. Die Schauspielerin? Winkt ab. Das sei nicht ihr Thema. Wieso nicht? Sie spiele doch auch Jüdinnen. Zu spielen sei ihr Beruf, ihr persönlich sage das Jüdischsein nichts, sie sei Österreicherin. Punktum. Ich hatte mir das so schön gedacht, sie würde mit mir über ihre Mutter sprechen, und ihre Tochter oder ihr Sohn würden mit mir über sie sprechen. Nichts da! Ihre Tochter oder ihren Sohn brauchte ich erst gar nicht zu fragen. Der Politiker, von dem die einen sagen, er sei doch bloß Vierteljude, und die anderen sagen, er sei halb, und bei dem alle, ob viertel oder halb, »der Jude« denken? Nein, schreibt er, er möchte nicht, ich solle bitte dafür Verständnis haben. Und der Politiker aus der anderen Partei möchte auch nicht. Er ruft an und spricht, daß daraus ein ganzes Buch für sich werden könnte. Er kennt mich gar nicht. Aber das Jüdische ist uns gemeinsam, und so nimmt er mich mit hinein in sein Geheimnis, ganz nah heran, und er bindet mich. Er habe seinen Vater so sehr geliebt, auch dafür geliebt, daß dieser nichtjüdische Vater bei ihm und seiner Mutter geblieben sei in der Nazizeit, obwohl seine Mutter ihm das nicht gedankt habe, sie sei ihm keine gute Frau gewesen. Aber darüber öffentlich sprechen? Das wolle er dem Andenken seines Vaters nicht antun. Und dann der Antisemitismus in Deutschland, der sich wieder neu belebe. Diese Leute würden eine persönliche Tragödie mißbrauchen, um sich selbst in ihrem Judenhaß zu bestätigen.

Der nächste Versuch, die nächste Absage: eine Dame aus dem Vorstand einer jüdischen Gemeinde. Über ihre Mutter? Nein, danke. Sie sei eine Tate-Tochter. Und was hat sie gegen ihre Mutter, erkundige ich mich hintenherum. Gegen ihre Mutter, erfahre ich, hat sie gar nichts, nur daß sie keine Jüdin ist, und das soll niemand wissen. Eine jüdische Tochter und ihre Mutter. Diese jüdische Tochter hatte in den siebziger Jahren eine kleine Zeremonie beim Rabbiner über sich ergehen lassen, um der Halacha Genüge zu tun, und nimmt nun ihrer Mutter übel, daß ihr Vater eine Nichtjüdin geheiratet hat – eine typische Tate-Tochter.

Spezifische Empfindlichkeiten besonders in Deutschland und besonders nach der Shoa. Jüdisch zu sein und deutsch, das scheint etwas zu sein, was es danach nicht geben kann und doch gibt. Eine brisante Mischung. Ignorieren hilft nicht, darüber ist überhaupt nicht hinwegzukommen und noch viel zuwenig nachgedacht und gesprochen worden. Jüdisch und deutsch: Das kann heißen, beide Eltern sind Juden und dennoch ist man auch deutsch, das kann heißen, beide Eltern sind deutsch, die Mutter ist Jüdin, der Vater nicht, das kann auch heißen, die deutsche Mutter ist keine Jüdin, aber der Vater ist deutscher Jude.

Hier in Deutschland, wo es geschah, gibt es in der Generation der Nachgeborenen ein subjektives Empfinden, daß jeder familiäre jüdische Bezug nach der Shoa unbedingt zugehörig zählt. Aber das Deutsche eben auch! Und zugleich gibt es die Angst, das Jüdische als das Eigene in Besitz zu nehmen, in Besitz nehmen zu dürfen, während einem das Deutsche oder das Österreichische unabwendbar anhängt. Schwer ist nach der Shoa, die innere Zweiheit von deutsch und jüdisch, dieses Unvereinbare, als das eigene Ganze zu halten im Gegenüber zum Mischmasch des Elternpaares. Sie Jüdin, er nicht, er ist Deutscher oder Österreicher. Irgendwo ist hier das Wort Scham verborgen, angezettelt von außen, durch viele Schichten eingewachsen, hat sich breitgemacht in den Kindern und fühlt sich wie zu Hause.

Hinzu kommt etwas, was nicht da ist, die Präsenz des Fehlenden: die jüdisch-deutsche Kultur, ihre Fortschreibung. In den

Familien. In der Literatur. In der Wissenschaft. In der Kunst. Was gewachsen war über Generationen. Zerstört. Aber nicht einmal mehr Trümmer. Nichts. Das Nichts als etwas Seiendes.

Je mehr Absagen kamen, desto deutlicher wurde, daß es bei den Gesprächen über die Mutter um das Eigene gehen würde, um das Eigene in der Verbundenheit mit ihr und in der Abgrenzung zu ihr. Ich wurde zur Geheimnisträgerin. Mit jeder Absage mehr. Für jede Absage hatte ich Verständnis und wußte um so mehr jede Zusage zu würdigen und bangte um jede Zusage, daß sie erhalten bliebe, auch nach unserer Begegnung, auch nach dem Gespräch. Um deutlich zu machen, was es innerlich brauchte, um zusagen zu können, kann es sinnvoll sein, etwas über die Absagen zu erzählen. Trotz Zusage kamen drei Gespräche nicht zustande. Drei Töchter. Jede Tochter um die achtzig Jahre alt. Sie hatten aus der Kindheit und Jugend ihrer Mutter erzählen wollen und auch von ihren Kindheitserinnerungen an die Mutter. Diese drei Gespräche hatten ein Bild aus vergangenen Zeiten wieder erstehen lassen sollen. Jüdisches Leben vor der Zerstörung im ausgehenden neunzehnten und im ersten Drittel des zwanzigsten Jahrhunderts, in Frankfurt, in Hamburg, in Warschau.

Aber: Mutter und Tochter waren deportiert worden. Bei der Ankunft in Majdanek war die Mutter auf einmal weg gewesen. Oder: Die Tochter hatte untertauchen können. Ihre Mutter war aus der Wohnung abgeholt, nach Riga deportiert worden und für immer verschwunden. Oder: Die Familie war ins Ghetto verschleppt worden. Die Tochter war an einem Tag im Ghetto bei ihrem Geliebten gewesen. Ihre Eltern waren an diesem Tag im Ghetto ermordet worden. – Es waren keine vergangenen Zeiten, von denen sie hätten erzählen können, es waren abgerissene Zeiten jüdischen Lebens. Um von einer Mutter-Tochter- oder Mutter-Sohn-Beziehung sprechen zu können, mußte die Mutter überlebt haben.

Drei andere Begegnungen kamen zustande, alle drei Mütter haben überlebt, jedoch die nach dem Gespräch geschriebenen Texte wurden nicht genehmigt. Ein radikales Nein. Trotz vorausgegangener Zusage. Nichts zu machen. Die erste Ablehnung kam von einem über achtzigjährigen Sohn, ein Überlebender wie seine Eltern, ein seit Jahrzehnten in der deutschen Industrie mächtiger und erfolgreicher Mann. Er sagte mir zu und lehnte mich gleichzeitig ab, denn er wollte den Text selbst schreiben, ich sollte nicht über seine Mutter schreiben dürfen. Wie ich überhaupt darauf käme, über seine Mutter schreiben zu können? Er schickte mir seinen Text, ich fand den Text nicht druckbar in seinem eigenen Interesse. Auch schlimmstes Leid kann zum Kitsch verkommen. Ich teilte es ihm mit und rechnete mit dem endgültigen Ende unserer kurzen Begegnung per Fax. Aber nein. Er war auf einmal bereit zu einem Gespräch. Dieser Sohn begann mich zu interessieren.

Er öffnete mir die Tür. Wir befanden uns allein in seinem großen Haus, in einem überdimensionalen Schmuckkasten. Er wollte mir alles mögliche zeigen und wich gleichzeitig vor mir zurück. Es schmeichelte ihm mein Interesse, und es beunruhigte ihn, so viel gefragt zu werden. Das meiste beantwortete er nicht, mit dem Hinweis auf seine geplante Biographie, er habe schon über fünfhundert Seiten diktiert. Ich begriff, daß er meine unverblümte Kritik an seinem Text über seine Mutter für sein Manuskript gebrauchen konnte. Ich hatte gefunden, er hielte sie gefangen in seinem Bild von einer ausschließlich im bitteren Leid lebenden Schtetl-Mamme. Er führte mich in ein Zimmer, das angefüllt war mit Fotos, Erinnerungsstücken und Bergen von Papier, schriftliche Aufzeichnungen aus seinem Leben und auch aus dem Leben seiner Eltern und Geschwister.

Jeder Stuhl, jedes Tischchen, jeder Quadratmeter Fußboden war bedeckt. Ich sah auf, und mir blickte von der gegenüberliegenden Wand aus einem großen, schweren Bilderrahmen eine Frau entgegen, ein wenig mollig, mit einem schicken Hut, kokette Haltung und in den Augen Lebenshunger: seine Mutter.

Die zweite Absage kam von einer Tochter, die Tochter einer nichtjüdischen Mutter. Meine Mamme, die Schickse. Sie hatte begeistert zugesagt, sie wolle ihrer Mutter ein Denkmal setzen, ein Denkmal vis-à-vis zu den anderen Deutschen, denn diese Mutter war eine Widerstandskämpferin gewesen, die gern große Hüte trug, ein Denkmal auch vis-à-vis zum monumentalen jüdischen Vater, dessen bedeutendes Unternehmen die Tochter in der zweiten Generation erfolgreich fortführt. Sie erzählte viele Stunden bis tief in die Nacht hinein. Wenige Tage später war ihr unsere Begegnung zu einer Entgleisung und Preisgabe geworden. Sie könne ihre Mutter im Text nicht wiederfinden. Es sei ihr Fehler gewesen, überhaupt zu sprechen, so sagte sie.

Die dritte Absage kam von einem Sohn, Ende siebzig, ein Überlebender, die Mutter Jüdin, der Vater nicht. Ich besuchte ihn zu Hause, ein Mann, der selbst viel publiziert hat. »Dieser Torso kann nicht veröffentlicht werden«, schrieb er entsetzt. Die Mutter ein Torso, das Abbild zusammengestückelt, entstellt, mißlungen.

Jeder dieser drei Widerrufe war im Ausdruck eine vehemente Zurückweisung, scharfe Worte, wie scharfe Schläge, vernichtend gegen mich gerichtet. Danach mußte es mir unmöglich sein, mich noch einmal an diese Mutter heranzuwagen.

Um akzeptieren zu können, daß eine dritte Person die eigene Mutter in den Blick nimmt und in der Beschreibung ein eigenes Bild entwirft von dieser Mutter mit ihrer Tochter oder ihrem Sohn, dazu bedarf es einer inneren Getrenntheit und Eigenständigkeit der Tochter oder des Sohnes zur inneren Mutter. Andernfalls ist diese innere Mutter, mit der man verschmolzen zu sein scheint, bedroht durch den fremden Blick, das wird unaushaltbar, geradezu körperlich unaushaltbar. Durch den fremden, durch meinen Blick auf die Mutter passierte eine Trennung, die dort als Zerstückelung erlebt wurde, wo eine zum Artefakt erstarrte Mutter-Sohn-Beziehung nicht angetastet werden durfte, oder aber wo die Ungetrenntheit so übermächtig war, daß der gegebene Zugang zur Mutter als Selbstauslieferung und Selbstverlust empfunden werden mußte.

Jede der hier vorliegenden siebenundzwanzig Begegnungen ist schwer gewesen und hat Schweres zum Inhalt, immer geht es auch um furchtbare Verstrickungen, um lebensgeschichtlich Zwingendes, was mit Schamgefühlen belastet ist. Den Leserinnen und Lesern muß es in gewissem Sinne überlassen werden können, Zusammenhänge zu finden, in denen sie selbst Eigenes womöglich wiedererkennen werden.

Es gab immer nur eine Begegnung, und jedes Gespräch dauerte wenigstens zwei Stunden und manchmal einen ganzen Tag.

Warum sprechen die Söhne so nett über ihre Mutter und die Töchter eher nicht? Diese Frage, die ich von Leserinnen der Zeitungsserie »Meine Mamme« gehört habe, von Müttern, jiddischen Mammes, könnte damit zusammenhängen, daß Töchter im Blick auf ihre Mutter nüchterner sind, im Gefühl klarer, geradezu sachlicher als Söhne. Aber natürlich kann es außerdem auch noch damit zusammenhängen, daß es Mütter gibt, die zu ihrem Sohn netter sind als zu ihrer Tochter.

Sprechen Frauen anders über ihre Mutter als Männer? Einerseits selbstverständlich ja. Sie sind eben keine Söhne, sondern Töchter. Andererseits wäre es falsch, daraus eine generell gültige Unterscheidung zu machen. Frauen wissen meistens in ihren Familien besser Bescheid als Männer, die Familie ist der weibliche Ort.

In den Gesprächen waren Töchter mutiger im subjektiven Erinnern und Erzählen, besonders im Blick auf ihre Mutter, in deren Leben sie sich auskannten. Söhne wußten wenig Biographisches von ihrer Mutter, wenig überhaupt von der Familie, von Geschichten wer mit wem, wer gegen wen. Söhne erinnerten sich im Blick der Mamme, wie die Mutter auf ihren kleinen oder großen Jungen geschaut hatte, weniger deutlich war ihnen die Frau, die ihre Mutter gewesen war. Zu verallgemeinern ist das aber nicht, wie einzelne Beispiele in diesem Buch zeigen. Der Vater wurde eher idealisiert, von der Tochter wie von dem Sohn: Ein schöner Mann, er sei verliebt gewesen in seine Frau, die Mutter weniger, sie habe ihn genommen, weil sie geschmeichelt war, weil es praktisch war, weil es höchste Zeit war in ihrem Alter.

Die Mutter hatte zu der Generation junger Mädchen gehört, die noch vor den zwanziger Jahren aufgebrochen war aus der Enge der Familie, aus der Enge des Schtetls im Osten Europas und überhaupt aus der Enge des Frauenlebens. Oder sie war hineingeboren in diese Zeit der beginnenden Emanzipation. Man zog Richtung Berlin, wo Juden und Frauen endlich studieren durften. Es gab eine deutsche Frauenbewegung, angeführt auch von Jüdinnen, die Wiener Jüdin Bertha Pappenheim war Vorsitzende des von ihr mitgegründeten Jüdischen Frauenbundes, dem damals fünfzigtausend Frauen angehörten. Die Berliner Jüdin Hedwig Dohm, geborene Schleh, Mutter von vier Töchtern, war die führende Polemikerin der deutschen Frauenbewegung.

Allerorten erschienen in hohen Auflagen frauenfeindliche Publikationen, geschrieben von Wissenschaftlern, in denen »das Weib« zum bedrohlichen Phänomen der menschlichen

Gesellschaft wurde, genauso wie in antisemitischen Schriften dieser Zeit »der Jud«. Prunksucht, Geldgier, Schlauheit und Geilheit, das waren die Stereotypen für das »verdorbene Weib« wie für den »Schacher-Jud«. Frauen und Juden hatten endlich Rechte, fast waren sie gleichberechtigt im Gegenüber zu dem christlichen deutschen Mann. In Berlin sang Fritzi Massary: »Ich bin eine Frau, die weiß was sie will!« Geistiger Aufbruch, die sogenannten Goldenen Zwanziger, ein Zeitraum von beinahe dreißig Jahren.

Schönste Möglichkeiten zerschlagen. Die Mutter hatte Modezeichnerin werden wollen, die Mutter hatte ein Spielwarengeschäft aufmachen wollen, sie wollte Medizin studieren, sie war auf dem Weg, Pianistin zu werden, sie wollte zur Bühne, sie wollte Jura studieren, sie wollte einen Friseurladen aufmachen, sie war Journalistin, sie wollte Kindergärtnerin werden. Statt dessen floh sie in die Wüste, in den Kibbuz, entkam gerade noch rechtzeitig ins Exil, oder sie versteckte sich jeden Tag woanders, oder sie geriet in einen Zug und ins Konzentrationslager.

Söhne wußten dann mehr zu erzählen, wenn die Mutter diesen Jungen eng an sich herangezogen hatte. Aber auch ein Muttersohn, ihr kleiner Prinz, ihr Augenstern, Mammes Goldjunge hat neben der Mutter seine männliche Welt, schon durch seinen anderen Körper. Er ist nicht weiblichen Geschlechts wie die Mutter, wie eine Tochter. Sich mit irgend etwas wichtig zu machen der Mutter gegenüber, irgend etwas, was für ihn erkennbar nicht Frauenwelt ist, kann ihm das Gefühl geben, der Mutter gegenüber eigenständig zu sein. Für die Tochter ist die Abgrenzung zur Mutter viel diffiziler.

Befragt über ihre Kindheit in Dortmund, in Chemnitz, in Hamburg sprachen erwachsene Söhne auf einmal in großen, weitschweifigen Bögen über die politische Lage damals am

Ort, wo sie als Sechsjähriger an der Hand der Mamme täglich zur Schule wanderten und von ihr wieder abgeholt wurden. Ich fragte nach der Beziehung zwischen den Eltern, nach dem Familienleben, und der Sohn gab den historischen Rahmen der Judenheit damals etwa in Polnisch-Oberschlesien. Wurde es Töchtern emotional zu dicht, zu schwer im Gespräch, demontierten sie die Mutter oder sich selbst.

Eine Tochter ringt mit der Mutter, sie ist auch eine Frau, sie muß genau sein, viel genauer, viel kritischer als der Sohn, will sie sich abgrenzen von der Mutter. Der Sohn glaubt sich von der Mutter getrennt, wenn er sich in die Außenwelt zurückzieht. Töchter, auch wenn sie noch klein sind, wissen, sie werden später einmal alles haben und sein, was die Mutter hat und ist. Anders als Töchter fürchten Söhne ihre Kleinheit vor der Mutter, der Frau. Dazu eine Geschichte:

Ein junges Mädchen, Lieblingstochter des von ihr bewunderten Vaters, erfährt, daß abends, am 9. November 1938 ihr Vater zu Hause, in der Wohnung, von jungen Männern in SA-Uniform zusammengeschlagen und abgeschleppt worden ist. Es hatte an der Tür geklingelt. Der Vater hatte geöffnet. »Uns kann nichts passieren«, hatte er zu seiner Frau gesagt. Er habe schließlich vor zwanzig Jahren im Krieg mitgekämpft und sogar einen Orden bekommen. Den hatte er sich noch schnell an die Brust geheftet, bevor er seine Haustür öffnete. Der Orden wird ihm abgerissen. Er bricht unter den Schlägen zusammen und wird aus der Wohnung in einen Wagen gezerrt. Einige Tage und Nächte bleibt die Familie in furchtbarer Ungewißheit über ihn. Dann kommt er zurück. Er spricht nicht.

Zwanzig Jahre später, 1958 in Deutschland, Bundesrepublik: Die Tochter ist inzwischen eine junge Frau, es ist mittags, ihr kleiner Sohn ist aus der Schule gekommen. Sie sitzen am Tisch. Er stochert im Essen herum. Sie fragt, was er hat. Er gibt keine

Antwort. Das ist nicht schlimm. Er ist vielleicht müde, und sie liebt ihren Sohn, der ein braver und guter Junge ist. Aber sie reagiert gereizt auf seine Verschlossenheit. Ihn bedrückt etwas, und sie soll es nicht merken, das spürt sie. Ein Wort gibt das andere. Auf einmal bricht er in Tränen aus und sagt, daß ein Lehrer in der Schule ihm eine Ohrfeige gegeben habe. In der Pause auf dem Schulhof hatten die Kinder im Kreis gehen müssen. Er war herausgehüpft, und ein Lehrer, der Pausenaufsicht hatte und den er nicht kannte, hatte ihn gegriffen und ihm auf die Wange geschlagen.

Dieser Sohn, heute ein erwachsener Mann, erzählt mir davon im Gespräch über seine Mutter. Er habe es damals, als er aus der Schule kam, zunächst nicht seiner Mutter erzählen wollen. »Aus irgendeinem Grund, fragen Sie mich nicht, warum. Ich weiß es nicht«, sagt er und lacht. »Was?« habe sie ausgerufen. »Wie von der Tarantel gestochen.« Das sind seine Worte. »Wie kommen die dazu, dich zu schlagen? Wer war das?« Während er mir das wiederholt, wir sitzen zusammen auf einem Ecksofa bei ihm zu Hause, beugt er sich vor, rückt mir ganz nahe, und ich kann fühlen, wie erschrocken damals der kleine Junge gewesen sein muß über den Gefühlsausbruch seiner Mutter, den er jetzt mir vormacht, als sei es sein eigener. Dann lehnt er sich zurück und sagt mit wieder ruhiger Stimme, daß der Lehrer ihn gar nicht gekannt habe und nicht wußte, daß er ein jüdisches Kind schlage.

Ich sage: »Aber Ihre Mutter wußte, daß der Lehrer ein jüdisches Kind geschlagen hatte, ihr Kind, ihren Sohn.«

Wieder beugt er sich vor und erzählt weiter mit einem gewissen triumphalen Schwung: »Am nächsten Tag war meine Mutter beim Direktor. Meine Mutter hat den Direktor zur Sau gemacht.« Er wiederholt, was sie dem Direktor gesagt habe. Er selbst war natürlich gar nicht dabei. Aber seine Mutter – so sagt er – wiederhole jedes Wort auch heute immer wieder, wenn sie diese Situation beschreibe, die wörtliche Wiedergabe jedesmal fast identisch. Und dann wiederholt er wörtlich und fast identisch, was seine Mutter gesagt hat: »Ich bin mit meiner Familie nicht nach Deutschland zurückgekommen, nach alldem, was geschehen ist, um meinen Sohn hier schlagen zu lassen. Und wenn mein Sohn noch einmal geschlagen wird, dann gehe ich zur Polizei und an die Öffentlichkeit und werde Sie verklagen. Ich verlange von Ihnen, daß Sie den Lehrer zur Rechenschaft ziehen. Mein Sohn wird nicht geschlagen.« Sie habe ihm alles erzählt, er bekomme »noch heute eine Gänsehaut«, sagt er, weil er »so stolz« sei auf seine »couragierte Mutter«, und auf einmal schießen ihm Tränen in die Augen. Wie überwältigt. Warum, kann er nicht sagen.

Um an das Trauma im Innern der Seele zu rühren, reicht eine Kleinigkeit. Die Ohrfeige, die ein Lehrer einem Schüler gibt auf einem Schulhof in Deutschland. Der von jungen SA-Männern zusammengeschlagene Vater. Ein Anfluten psychischer Reize, die nicht bewältigt werden können, überwältigend, wie in der ursächlichen Situation. Man verliert sich und die Kontrolle über sich. Das scheint im Trauma die Chance zu sein. Indem man sich verliert. Man ist nicht. Eine Selbsttäuschung angesichts der als lebensbedrohlich empfundenen Situation. Ein psychischer Trick. Keinesfalls harmlos. Die Folge davon ist eine seelische Spaltung. Immer dann. Immer dort. Keine Lebendigkeit. Dafür hektischer Automatismus, depressive Starre, vernichtende Überreaktion, erneut der Selbstverlust.

Damals brach in der Tochter zusammen, was für sie mit dem Bild ihres Vaters verbunden war. Sicherheit, Selbstachtung. Dieser Vater, deutscher Patriot, königlich-bayerischer Ulan – zusammengeschlagen von deutschen Männern in Uniform. Er konnte nicht schützen, nicht einmal sich selbst. Sie hatte schon das Gymnasium verlassen müssen, als Jüdin. Sie war fünfzehn Jahre alt und durfte kein Abitur machen. Schamgefühle und hilflose Wut in ihr. Auch da hatte der Vater nicht schützen können. An diese von außen in die Familie eindringende Gewalt rührte die Ohrfeige, die ihr kleiner Sohn in der Schule bekommen hatte.

Noch heute bekommt der inzwischen über fünfzigjährige Sohn eine Gänsehaut, wenn er an den überdimensionalen Rachegeist denkt, zu dem seine Mutter auf einmal vor ihm anschwoll. Sie habe den Direktor der Schule »zur Sau gemacht«. So sagte er mir. Polizei, Öffentlichkeit, Richter. Alle ruft sie herbei. Mit allen staatlichen Institutionen, man könnte auch sagen, mit allen staatlichen Gewalten, bedroht jetzt sie den deutschen Schuldirektor. Wegen der Ohrfeige. In dieser Überdimensionalität, die wir alle verstehen können, wird der Selbstverlust spürbar. Ein Trauma, unbewußt verschoben durch die Generationen: vom Vater auf seine Tochter, die gleichsam Zeugin gewesen war, wie er zusammengeschlagen, verhaftet und abgeschleppt wird, wie er nach Hause zurückkommt, stumm, schwer gekränkt, nicht ansprechbar. Und weiter von dieser Tochter verschoben auf ihren Sohn, den kleinen Schuljungen. Das Ausmaß der Hilflosigkeit und der Beschämung des Vaters seiner Tochter gegenüber, daß mit ihm damals so umgegangen werden konnte, die Tochter, die an diese Wunde des Vaters nicht rühren durfte, hier wiederholt sich das und erleidet nun in der Überreaktion seiner Mutter der kleine Junge, der unbewußt an alles das rührt. Seine Mutter braucht seine Anerkennung, seine Bewunderung, wie sie die Schweine endlich fertiggemacht hat. Er selbst konnte es ja nicht. Ihr Vater, der erwachsene Mann und Held des Ersten Weltkrieges. Diese traumatische Beschämung legte sich nun um den kleinen Jungen, der ja eigentlich einfach nur klein war und darum gegen die Ohrfeige nichts hatte machen können. Damals beim Mittagessen hatte er seine Mutter intuitiv spüren lassen, daß er ihr etwas Schmerzliches von sich nicht mitteilen konnte und irgendwie auch nicht wollte. In gewisser Weise hatte er recht damit gehabt, und etwas davon hat er sich bewahren können. Noch heute hält er daran fest, daß der Lehrer ihn nicht gekannt und darum gar nicht gewußt hatte, daß er ein jüdisches Kind schlug. Das ist wichtig als ein Ausdruck seiner Selbstbehauptung gegenüber der Mutter. Ob das so stimmte, wissen wir nicht, kann auch er nicht wissen, denn was weiß man, was im Lehrerzimmer geredet wurde über diesen Schüler, der aus Israel gekommen war.

Mehrheitlich gehörten meine Gesprächspartner zur sogenannten zweiten Generation. Wer ist zweite Generation? Die Kinder von Überlebenden? Es gab auch Überlebende, die noch Kinder waren. Größere Kinder, kleinere Kinder, sogar Babys. Auf der jüdischen Seite gehört man eigentlich auch dann zur ersten Generation, wenn man kurz vor der Befreiung geboren wurde. In dieser Zuordnung ist etwas Willkürliches. Das spürt man. Soll man sagen: vor dem 8. Mai 1945 – erste Generation? Nach dem 8. Mai – zweite Generation? Andere wurden schon eher befreit. Aber wie ging es der Mutter nach der Befreiung? Wie ging es den Eltern? Fühlten sie sich überhaupt schon befreit? Nach 1945? Nach 1946? Vielleicht ab 1947? Und woraus befreit? Aus dem Konzentrationslager? Aus dem Versteck? Wo ist die Grenze zu ziehen? Dort, wo es um die Frage geht, ob man als neugeborenes Kind noch von Ermordung bedroht war? Und wie, wenn man während der Nazizeit im Exil geboren wurde, im Ghetto von Shanghai, in England, in Britisch-Palästina? Unheimliche Unterschiede.

Am 27. Januar 1945 wurde Auschwitz befreit. Das Wort »befreit« ist angebracht und ist dennoch eine Illusion. Es war ein Sonnabend. Schabbes. Hermann Langbein, er war nach der

Befreiung Generalsekretär des Internationalen Auschwitz-Komitees, schreibt über diese letzten Monate, bis Deutschland endlich kapitulierte:

*Der Vormarsch russischer Truppen hat der Geschichte des Vernichtungslagers Auschwitz ein Ende gesetzt. In der Winterkälte wurden die Häftlinge in Elendszügen weggetrieben, die als Todesmärsche bekannt geworden sind. Viele, die im Lager ihr Leben hatten retten können, sind damals zugrunde gegangen – erfroren, verhungert, erschossen, weil sie nicht weiter marschieren konnten. Wer die Märsche und anschließenden Fahrten – häufig in offenen Güterwaggons – zu überleben vermochte, hat die letzte Phase der Geschichte der Konzentrationslager in anderen Lagern mitgemacht, eine Phase des Hungers, der alle Maße übersteigt.*[1]

Am 9. April erreichten die alliierten Truppen in Deutschland als erstes Lager das Konzentrationslager Dora. Fünf Tage später, am 14. April 1945, ging ein Fernschreiben von Heinrich Himmler »an die Lagerkommandanten der Konzentrationslager« im noch nicht besiegten Deutschland und Österreich. Darin hieß es:

*Die Übergabe kommt nicht in Frage. Kein Häftling darf lebendig in die Hände des Feindes fallen.*[2]

Am 15. April 1945 wurde Bergen-Belsen befreit. Als letztes Konzentrationslager wurde Mauthausen in Österreich am 5. Mai 1945 befreit. Zwischen dem 27. Januar und dem 5. Mai lagen vierzehn Wochen. Die danach geboren wurden, waren nicht mehr von Ermordung bedroht. Der Blick der Eltern, der auf diesem neugeborenen Kind lag, war anders, war nicht mehr Angst vor dem drohenden Verlust, war Hoffnung, Freude, war sogar Triumph. In diese Gefühle mischte sich das Denken an die Verlorenen, an die Toten. Man selbst hatte überlebt. Auch diese schattenhaften Gefühle lagen im Blick der Eltern, besonders auf dem Kind, das im Licht geboren war.

Geschwister, zwischen denen ein Altersunterschied von nur zwei, drei, vier Jahren besteht, wissen diese spezifische Trennung zwischen ihnen zu benennen. Dagegen vermeiden Eltern zu sehen und auch anzuerkennen, daß ihr vor 1945 im Machtbereich der Nazis geborenes Kind auch zur Generation der Überlebenden gehört, zur ersten Generation.

Eine der interviewten Töchter, eine Frau von heute fünfzig Jahren, erzählte, sie habe noch eine ältere Schwester, die sei 1941 geboren. Ihre ältere Schwester sei »als dreijähriges Kind gekidnappt« worden, so drückte sie sich aus, da sie glaubte, es könne nach dem Empfinden ihrer älteren Schwester so gewesen sein. Diese ältere Schwester war als kleines Mädchen an einem Tag im Jahre 1944 zu einer ihr völlig fremden holländischen Familie gebracht worden. Alle erwachsenen Familienmitglieder, auch ihre Eltern, hatte die Gestapo verhaftet.

Es waren meistens fromme Christen, die sich mutig bereit erklärten, ein jüdisches Kind bei sich zu verstecken und es als ihr Familienmitglied auszugeben. Mit dieser Hilfsbereitschaft war oftmals der Ehrgeiz verbunden, aus dem Judenkind ein Christenkind zu machen. Die jüdischen Eltern hofften, ihr Kind eines Tages dort wieder abholen zu können. Die christlichen Pflegeeltern mußten alles tun, um dieses fremde Kind als ihr eigenes erscheinen zu lassen.

Fast ein Jahr lang habe ihre Schwester bei dieser Familie gelebt, vom dritten bis zu ihrem vierten Lebensjahr. Die Familie dort war »Mama« gewesen für dieses kleine Mädchen, und dann gab es noch »meine Mama«. Aber diese »meine Mama« verblaßte. Sie war weggerissen aus der Welt der kleinen Tochter, die selbst in eine ihr völlig fremde Welt gefallen war. Die fremde Frau, die viel dafür tat, um dem kleinen Mädchen eine gute Mutter zu sein, wurde zu ihrer »Mama«. Und das war wichtig, denn die Täuschung mußte perfekt sein. Darunter existierte ein Lebensraum wie ein Traum, wie ein Trauma, in dem sich eine abgespaltene Tochter zu ihrer verschwundenen Mutter totstellte.

Zum Leben in der Zeit der Verfolgung gehörte es, eine falsche Identität anzunehmen. Man hieß anders und mußte anders sein, als man war, für diejenigen, die einem gefährlich werden konnten. Man mußte den Todfeinden gleichen. Kleine Kinder, so ist in vielen Biographien nachzulesen, waren darin geradezu perfekt. Eine Identifizierung vielleicht weniger mit der falschen Identität als vielmehr mit dem tatsächlichen, dem tragischerweise gelungenen Selbstverlust. Darin war die Wahrhaftigkeit wiedergefunden, die einen Sinn machte: Die Auslöschung des eigenen Selbst konnte die drohende Auslöschung des Lebens abwenden.

Die jüngere Schwester des damals kleinen Mädchens erzählte weiter: »Und dann auf einmal war für meine Schwester die Mama, die neue Mama, die nun doch eine Mama geworden war, nicht mehr Mama, sondern ›meine Mama‹ war wiedergekommen und war jetzt Mama.« Und war doch fremd geworden. Zu überleben war für die kleine Tochter der wiederholte Verlust einer Mutter, die wieder von einer Mutter ersetzt wurde, die behauptete, die richtige Mutter zu sein.

»Als unsere Mutter wiederkam, nach der Befreiung aus Bergen-Belsen, wog sie achtundzwanzig Kilo. Sie konnte gar keine Mutter sein. Für meine Schwester, die damals fünf Jahre alt wurde, war das ein schwerer Schock. Ich habe lange gebraucht als jüngere Schwester, das zu lernen und zu akzeptieren. Unsere Mutter hat, nachdem sie wiederkam, im Prinzip ein ganzes Jahr geschlafen. Sie war von den Ärzten aufgegeben. Als ich 1951 geboren wurde, war meine Schwester zehn Jahre alt, sie kümmerte sich um unsere Mutter, sie kümmerte sich um mich. Sie war die beste Schülerin in ihrer Klasse. Unsere Mutter war die Überlebende, sie war im KZ gewesen. Meine Schwester wurde als Überlebende gar nicht wahrgenommen.«

Dem Kind, das in die Todesbedrohung hineingeboren wurde, diesem Kind gegenüber können Eltern spezifische Schuldgefühle haben, bisweilen sogar Empfindungen von Ablehnung. Kinder wurden gezeugt und erwartet in der Todesbedrohung, weil unter Umständen die Frau durch die Schwangerschaft vorübergehend als werdende Mutter geschützt war. Die Geburt des so erwarteten Kindes kam einer Auslieferung gleich. Besonders wenn diese Geburt im Konzentrationslager geschah. Aber auch im Versteck. Eine Tochter erzählte, daß ihre im Untergrund lebenden Eltern zu ihrer Geburt 1944 als erstes eine weitere Zyankalikapsel besorgt hätten, um sie, die neugeborene Tochter, schnell töten zu können, wenn die Familie von der Gestapo entdeckt worden wäre.

Einem Kind, das nach der Befreiung in die Hoffnung hineingeboren wurde, dem gegenüber gibt es Erwartungen, Aufträge und unter Umständen sogar Neidgefühle, eine Art Lebensneid der Eltern und auch der vor 1945 geborenen Geschwister. Das hört sich an wie eine Täterschaft ausgerechnet dieser Eltern ausgerechnet ihren Kindern gegenüber. Das ist – ganz allgemein gesagt – etwas völlig Normales. Eltern tun unentwegt etwas mit ihren Kindern, manches ist gut und richtig, anderes ist völlig falsch. Kinder brauchen ihre Eltern. Aber Eltern brauchen auch ihre Kinder. In welcher Weise Eltern ihre Kinder brauchen, hat vor allem immer mit der eigenen Kindheit zu tun, hat mit dem zu tun, was die Eltern in sich tragen. Dieses Thema ist vielfältig und hat mit der Shoa gar nichts zu tun. Wenn aber die Eltern vor dem Hintergrund der Shoa Verfolgte und Überlebende sind, dann gehört die Shoa sozusagen zur

Familie. Verstrickungen zwischen Eltern und ihren Kindern können davon kontaminiert sein.

Eine Tochter, nach der Shoa geboren, deren Mutter Auschwitz überlebt hat, erzählte, sie habe sich von ihrer Mutter nie geliebt gefühlt und immer darunter gelitten, daß der nach ihr geborene Bruder Mammes Liebling gewesen sei. Wenn sie sich darüber beklagte, habe ihre Mutter wie hilflos gelacht und komische Geschichten erzählt, ihre Tochter sei schon als kleines Baby ein robustes Mädchen gewesen, die Mutter habe sie mehrfach fallen lassen, aus dem Arm, vom Wickeltisch, aus der Kinderkarre, einmal sogar vom Fensterbrett aus dem zweiten Stock, aber ihr sei nie etwas passiert. Ein Wunder. Ihr kleiner Bruder sei viel empfindlicher, auf den müsse sie aufpassen, den könne sie keine Sekunde aus den Augen lassen. Jahre später, die Tochter ist erwachsen und selbst schwanger, leidet die Mutter unter schweren Migräneattacken und Depressionen. Sie macht eine Therapie. In der Analyse erinnert sie sich: Sie war achtzehn Jahre alt, als sie deportiert wurde, bei der Ankunft auf der Rampe in Auschwitz-Birkenau hatte sie ein kleines Mädchen auf dem Arm, ein fremdes Kind, vielleicht zwei Jahre alt. Sie hielt das Mädchen fest an sich gepreßt. Ein Häftling, der bei der Selektion helfen mußte, sagte ihr, sie solle das Kind loslassen, sonst würde sie mit dem Kind umgebracht. Sie habe das Kind abgesetzt, auf den Boden gesetzt. Es laste auf ihr bis heute, als hätte sie allein den Tod des kleinen Mädchens in Auschwitz verschuldet.

In diesem Buch sprechen Töchter und Söhne der ersten, der zweiten und schon der dritten Generation über ihre Mutter. Sie erzählen die Geschichte ihrer Mutter so, wie ihnen davon erzählt wurde und was ihnen davon erzählt wurde, was sie davon behalten haben und auch wie sie es behalten haben; und da sie von ihrer Mutter erzählen, sprechen sie auch über sich selbst. Sind es Töchter und Söhne der ersten Generation, dann haben sie die Zeit der Verfolgung, das Überleben im Lager oder das Leben im Exil auch erlebt, unter Umständen getrennt von ihren Eltern, als Kind, als kleines Kind, als Kind im schulpflichtigen Alter, das als jüdisches Kind keine deutsche Schule mehr besuchen durfte. Von 1933 bis 1945, das sind zwölf Jahre, das ist, je nachdem wann man geboren wurde, eine lange Zeit in der Kindheit, eine Zeitspanne, in der zwischen Tochter und Mutter und Mutter und Sohn auch die Pubertät zum Thema wird, sogar in Auschwitz. Ruth Klüger hat in ihrem Buch *weiter leben* darüber mit eindrucksvoller Genauigkeit geschrieben.[3]

Spreche ich als Angehörige der zweiten Generation mit Menschen der ersten Generation, die in einem Vernichtungslager waren, kommt der Moment, wo ich an etwas rühre, was für die Frau oder den Mann in einer spezifischen Weise weiterhin unaushaltbar geblieben ist. Zwischen uns entsteht etwas Unüberwindliches. Ein Sprachverlust. Die Abwesenheit der Möglichkeit gegenseitiger Einfühlung. Eine graue Kälte. Versteinerung. Wir haben uns verloren. Für mich als Gegenüber hat das etwas Vernichtendes. Ich empfinde mich wie ausgelöscht, und zwar ausgelöscht aus der Wahrnehmung meines Gegenübers. Ich bin verlassen. Gleichzeitig fühle ich mich zur Täterin geworden. Ich habe mit meinen Fragen dahin zurückgeführt, wieder in das Unaushaltbare. Auslösend war eine Frage, in der es um Essen ging. Ich sprach mit einem Überlebenden, der mir von seiner Mutter erzählte.

In einem Lager steht er, der Sohn, am Zaun. Dieser Zaun trennt Frauen und Männer. Auf der anderen Seite steht seine Mutter und steckt ihm durch den Zaun die Hälfte ihrer Brotration zu. Sie tut das jeden Abend. Sie steht am Zaun. Er kommt. Sie gibt ihm von ihrem Brot. – Das geschah heimlich, denn es war verboten. – Auf seiner Seite des Lagers ist noch sein

Vater, der körperlich inzwischen schwächer ist als sein fünfzehnjähriger Sohn. Der Vater hat nicht überlebt. Ich frage ihn, ob sein Vater ihm auch etwas von seinem Brot zugesteckt hat. Eigentlich möchte ich ihn fragen, ob er das Brot der Mutter mit seinem Vater geteilt hat. Das frage ich aber nicht. Ich wage es nicht zu fragen. Die Frage ist mir unangenehm, als sei sie völlig unpassend. Was erlaube ich mir ihm gegenüber, diesem Überlebenden? Ich frage also, ob sein Vater auch mit ihm, dem heranwachsenden Jungen, sein Brot geteilt habe? Er kann sich nicht erinnern. Aber er sagt nicht einmal diesen Satz. Er sagt: »Weiß nicht.« Nur diese zwei Wörter. Es gibt kein »Ich« in seinem Satz. Ich frage weiter, zunächst in dem Gefühl, ihm beim Auffinden der Situation helfen zu können. Ich frage, ob er allein am Zaun gestanden habe oder ob sein Vater neben ihm stand? Wieder sagt er: »Weiß nicht.« Ob die Eltern sich am Zaun gesehen hätten? »Weiß nicht«, sagt er. Wieder steigt in mir die Frage auf, ob seine Mutter ihm gesagt habe, er solle seinem Vater etwas abgeben? Ich habe Angst, das zu fragen. Ich habe die Phantasie, geschlagen zu werden, wenn ich mich weiter vorwage. Etwas Unaushaltbares ist zwischen uns. Es gibt keine Bewegung. Es gibt keine Sprache für das, worin er sich emotional in diesem Augenblick wieder befindet. Sprache wäre ein Ausbruch. Da heraus. Er ist im Trauma. Ich stehe draußen. Ich sehe ihn an und warte schweigend. Er ist stumm. Für ihn bin ich gar nicht da.

Als ich bei mir zu Hause die Tonbandaufnahme abhörte, die ich von dieser Begegnung gemacht hatte, kam an dieser Stelle aus dem Lautsprecher ein alles überdeckendes Geknister, Geraschel und Geknatter. Mein Gesprächspartner hatte reflexhaft und wie um sich zu schützen das Sofakissen an seine Brust gedrückt und dabei mein Mikrophon erstickt, das ich ihm zuvor ans Jackett geklammert hatte.

Für die zweite Generation ist Auschwitz nicht Trauma, sondern Tabu, und als Tabu nahezu etwas Heiliges. Ich erinnere mich: Bei einem Besuch in Yad Vaschem in Jerusalem sah ich israelische Schulkinder, Fünfzehn-, Sechzehnjährige, die kichernd und Kaugummi kauend an riesigen Fotos von Auschwitz vorbeizogen. Ich war nicht entsetzt oder empört. Da es jüdische Kinder waren, konnte ich sie verstehen. Es war ihre pubertäre Art, mit dem Tabu umzugehen.

Jüdinnen und Juden der zweiten Generation kennen etwas Ähnliches von ihren Eltern, wenn die ihren Kindern erzählen, wie sie überlebt haben. Die Eltern wollen ihre Kinder schützen. Sie wollen sich selbst schützen, ihr Abbild in der Seele ihres Kindes. Traumatischem, psychisch verkapselt in Schamgefühlen, weichen die Eltern beim Erzählen aus, innerlich angstvoll und panisch, nach außen gewendet, geschickt und geübt. Ihre Kinder staunen, bewundern und suchen in der sich immer wiederholenden Erfolgsgeschichte nach dem Verborgenen. Wie kleine Verfolger. Das Unsagbare wird ihr Angsterbe, diffus, nicht auffindbar. Und noch als Erwachsene wiederholen sie getreulich, wie es ihnen beigebracht wurde: »Von da an wurde die ganze Emigration von meinen Eltern nur noch wie ein Witz erzählt.« Oder: »Wie meine Eltern das überlebt haben, das war einfach hollywoodreif.« Es sind Geschichten der Eltern aus der Zeit des Überlebens, in denen der stets gegenwärtigen Bedrohung begegnet wird mit einem witzigen Geistesblitz, mit einer triumphierenden Chuzpe. Eure Eltern!

Der Witz ist ein Überfall. Sein Opfer muß lachen. Sogar über sich selbst. Das hat eine lange Tradition im Jüdischen. Jeder jüdische Witz lebt davon. Die eigene Ohnmacht umschmeißen. Die Depression beleben durch Weinen und Lachen.

Die inzwischen erwachsenen Kinder hören diese Geschichten immer wieder an, lachen, lächeln, können manchmal kaum noch lächeln, lachen trotzdem anerkennend, bewundernd, und wundern sich später, warum sie immer wieder bestimmte Einzelheiten aus den Erzählungen ihrer Eltern vergessen.

Liegt das an ihnen oder geht es gerade um das Fehlende, das tatsächlich nicht erzählt werden konnte? Unaushaltbar für die Eltern in der Erinnerung. Und noch einmal anders unaushaltbar für die Eltern vor ihren Kindern, die etwas nicht hören sollen und das, was sie zu hören bekommen, nicht mehr hören können.

Spreche ich mit Juden meiner Generation, ich bin 1948 geboren, also zweite Generation, dann können wir uns ganz schnell darüber verständigen, daß Auschwitz etwas ist, was wir im Beisein der ersten Generation, die Auschwitz überlebt hat, nicht zu berühren wagen.

Auschwitz kann Auschwitz sein, kann auch ein anderes Konzentrationslager sein, kann auch die Frage an die Mutter sein, wie es denn überhaupt gelungen sei zu überleben damals in Groß-Deutschland oder etwa in Polen.

Eine Jüdin der zweiten Generation erzählt, ihre Mutter habe nie darüber gesprochen, daß ihre Eltern aus dem Warschauer Ghetto deportiert und im Konzentrationslager ermordet worden sind. Als sich die Tochter mit ihrem eigenen jüdischen Hintergrund zu beschäftigen begann, beschloß sie, ihre Mutter zu interviewen. Die Tochter ist Journalistin und benutzte gewissermaßen ihren Beruf, um sich mit ihren Fragen an ihre Mutter heranzuwagen. Sie erzählt:

»Ich war immer der Meinung gewesen, die Eltern meiner Mutter sind in Auschwitz umgekommen, weil Auschwitz ist einfach das KZ, was jeder kennt. Und dann habe ich das im Gespräch meiner Mutter gegenüber erwähnt, weil sie von sich aus nichts sagte, nie, niemals sprach sie darüber. Ich erwähnte, daß ihre Eltern in Auschwitz umgekommen seien. Sie sah mich völlig entgeistert an und sagte: Meine Eltern? Meine Eltern sind doch in Treblinka umgekommen! Das war das einzige Mal, daß sie diesen Namen ausgesprochen hat. Das Wort Treblinka. Mittlerweile habe ich gelernt, das auszusprechen. Es ist verbunden mit dem allergrößten Grauen. Für mich mehr als Auschwitz. Und zwar, denke ich mir, fast noch vor der Zeit, bevor sie mir gesagt hat, daß die Eltern in Treblinka umgebracht wurden, war es für mich verbunden mit dem allergrößten Grauen. Es war ein ganz mächtiges Tabu, daß dieses Wort nicht ausgesprochen werden kann.«

Hier wird deutlich, daß es sich auch um ein Erbe handelt, auf das die Tochter Anspruch hat. Der Besitz von Wissen, der Boden von Bewußtsein bedeutet Grundbesitz und Erdung, Festigung einem »allergrößten Grauen« gegenüber. Als hätte die Tochter unbewußt gewußt, wenn sie das falsche, aber dennoch passende Wort ausspricht, nämlich Auschwitz, dann kommt das richtige Wort. Die Mutter korrigiert die Tochter mit einem Ausdruck von Entrüstung, was ihre Tochter zunächst in ein »furchtbares Schamgefühl« bringt. Scham darüber, daß sie ihre Großeltern, die Eltern ihrer Mutter, in das falsche KZ getan hatte.

Die Mutter dieser Tochter überlebte in der Emigration in England. Sie war eine politische Frau, eine Bundistin, und war über Radio BBC informiert, was in Polen geschah. Sie wußte, daß ihre Eltern deportiert worden waren, und sie mußte fürchten, daß sie nicht überleben würden. Als junges Mädchen hatte sie ihr Elternhaus verlassen, in dem ihr alles zu eng gewesen war. Sie war begabt, sie hatte Kunst studieren wollen. Sie hatte es geschafft, sich in die Emigration zu retten. Doch aus ihrem Talent hatte sie nach der Nazizeit nichts mehr machen können. Ihre Tochter ist eine beruflich erfolgreiche Frau geworden.

Manchmal ging es ihnen auch gut, den Eltern, im Versteck, auf der Flucht, im Lager – sogar im Lager. Die Zusammenhänge bleiben erschütternd. Sogar dort gab es Unterschiede, Momente, daß sich das Gefühl in Körper und Seele ausbreiten konnte, das Gefühl: Das jetzt ist gut, für einen Augenblick, irgendwo im Elend. Gerade dieser Einblick in die Vergangenheit der Eltern kann Quelle größter Beunruhigung für die Töchter und Söhne sein. Wie konnte es ihnen gutgehen? Um welchen Preis? Und daß es überhaupt solche innerlich verheimlichten Fragen im Blick auf die Eltern gibt, ist überlagert von Schuldgefühlen in den Kindern. Als hätte man wünschen können, daß es ihnen nur schlechtging.

Der Blick auf die Mutter ist in diesem Zusammenhang spezifisch angst machend. Was hat sie mit sich machen lassen müssen, die Mutter, die Frau?

Der Sohn einer Berliner Jüdin erzählte, daß sein älterer, 1943 geborener Bruder einen anderen Vater hat als er selbst. Die Mutter, die in einer falschen, arischen Identität überlebte und dadurch beruflich mit einem Nazi zusammen arbeitete, hat nie verraten, wer der Vater ihres erstgeborenen Sohnes ist. Offenbar ein Name, den sie nicht nennen wollte. Alptraumhafte Last vor allem für diesen erstgeborenen Sohn, aber auch für das Verhältnis zwischen den Brüdern. War es der Nazi, mit dem sie zusammen gearbeitet hatte? Der jüngere Bruder hat versucht, mit seiner Mutter darüber zu sprechen:

»Ich habe zu ihr gesagt, komm, hör zu, Mutter, war es eine Vergewaltigung oder so? Wäre doch möglich, daß du dich auf etwas hast einlassen müssen mit einem Nazi, um zu überleben? So habe ich zu ihr gesagt. Das ist doch passiert! Nein. Das war es nicht. Ich glaube – so weit sind wir miteinander gekommen, Mutter und ich, daß ich das beurteilen kann zu sagen: ein Nazi war es nicht.«

Diese Phantasie gibt es in der zweiten Generation. Diese beklemmende Angst, die Mutter habe sich, um überleben zu können, vergewaltigen lassen müssen oder auch sich sexuell angeboten. Diese Furcht zielt nie auf den jüdischen Vater. Hermann Langbein schreibt in seinem Buch *Menschen in Auschwitz:* Junge Männer, Polen und Juden, hätten sich privilegierten Häftlingen, arischen, meistens kriminellen Männern, sexuell nicht verweigert, um zu überleben. Sie haben dafür bessere Verpflegung von ihren Beschützern bekommen.[4]

Daß die Eltern, die Mutter, der Vater, es überhaupt überlebt haben, was so viele umgebracht hat, kann angst machen. Was ich beschrieben habe aus der Gesprächssituation mit einem Überlebenden – der Verlust der gegenseitigen Wahrnehmung – das Unaushaltbare zwischen ihm und mir – die Unmöglichkeit der sprachlichen Übersetzung dessen, worin er sich in dem Augenblick seiner Versteinerung befand –, das geschieht auch zwischen Eltern und Kindern. Es ist in jüdischen Familien normal, daß es geschehen kann.

Überlebte, traumatische Situationen beleben sich in der Mutter, im Vater – plötzlich. Irgendwo. Irgendwie. Auf dem Bahnhof. In der Schlange vor der Kasse im Supermarkt. In der Badeanstalt. Zu Hause beim Essen. Die Tochter oder der Sohn steigen mit ein in das Trauma, ohne es selbst zu merken. Manchmal ist ihre Überreaktion als Ausdruck höchster Besorgnis um die Mutter oder den Vater noch extremer. Es hat eine Adaption stattgefunden, eine unbewußte Abstimmung und Annäherung im Traumatischen. Man könnte sagen – ein gemeinsamer Film. Mit der um sie herum existierenden augenblicklichen Realität – auf dem Bahnhof, im Supermarkt, in der Badeanstalt – hat das innere Erleben nichts mehr zu tun. Meistens taucht aus diesem gemeinsamen Film die Mutter zuerst auf, sie hat es im Griff, sie kennt sich aus, übergangslos, während ihre Tochter oder ihr Sohn in der Verstrickung zappeln.

In Erzählungen der Eltern vom Alltag der Verfolgung und vom Alltag im Lager werden manchmal auch die Täter normal. Zum Beispiel wenn die Mutter erzählt, wie sie sich einmal gegenüber einem SS-Mann behauptet habe. Etwa so: »Und da habe ich zu dem SS-Mann gesagt ... und der SS-Mann hat zu mir gesagt ... und da habe ich zu ihm gesagt ... und er hat gegrinst.« Eine absurde, eine verrückte Normalität zwischen Opfer und Täter. Ein kleiner Dialog über Sterbenmüssen oder Weiterleben.

Jahre später, nach der Befreiung, kam es – irgendwo in Deutschland, irgendwo in Österreich – zu genau dieser Art von Dialog zwischen der eigenen jüdischen Mutter und einem SS-Mann. Selbstverständlich war der SS-Mann kein SS-Mann mehr, sondern ein Mann auf einer Behörde oder ein Fahrgast in einem Zugabteil, aber die jüdische Mutter war die Jüdin, und man selbst stand neben ihr, als Tochter, als Sohn, und hörte diesmal zu, wie sie zu ihm sagte, und er zu ihr sagte, und sie zu ihm sagte, und wie er sie musterte und dreist wurde, und wie sie stumm dastand.

Brachte man Schulfreunde mit nach Hause, Kinder der Täter und Mitläufer, waren die begeistert. Solche Mutter! Daß sie von einer Jüdin verwöhnt wurden, wußten sie nicht. Umgekehrt spürte man selbst immer den Auftrag, herauszuwittern, ob die anderen Eltern Nazis gewesen waren. Große Nazis. Oder nur kleine Nazis. Damals fand man die eigene Mischpoche hin und wieder meschugge. Aber so war es eben. Zu Hause war die Paranoia Wahrheit. In den nichtjüdischen deutschen Familien war Ordnung, sie sahen aus wie im Lesebuch in der Schule: Vater, Mutter, Kinder, Großeltern, Tanten, Onkel, Nichten, Neffen. Das Unheimliche hätte doch bei ihnen mit am Tisch sitzen müssen. War aber nicht.

Große Scheu lastete in den ersten zwei, drei Jahrzehnten nach der Shoa auf den jüdischen Töchtern und Söhnen der zweiten Generation in Deutschland, wenn es um die Aneignung des Jüdischen ging. War man religiös, war es einfach, dann war die Aktivität der Aneignung in den Ritualen und religiösen Vorschriften gerechtfertigt. Man war eben praktizierende Jüdin oder praktizierender Jude. Doch es ging noch um anderes, um Unerreichbares.

Wo liegt das eigentlich – genau?

Auf die Karte sehen und Auschwitz suchen.

Es nicht sofort finden.

Sich das Jüdische aneignen bei diesen Eltern? Was haben die alles erlebt und überlebt.

Und die Zeit vorher! Was haben sie alles erlebt! Alles war da. Alles hat es gegeben. Die Künstlerinnen und Künstler, die Kaufleute, die Wissenschaftler, die Theaterleute, die Schnorrer, die Schriftsteller, die ganze Mischpoche. Und was hat man selbst eigentlich zu bieten? Heute? Untereinander in der zweiten Generation kann man sich damit gegenseitig herrlich quälen. Als Gegengewicht gegen diese Giganten. Wo hat die Mutter überlebt? In Deutschland? In Polen? Oder bloß in Frankreich? Oder war die ganze Mischpoche etwa schon in Noch-nicht-Israel oder im amerikanischen Paradies? Was hat die Mutter, was haben die Eltern Schlimmes überlebt und noch Schlimmeres, und was hatte und hat man selbst mit diesen Eltern alles auszuhalten, um nicht zu sagen: überlebt.

Ein Sohn beschreibt: »Meine Mutter war wirklich eine typische jiddische Mamme. Ich glaube, alle Mütter sorgen sich um ihre Kinder, aber die jiddische Mamme steht für mich im Zusammenhang einer langen jüdischen Leidensgeschichte. Meine Mutter ist in besonderer Weise besorgt gewesen um ihre Kinder, ihre Behütung verhinderte unsere Selbständigkeit. Etwas, was ich für ganz spezifisch jüdisch halte, diese kontrollierende Behütung der Kinder, und das ist noch provoziert worden durch die Nazizeit, die dann kam.«

Festhalten im Ghetto. Die eigene Unselbständigkeit, die Verhinderung der eigenen Fähigkeiten, zurückgehalten, ferngehalten werden von allem, was zum Leben gehört, diese Kränkung, die Scham über die Entwertung, die Minderwertigkeitsgefühle, vorauseilende Ängste vor verinnerlichter kollektiver Gewalterwartung und -erfahrung, die sich erneuerte. Die Nazizeit war ein furchtbares Pogrom, in seinen Ausmaßen einmalig, aber eines in einer langen Reihe von Pogromen. Warum sollte das nach dem 8. Mai 1945 aufhören?

Aus dem Behüten wird nach der Nazizeit ein Bewachen, die Kinder werden gefangengehalten, daß ihnen nichts passiert. Wir sind in Deutschland, Bundesrepublik, fünfziger, sechziger Jahre, die Kindheit der zweiten Generation. Durch das Land tingeln und singen Esther und Abi Ofarim, ein verliebtes Schlagerpaar. Woher? Aus Israel. Daß sie Juden sind, wird in der deutschen Öffentlichkeit nicht gesagt, wird vielleicht nicht einmal gedacht, nicht bewußt, aber »alles fürs Bewußtsein Verdrängte und Ersetzte bleibt im Unbewußten erhalten und wirkungsfähig«, schrieb Sigmund Freud.[5] Eine der beliebtesten deutschen Filmschauspielerinnen heißt Lilly Palmer, zurück aus der englischen Emigration. Daß sie Jüdin ist? Alle wissen es doch. Das Wort »Jüdin« gibt es aber gar nicht im deutschen Sprachgebrauch, nicht mehr, das Schimpfwort. Man sagt »Israeliten« oder »Mitbürger mosaischen Glaubens«. In dieser Zeit fordert Franz Josef Strauß ein Ende der Gerichtsverfahren gegen NS-Verbrecher. Er hält den 8. Mai 1965 für ein passendes

Datum. Die Mehrheit der Bevölkerung denkt in dieser Angelegenheit wie er. Es müsse endlich Schluß damit sein, man müsse auch vergessen können. Diese Forderungen werden seit 1948 immer wieder öffentlich geäußert. Als Deutschlands Fernsehmutter etabliert sich Inge Meysel und wird zur beliebtesten Volksschauspielerin, die Mutter der Nation ist die Tochter eines jüdischen Vaters und einer nichtjüdischen Mutter. Wer will das schon wissen?

Und nebenan in der DDR gibt es nur gute Deutsche, alle sind sie ehemalige Widerstandskämpfer, und Juden scheint es dort gar keine zu geben, dafür ist Israel »der imperialistische Aggressor«. Im Westen blüht mit amerikanischer Hilfe Deutschlands Wirtschaftswunder auf. Daneben die zermürbenden Wiedergutmachungsverfahren für die Opfer. In den zuständigen Ämtern, unter den psychiatrischen Gutachtern sind Juden, Männer und Frauen, die noch gestern im nationalsozialistischen Deutschland Volljuden waren oder Halbjuden oder Vierteljuden. Die meisten von ihnen verhalten sich gegenüber den jüdischen Antragstellern überkorrekt, überkritisch, um nicht zu sagen: feindlich. Psychiater, auch jüdische Psychiater, geben Gutachten ab, in denen allen Ernstes anheimgestellt wird, ob die Migräneattacken und Depressionsschübe der verfolgten Jüdin nicht möglicherweise auch aus ihrer Kindheit von vor 1933 stammen könnten.

Ein Sohn erzählt: »Ich war 1933 zehn Jahre alt, und meine Mutter war Jüdin, das wurde mir bald klar, auf andere Weise als vorher, und auch, daß mein Vater arisch war. Überall, in den Zeitungen, im Radio, an Litfaßsäulen, Extrablätter, diese gewaltige Beeinflussung. Die Juden, die Juden, die Juden, verbrecherisch, kriminell, minderwertig, böse, falsch, verlogen, verdorben, hinterhältig, gierig. Was heißt das für ein Kind? Stimmt das? Meine Mutter? Und bin ich durch sie nun auch so? Der

Vater ist ja anders. Doch die Mutter. Diese Einflüsse, gegen die man als Kind gar keine Verteidigungsmöglichkeit hatte. Aber mir war von vornherein klar, das sind alles Kriterien, die auf meine Mutter nicht zutreffen. Es gab durch die Nazipropaganda bei mir Unsicherheiten, ob das mit den Juden so stimmte, aber meine Mutter blieb total unberührt davon, total, absolut, niemals, niemals war ich da unsicher. Aber der Zweifel an mir selbst, was war denn mit mir? Daß ich auf einmal auch jüdisch war, durch sie, und daneben das Gefühl von Selbstbehauptung, ihr kriegt mich nicht klein, ihr nicht! So gegensätzlich.«

Die Mutter schützen. Durch die Mutter gefährdet sein. Selbst gefährdet sein. Das Jüdische war das Schlechte. Sie hießen ja nicht »arische Mischlinge«, auch wenn sich einige getaufte Deutsche mit jüdischem Hintergrund »nichtarische Christen« nannten. Es nützte ihnen gar nichts. In der Nazizeit hießen sie Mischling ersten Grades oder Halbjude. Oder Mischling zweiten Grades, und dann waren sie Vierteljude. Oder sie trugen die Bezeichnung Geltungsjude, beispielsweise wenn sie nicht vor der Nazizeit getauft worden waren, und wurden wie Volljuden verfolgt. Die sogenannten Nürnberger Rassegesetze vom September 1935 bestimmten, daß jüdisch war, wer einen jüdischen Großelternteil hatte.

Der bekannteste sogenannte Halbjude ist Jud Süß. Joseph Süß Oppenheimer. Finanzberater am württembergischen Hof, Anfang des 18. Jahrhunderts. Ein sogenannter Hofjude. Unehelicher Sohn der Jüdin Michaele Süß und eines arischen Adeligen namens Heyersdorff. Der Roman *Jud Süß* des Schriftstellers Lion Feuchtwanger, er war selbst Jude, erschien 1925, am Vorabend zur Nazizeit. Das Buch war ein Welterfolg, übersetzt in dreiunddreißig Sprachen. Erst der Propagandaminister Goebbels, der wie Jud Süß auch Josef hieß, ließ daraus einen antisemitischen Hetzfilm machen. Zu Beginn des Romans finden wir Süß in seiner Kutsche sitzen, elegant und reich gekleidet. Neben Süß sitzt der alte, schmuddelige, lebenskluge Kaftanjude Isaak Landauer. Auf dem schmalen Weg kommt ihnen eine Extrapost entgegen. Feuchtwanger erzählt:

*Ein feister, behäbiger Mann saß darin, daneben fett, rund, dumm eine Frau. Es mochte ein Ehepaar sein auf einer Reise zu einer Familienfestlichkeit. Während die Wagen umständlich und unter lärmenden Gruß-, Scherz- und Fluchreden der Kutscher einander auswichen, schickte der Mann sich an, mit Süß ein kleines, gemütliches Reisegespräch zu beginnen. Wie er aber Isaak Landauer sah in seiner jüdischen Tracht, lehnte er sich ostentativ zurück und spie in weitem Bogen aus. Auch die Frau suchte ihrem dummen, gutmütigen Gesicht Strenge und Verachtung aufzusetzen.*

*»Der Rat Etterlin aus Ravensburg«, sagte Isaak Landauer, der alle Menschen kannte, mit einem kleinen, glucksenden Lachen. »Mögen die Juden nicht, die Ravensburger. Seitdem sie den Kindermordprozeß gehabt haben und ihre Juden gemartert, gebrannt und geplündert, hassen sie uns mehr als das ganze andere Schwaben. Das sind jetzt dreihundert Jahr. Heute hat man humanere Methoden, weniger komplizierte, dem Juden sein Geld zu stehlen. Aber wem man solches Unrecht getan hat, versteht sich, daß man weiter gegen den gereizt ist, auch nach dreihundert Jahren. Nun, wir werden's überleben.«*[6]

Der Schriftsteller Feuchtwanger schreibt: *Süß haßte in diesem Augenblick den alten Juden, weil er sich durch ihn kompromittiert fühlte.*[7]

Vor dem Hintergrund der Vernichtung des einstigen europäischen Judentums und der zwischen 1933 und 1945 ermordeten sechs Millionen Juden wird die Diskriminierung und Verfolgung der jüdischen Mischlinge stets als im Vergleich gering bezeichnet.

In ihrem Buch *»Jüdische Mischlinge« – Rassenpolitik und Verfolgungserfahrung 1933–1945* hat Beate Meyer die spezifische Problematik von sogenannten jüdischen Mischlingen dokumentiert, am Beispiel von Frauen und Männern in Hamburg – genauer gesagt: am Beispiel von Töchtern und Söhnen, denn ob noch Kind oder schon erwachsen, sie waren kennzeichnend gebunden an die jüdische Mutter oder den jüdischen Vater.[8] Die Perfidie der Abstufung zwischen voll-, halb- und vierteljüdisch innerhalb des Systems von Drangsalierung, Entwertung und Tötung konnte nicht ohne Auswirkung bleiben auf das Verhältnis etwa zwischen Mutter und Tochter oder Mutter und Sohn. Welchen Wert hatte und hat das Jüdische für diese Tochter, für diesen Sohn? Erkennbar ist die Zerrissenheit in sich selbst und im Zusammenleben mit den Eltern, oder deutlicher gesagt, zwischen diesen Eltern, jüdisch – arisch.

Der hoffnungslose Fall war die eigene jüdische Mutter oder der eigene jüdische Vater. Weniger hoffnungslos war man selbst. Die Nähe zum jüdischen Elternteil gefährdete einen, während man selbst als sogenannter Mischling der jüdischen Mutter, dem jüdischen Vater Schutz geben konnte. Zahllose Bestimmungen, Verordnungen und Verbote reglementierten den Alltag und das Zusammenleben in der Familie. Was der halbjüdischen Tochter noch erlaubt war, war der volljüdischen Mutter verboten. Ins Kino gehen. Sich auf eine Parkbank setzen. Überlebensstrategien sogenannter jüdischer Mischlinge benennt Beate Meyer in ihrem Buch mit den folgenden Worten: Tarnung, Anpassung, gute Leistung, vorauseilende Konfliktvermeidung, Arbeitswilligkeit.

Diese Wörter beschreiben den täglichen Seiltanz jüdischer Menschen zwischen unberechenbarer Willkür von außen und innerlich bedrohter Selbstachtung, Scham, wachsenden Minderwertigkeitsgefühlen und Lebensangst. Sich angenehm machen denen gegenüber, die offen zu hassen das eigene Leben gekostet haben würde, sich anpassen, unauffällig bleiben, tüchtig, bescheiden sein, ja, unter Umständen auch noch dankbar, und parallel dazu lief das staatliche Mordprogramm nach Plan, erst die Volljuden, dann die Halbjuden, dann die Vierteljuden.

Trennung, der Wunsch nach Eigenem, nach Selbständigkeit war todbringend für die jüdische Mutter. Aus der Psychoanalyse wissen wir, in Gefühlen ohnmächtiger Abhängigkeit weiß sich die kindliche Seele dadurch zu helfen, daß die als übermächtig erlebte Mutter aus einer Mordswut heraus in entsprechenden Phantasien besiegt wird. Die Mutter ist abgeholt und nach geltendem Gesetz getötet worden, das geschah, das geschah täglich, das trug die Tochter in sich, die erwachsene Tochter, die selbst Mutter war, jüdische Mutter einer, wie man sagte, halbjüdischen Tochter oder eines halbjüdischen Sohnes. In der Zeit der Verfolgung, im Versteck hatte alles ein überdimensionales Echo im Unbewußten, traf auf Eingeschriebenes, nicht Entzifferbares in der eigenen Psyche, in der Psyche des Kindes, empfangen von der Mutter, deren Jüdisches sich wie ein Makel tödlich lastend auf ihr Kind legte. Verrückt: Nicht das Arisch-Deutsche war der Todbringer, sondern das Jüdische. Wie in erschreckender Übereinstimmung mit den Mördern, den Nazis.

Es kam vor, daß in einer Familie Juden und Antisemiten unter einem Dach lebten. Es kam vor, daß etwa der arische Bruder oder die arische Schwester die versteckt lebende jüdische Ehefrau des eigenen Bruders bei der Gestapo denunzierte. Das war ein Todesurteil. Und es kam durchaus vor, daß die ganze Familie in den Jahren danach fortführte, was sie in den Jahren vor der Nazizeit gelebt hatte: Man saß zusammen an einem Tisch, ehemalige Täter und ehemalige Opfer beim Sonntagsbraten, sprach über die Teuerungsrate, über die Adenauerregierung, über die Leistungen der Kinder in der Schule, und über das, was geschehen war, was die Familie gespalten hatte, darüber sprach man nie ein Wort.

Was in der Gesellschaft im großen praktiziert wurde und immer noch wird, bis heute hin, die Verleugnung von Auschwitz, Georges-Arthur Goldschmidt nennt es »Auslöschung der Auslöschung«[9] –, so auch in manchen jüdisch-deutschen Familien. Diese Komplizenschaft war komplizierter als die draußen in der deutschen und österreichischen Gesellschaft. Liebe war darein vermischt, Dankbarkeit dem Ehemann und Lebensretter gegenüber, daß er geblieben war bei seiner jüdischen Frau, bei seinen jüdischen Kindern. Und er selbst machte ja auch keine Anstalten, fand es besser so, daß man wieder zusammenkam. Anzeigen? Würde man denn überhaupt gerechte Richter finden? Daß jemand eine versteckte Jüdin der Gestapo ausgeliefert hatte? Überall in Deutschland gab es solche Denunzianten. Und sie hatten ja überlebt. Die Tat der Auslieferung hatte sich nicht erfüllt. Sollte man jetzt selbst ausliefern? Rache nehmen? Die rachsüchtige Jüdin? Das antisemitische Klischee. So war man doch gar nicht. Aber so dachten die von einem, die eigene angeheiratete Verwandtschaft. Zumal jetzt, wo sie Grund genug hatten zu zittern. Wo etwas herauszukommen drohte, half man mit, die Spur zu verwischen oder widersprach nicht, wenn sie die eigene Spur ihrer Täterschaft verwischten. Der Stolz konnte nicht die Selbstachtung stützen. Das eine war nun vorbei, aber das andere, die gerechte Rache, das würde andauern, das würden sie einem auf immer anhängen.

Die jüdische Tochter, der jüdische Sohn wurden Mitwisser und Mitverschworene in einer solchen Komplizenschaft, die bis heute hin, über den Tod der unmittelbar Beteiligten hinaus wirken kann; gleich einem Treueversprechen der jüdischen Mutter gegenüber.

»Als alles vorbei war«, das war eine Standardformulierung Überlebender in Deutschland ihren nachgeborenen Töchtern und Söhnen gegenüber, als alles vorbei war, ging alles weiter, anders weiter, aber alles, was gewesen war, blieb von Auswirkung auf das, was sich neu entwickelte. Man war zurückgekehrt aus einem der deutschen Konzentrationslager im Osten Europas, oder man hatte versteckt überlebt. Aus unterschiedlichen Gründen scheiterte fürs erste die Auswanderung, die geplant war. Selbstverständlich. Andererseits, warum sollte man eigentlich jetzt gehen, wo die ihren Krieg verloren hatten. Man war doch auch deutsch. Jüdisch, aber auch deutsch. Und nun blieb man. In Deutschland oder in Österreich. Von hier war es ausgegangen, hier war es geschehen, und hier lebten die Nachbarn, die Todfeinde und Denunzianten von gestern, die sich selbst für die wahren Opfer ihres verlorenen Krieges hielten. Ab 1953 konnten alle Beamten wieder in den Staatsdienst zurückkehren, Pädagogen, Juristen, Polizisten, Amtsärzte, Verwaltungskräfte, die gestern Nazis gewesen waren. Und warum sollten sie es eigentlich heute nicht mehr sein? Hier weiter leben, das war in besonderer Weise lastend in den Familien, die in der Nazizeit als Mischehen bezeichnet worden waren. Deutsch oder österreichisch – beide Eltern, aber die Mutter Jüdin. Nirgendwo war und ist das so schwer zusammenzubringen für die Töchter und Söhne der zweiten Generation wie in Deutschland und Österreich nach der Shoa. Nicht in Frankreich, nicht in Italien, nicht in England oder Holland oder Belgien und schon gar nicht in Amerika oder Rußland.

Das deutsche Judentum war in Wissenschaft und Kultur führend gewesen in der Welt, und nun waren die Juden in Deutschland vom Miesesten für die Judenheit außerhalb Deutschlands und Österreichs, für die existierte man überhaupt nicht, schon gar nicht in der Judenheit der westlichen Welt. Die guten Juden waren die amerikanischen Juden und die Israelis, und für die Israelis waren die deutschen Juden die Jeckes, denen hing etwas an von den Nazis, schließlich waren sie auch aus Deutschland.

Wie dieser Mischpoche jetzt entgegentreten? Als jüdische Deutsche? Als deutsche Juden? Gar nicht! Man hatte von der Mutter, der jüdischen Mutter, die überlebt hatte und von der man selbst in die Freiheit hineingeboren worden war, den Auftrag mitbekommen, draußen den Mund zu halten. Sag niemandem, daß deine Mutter Jüdin ist. Nicht in der Schule, nicht den Freunden. Obwohl die Tochter, der Sohn doch selbst jüdisch war durch sie, blieb das Jüdische ihr Besitz. Das Besondere. Das Große. Das Kostbare. Für die Tochter dieser jüdischen Mutter konnte das von verwirrender Bedeutung werden, anders als für einen Sohn. Das Jüdische, das Kostbare gebunden an die Mutter, konnte sich in der Tochter verbinden mit weiblich, mit Frausein. Womit die Mutter sich ihrer Tochter zeigte, schien auf immer allein der Mutter anzugehören.

»Nach draußen sollte von der jüdischen Abstammung möglichst niemand wissen«, sagte eine jüdische Tochter. »Ich durfte es niemandem sagen, gehorchte auch und habe noch heute klamme Gefühle. Ich veröffentlichte etwas dazu, und sie warf mir vor, warum ich ihr das angetan hätte.« Für ihre Mutter sei Jüdisch ein Makel gewesen, vor der Shoa wie nach der Shoa, obwohl sie auf das intellektuelle Judentum stolz war, dem sie sich zugehörig fühlte. Widersprüchliche Botschaften wirken nachhaltig.

Von ganz anderem, von beneidenswert jüdischem Selbstbewußtsein waren die in Israel geborenen Töchter und Söhne von Überlebenden, die mit ihren Eltern in den sechziger Jahren nach Deutschland kamen. Sie waren geboren, aufgewachsen und zur Schule gegangen in einem Land, in dem alle Juden waren, in dem es normal war, jüdisch zu sein. Daß es das gab.

Man war voll der Bewunderung, man sah ihnen ängstlich und neidisch dabei zu, wie sie sich mit ihrem jüdischen Selbstbewußtsein den Deutschen zumuteten, den Kindern der Täter und Mitläufer.

In Amerika schrieben Juden die Literatur der historischen Aufarbeitung, von dort kamen die längst überfälligen Bücher zum Thema »Nazizeit«. Dort konnte man in jedem Supermarkt koschere Konservendosen kaufen, dort spielten junge Juden Klesmermusik. In Deutschland waren es die Kinder der Täter, die Jiddisch lernten, sich in Klesmermusik versuchten und nach Israel in den Kibbuz gingen.

Uns, den deutschen Juden der zweiten Generation, sagten die Gleichaltrigen aus Amerika und Israel, wir sollten endlich aufhören, uns selbst zu bemitleiden. Auch das noch. Es war schließlich das einzige, was wir jüdischen Nachgeborenen in Deutschland glaubten zu haben. Wir waren keine Überlebenden, wir waren keine Israelis, wir waren keine amerikanischen Juden. Wir waren die Hiergelassenen, zurückgeblieben auf dem Nichts.

Und das ist eben doch etwas. Das Denken. Was war. Erzähltes. Die deutsche Sprache. Die deutsche Literatur. Nicht zu trennen vom Jüdischen. Bücher. Zurückgeblieben auf dem, was gegeben ist. Von denen, die waren. Und was einem nicht genommen werden kann, wenn man es haben will.

Anmerkungen

1 Hermann Langbein: Menschen in Auschwitz. Wien–München 1995, S. 689.
2 Bundesarchiv Koblenz, NS4 Konzentrationslager.
3 Ruth Klüger: weiter leben. Eine Jugend. Göttingen 1992.
4 Hermann Langbein, S. 594.
5 Sigmund Freud: Das Ich und das Es (1923). Frankfurt/Main 1984.
6 Lion Feuchtwanger: Jud Süß. Ausgabe Rowohlt Taschenbuch. Reinbek 1965, S. 13.
7 Lion Feuchtwanger, S. 14.
8 Beate Meyer: »Jüdische Mischlinge« – Rassenpolitik und Verfolgungserfahrung 1933–1945. Hamburg 1999.
9 Georges-Arthur Goldschmidt: Als Freud das Meer sah. Zürich 1999, S. 160.

Günther Bernd Ginzel

*ist Publizist und Autor zahlreicher Dokumentationen und Essays für Hörfunk und Fernsehen. Geboren wurde er 1946 in Innsbruck und blieb ohne Geschwister. Er studierte zunächst in Köln Kunst und Kunstgeschichte, dann Judaistik, Soziologie und Geschichte in Jerusalem und Köln. Günther B. Ginzel ist Mitglied der Bnai Brith Köln sowie in verschiedenen Arbeitskreisen für das christlich-jüdische und das christlich-jüdisch-islamische Gespräch. Er ist im Vorstand der Germania Judaica, Kölner Bibliothek für die Geschichte des deutschen Judentums. Neben zahlreichen Publikationen ist Ginzel Mitherausgeber von »Antisemitismus – Erscheinungsformen der Judenfeindschaft gestern und heute« (1991) und Herausgeber der Textanthologie »Hilfe für Verfolgte während der NS-Zeit« (1992). Er lebt mit seiner Frau in Köln.*

## Es war ein Abschied wie im Film

Durch die Hotelhalle kommt ein zierlicher Mann geeilt, kaum den Boden berührend, schwebt er lächelnd heran. Sein Mund behält dieses Lächeln das ganze Gespräch über, sogar, wenn seine Augen weinen.

Günther Bernd Ginzel: »Ich bin das einzige Kind. Meine Mutter hätte gern noch ein Töchterchen gehabt, aber mein Vater hatte keinen Mut mehr. Er ist an den Folgen der Verfolgung gestorben. Ich war gerade eingeschult. Das hat das Verhältnis zwischen meiner Mutter und mir auf eine besondere Weise geprägt. Mein Vater hat mich abgöttisch geliebt, das hat mir meine Mutter vermittelt. Sie haben überlebt, indem sie nicht untergetaucht sind, sondern hochgetaucht. Es ist ihnen gelungen, ihre Führerscheine zu behalten. Dadurch hatten sie Ausweispapiere ohne das J für Jude. Unschätzbar. Sie sind herumgereist, haben zweieinhalb Jahre in den Ötztaler Alpen zugebracht, oben in einer Berghöhle. Das hat die Gesundheit meines Vaters ruiniert. Sie sind von Zeit zu Zeit runter zu den Einödbauern auf 1800 Metern und haben wie die Bekloppten gearbeitet, dafür Ziegenmilch und so bekommen. Sie haben gelebt wie in der Wildnis. Ich bin 1946 als Antwort meiner Eltern auf Auschwitz gekommen. Dieses Bewußtsein!«

*War das lastend?*

»Vor zwanzig Jahren hielt ich es für aufgebauscht, wenn meine Altersgenossen zu Psychologen gingen. Ich fand es penetrant, wie amerikanische junge Juden sich ins Fernsehen stellten und jammerten, daß sie unter den Folgen der Shoa leiden. In gewisser Weise finde ich das heute noch penetrant. Trotzdem, meine Generation redet jetzt anders und offener. Ich weiß, wie sehr wir geprägt worden sind durch die Geschichte der Eltern, der ganz persönlichen, individuellen Shoa. Vieles von dem, was wir tun, vielleicht auch, was wir nicht tun, hängt damit zusammen, daß diese Geschichte in uns wirkt.«

*Sie waren allein mit Ihrer Mutter?*

»Ja.«

*Wie haben Sie sich getrennt von ihr?*

»Gar nicht. Wir haben lange miteinander gelebt. Wir haben zusammen gewohnt. Die Mutti ist im April vergangenen Jahres verstorben. Neunzig Jahre alt. Jahrelang schwerstes Leiden. Medizinisch nicht zu erklären, daß sie die letzten zwanzig Jahre noch durchgehalten hat. Es war ihr Lebenswille, es war ihre Freude. Sie nahm regen Anteil an allem, was ich getan habe, und für mich war es eine große Selbstverständlichkeit, daß die Frau, die wirklich für mich da war, daß ich mich umgekehrt auch um sie kümmerte. Wenn ich auf Forschungsreisen war, habe ich sie mitgenommen. Drehte ich einen Film, war man dran gewöhnt, daß sie dabei war. Zu Hause war sie weitgehend vereinsamt. Und für mich war es eine Beruhigung. Ich habe ja die Angst meiner Mutter verinnerlicht.«

*Mußte der Sohn das nach außen rechtfertigen?*

»Ach, ja, kann schon sein. Mir ins Gesicht hat man mich bewundert, wie schön der Sohn sich um seine Mutter kümmert. Hinter meinem Rücken hat man sich erzählt, das ist doch nicht normal und Ödipuskomplex und diesen Schwachsinn. Ich stehe dazu. Die Mutti wäre vielleicht vor einem Vierteljahrhundert schon gestorben. Wäre mein Vater am Leben geblieben, wäre das anders verlaufen. Ich war der Mann im Haus. Ich bin mit den Alpträumen der Mutti aufgewachsen. Ich kenne sie oft krank. Herzattacken. Für mich war es eine Selbstverständlichkeit als Kind, mit dem Roller in die Nachtapotheke zu fahren oder den Arzt zu rufen.«

*Sie haben neben ihr geschlafen?*

»Bei schweren Herzrhythmusstörungen hat das Bett gewackelt. Sie hat nachts im Traum geschrien. Sie rief nach ihrer Mutter. Das besserte sich und ist im hohen Alter wiedergekommen. Da liegt diese achtundachtzigjährige Frau und grübelt, ist im Halbschlaf in Geschichten mit ihrer Mutter und ihrer Schwester, auf einmal sagt sie: Was ist eigentlich aus denen geworden? Es genierte sie, das zu fragen. Aber Mama, sage ich, die sind doch deportiert worden. Und sie: Was? Das haben die gemacht. Diese Schweine! – Sie hatte aber während der Nazizeit Freunde, die ihr die Treue hielten. Auch das hat sie mir vermittelt. Ihre Familie kommt aus dem Hessischen. Irgend jemand hat mal einen Stammbaum gemacht, der geht ein halbes Jahrtausend zurück. Der Vater meiner Mutter war einer der orthodoxen Metzger in Köln, mit vielen Auszeichnungen, im Vorstand des Verbandes jüdischer Handwerksmeister in Köln, im Ortsvorstand des Reichsbundes jüdischer Frontsoldaten. Ein frommer, stolzer Jude und ein deutscher Patriot.«

*Wie ist Ihre Mutter gestorben? Zu Hause?*

»Nein, im Krankenhaus. Die Mutti hat die letzten fünf Jahre mindestens einmal im halben Jahr totgelegen, und zunehmend öfter. Ich war mittlerweile die sorgenvollen Gesichter der Ärzte gewohnt, sie würde die Nacht nicht überleben. Sie war klein und winzig geworden. Irgend etwas in ihr kämpfte. Wir haben die letzten Jahre nicht mehr zusammen gewohnt. Anfangs hatte ich eine Pflege organisiert, dennoch war ich zu Hause, so daß die Mutti keine Minute allein war.«

*Wann sind Sie denn ausgezogen?*

»Das war ein langsamer Prozeß. Vor zwei Jahren. Meine Frau hat mich sehr unterstützt. Außerdem wohnten wir nicht weit entfernt, doch unser gemeinsames Leben verdiente den Namen kaum. Ich hatte meiner Mutter gegenüber Gewissensbisse – obwohl eine Pflege rund um die Uhr organisiert war!«

*Sie sind noch nicht lange zusammen mit Ihrer Frau?*

»Nein. Daß ich mal heiraten wollte, war mir immer klar, aber ich bin halt über fünfzig geworden, bevor ich es getan habe. Ich habe es nie als Hypothek empfunden. Rückblickend betrachtet, hätte ich allerdings vor Jahrzehnten einen Prozeß mit der Mutti durchmachen sollen, wie er zwischen Eltern und Kindern üblich ist. Dann wäre die Mutti vielleicht selbständiger geblieben und hätte ihre Verlustängste weniger ausgelebt. Es ist nicht so, daß sie nicht im Leben gestanden hat. Sie war Vorsitzende des jüdischen Frauenvereins, sie hat WIZO in Köln mit aufgebaut, sie war im Vorstand des Frauenrings in Köln. Diese Frau hat unglaublich viel geleistet.«

*Warum hat Ihre Mutter nicht noch mal geheiratet?*

»Mein Vater ist gestorben, da war er fast zehn Jahre jünger, als ich jetzt bin. Sie ist 1915 geboren, mein Vater ist 1952 gestorben. Sie sah sehr gut aus.«

*Sie war mit siebenunddreißig Jahren Witwe.*

»In ihrer Erinnerung ist er immer der junge Mann geblieben, den sie vergötterte. Der Gedanke, einen älteren Mann, der im Alter zu ihr paßte, das war ihr geradezu körperlich unangenehm. Wenn da irgendwelche Männer auftauchten, machte ich mir keine Sorgen. Meine Mutter konnte das regeln. Penetrant waren manche Lehrer, die Druck ausübten. Weil der Junge jetzt Halbwaise sei, müsse man sich doch kümmern, daß es in der Schule gut weitergehe. Diese Lehrer sind zu den Müttern nach Hause gegangen, nicht nur zu meiner Mutter, die waren selbst verheiratet und haben geguckt, was sie dort bei den Witwen abstauben könnten. Ganz brutal gesagt, die waren auf Affären aus.«

*Das ist ja ein interessantes Kapitel der Nachkriegsgeschichte.*

»Schweinisch ist das. Ich sehe diese Typen noch vor mir. Bei meiner Mutter sind sie nicht gelandet. Dennoch: Einer hat ein

Sparbuch der Mutti geklaut und hat es abgehoben, obwohl ein Kennwort dabei war. Deswegen weiß ich seit meiner Jugend, daß ein Kennwort bei der Sparkasse überhaupt nicht schützt.«

*Ihre Bar Mizwa, wie war das für den Sohn ohne Vater?*

»Meine Mutter hat mit mir gelernt. Es war großartig, denn ich war der erste Bar Mizwa in der wieder eingeweihten Kölner Synagoge Roonstraße. Aus Israel kam ein Uronkel. Familie meiner Mutter. Das war meine ganze Mischpoche. Ein Mann, den ich nicht kannte und seine Frau, und ein paar Klassenkameraden. Das war es. Ich durfte nie mit den anderen Kindern, auch nicht jüdischen Kindern, wegfahren. Ein, zwei Tage Klassenausflug ging gerade noch. Aber nie für vier, sechs Wochen zur Sprachenschulung ins Ausland. Ich habe trotzdem eine glückliche Jugend gehabt. Gut, ich gebe zu, ich kenne den größten Teil von Deutschlands Kurbädern.«

*Der kleine Sohn mit der Mutter?*

»Dort lernte ich reiten, bekam Tennisstunden, sie versuchte, daß ich in dieser Zeit etwas Großartiges absolvieren konnte. Aber ich habe nie mal mit einer Gruppe wegfahren können oder mal mit einem Mädchen. Es hieß nicht: Das verbiete ich. Sondern es hieß: Wenn du mich allein läßt, werde ich verrückt. Da es bei ihr von innen heraus kam, habe ich mich dem gebeugt. Heute frage ich mich, hätte ich nicht einfach sagen müssen: Okay Mama! Da müssen wir beide durch. Es tut mir leid, ich bin jetzt achtzehn, ich bin jetzt zweiundzwanzig, ich hau jetzt für ein halbes Jahr ab.«

*Also, Herr Ginzel! Ja! Warum machen Sie sich Vorwürfe? Ihre Mutter hätte Sie gehen lassen müssen.*

»Das ist richtig. Sie hätte vielleicht auch mal zu einem Spezialisten gehen müssen. Aber ich höre noch unseren katholischen Hausarzt: Wer zum Psychologen geht, kommt verrückt wieder. Sie war achtzig Jahre. Ich drehte einen Film im Main-Taunus-

Kreis, die Dreharbeiten waren fertig, wir gingen spazieren, das Kamerateam und ich, wir hatten die Mutti mitgenommen. Auf einmal hören wir aus einer Wirtschaft antisemitisches Reden. Laut. Ehe wir uns noch versahen, die Mutti den Schirm vorgestreckt und im Galopp los. Ich hinterher: Mama, laß das! Diese kleine alte Frau rennt mit dem Schirm rein und brüllt: Wo ist das Nazischwein? Eine Kneipe, voll mit besoffenen Kerlen, verstummt. Alle haben gekuscht. So war sie.«

*War Ihre Mutter berufstätig?*

»Sie war selbständig. Mein Vater hatte mehrere Generalvertretungen im Autozubehör, und die Mutti hat nach seinem Tod davon einiges fortgeführt. Sie mußte öfters Kunden besuchen. Wenn sie weg war, dann wußte sie, das Kind kommt einen Tag alleine gut aus.«

*Auf einmal!*

»Aber nicht über Nacht.«

*Waren Sie ein guter Schüler?*

»Nein. Es gab aber nicht von ihr Druck. Die Hauptsache war, ich kam durch. Uns hat anderes bewegt. Sie hat immer gesagt, hoffentlich wirst du eine gute Frau finden. Ich will Enkelchen. Wenn wir in Israel waren, wurden mir alle möglichen Mädchen vorgeführt, das war peinlich. Aber sie war dann auch nie so unglücklich, daß daraus nichts wurde.«

*Man kennt diese Mutter-Sohn-Beziehung auch ohne den Hintergrund der Shoa. Dennoch bleibt wichtig, was die Eltern als Hypothek mitbringen.*

»Weil es diese Nazizeit gegeben hatte und diese Verfolgung, weil die Mutti wirklich darunter gelitten hat, war es mir nicht möglich, sie allein zu lassen. Ich gewöhnte mich daran. Die Leute wußten es auch: Wenn der Günther auftaucht, ist die Mutter nicht fern.«

*Sie haben viel ausgehalten.*

»Sie hat auch viel für mich getan.«

*Sind Sie Ihrem Vater ähnlich?*

»Mein Vater war viel größer als ich. Mein Großvater mütterlicherseits auch. Ich komme auf meine Mutter. Die Mutti war recht attraktiv. Was die Menschen an ihr faszinierte, war ihr Lächeln. Sie wachte aus dem Koma auf und lächelte. Ihr Sterben war ein fast filmreifer Abschied. Zum ersten Mal sagte sie: So, nun laßt mich gehen. Es war irgend etwas anders als sonst. Ich habe gebetet neben ihr. Das war für sie auch schön, doch dann sagte sie: Herr Jott, nun. Dat reichet jetzt. Übertreib doch nit so. – Auf kölsch. Das hatte sie manchmal so drauf. Sie war in einem katholischen Krankenhaus, die haben sich rührend um sie gekümmert. Von der jüdischen Gemeinde ist diese alte Kölner Jüdin nie besucht worden.«

*Als sie starb, waren Sie bei ihr?*

»Die Mutti hat gelächelt. Ob sie dann wirklich gestorben ist? Hat sie geschlafen? War sie wieder weggetreten? Wir sind noch mal gekommen, da hatten sie ihr das schönste weiße Nachthemd angezogen. In einem katholischen Krankenhaus bekommen die Toten den Rosenkranz …«

*Haben die ihr etwa …?*

»Nein, nein, nein. Das war denen doch klar. Was haben sie ihr in die Hand gegeben? Meine kleine Tefille und meine Kipa. Da lag die Mutti mit meinen Sachen in ihren Händen.«

## Rachel Salamander

*ist Buchhändlerin und die Begründerin jüdischer Literaturhandlungen, womit sie eine jüdische Tradition wiederaufnimmt. Geboren wurde sie 1949 im DP-Lager in Deggendorf. Ihr älterer Bruder Borys wurde 1944 in der Sowjetunion geboren. Sie studierte Germanistik, Romanistik und Philosophie. 1982 eröffnete Rachel Salamander ihre erste Literaturhandlung in München, inzwischen gibt es vier weitere Literaturhandlungen in Berlin, Fürth, Dorsten und Halberstadt. Ihr Buchhandlungskatalog nennt zehntausend Titel, geordnet nach vierzig Sachgebieten, sämtliche Bücher zum Judentum und Belletristik jüdischer Schriftsteller. Alljährlich kommen 1200 deutschsprachige Titel von Juden und über Jüdisches hinzu, die Rachel Salamander selber aussucht. Außerdem organisiert und veranstaltet sie Podiumsgespräche und Lesungen zum Thema in Literaturhäusern und Theatern. Seit 2001 ist sie zudem Herausgeberin der »Literarischen Welt«, der wöchentlichen Literaturbeilage der »Welt«.*

## Zwei Gesten erinnere ich

Die Straße endete bei Nummer 13. Sie hatte Nummer 17 gesagt. Ich suchte nach Rachel Salamander und fand sie nicht. Mein Notizbuch mit ihrer Telefonnummer hatte ich nicht bei mir. Wieso eigentlich? Bei der Auskunft gab es keinen Eintrag unter diesem Namen. München lag verregnet da. Von den Kirchtürmen schlug es ein Uhr mittags. Der Zeitpunkt unserer Verabredung. Ich wollte mit Rachel Salamander über ihre Mutter sprechen und konnte sie nicht finden. In mir sackte Boden weg.

»Kennen Sie die Jüdische Buchhandlung?« Nein. Niemand kannte eine Buchhandlung mit diesem Namen. Und Rachel Salamander? »Selbstverständlich! Die Frau mit den schönen Haaren.« Doch wo ich sie finden konnte? Schulterzucken. Hieß die Straße wirklich so, wie ich sie erinnerte? Und die Buchhandlung? Hieß sie Jüdische Buchhandlung? Als wir uns vor ein paar Wochen für diesen Tag am Telefon verabredeten, hatte Rachel Salamander gesagt: »Ich war sehr klein, als meine Mutter starb. Ich erinnere nur wenig. Es wird viel um Phantasien gehen.«

Ich suchte nach Rachel Salamander, ohne sie finden zu können. Die Anwesenheit der verlorenen Mutter. Es war ihre Geschichte, in der ich mich verlaufen hatte. Bei diesem Gedanken fiel mir ihre Telefonnummer wieder ein. »Ich verspäte mich etwas«, ließ ich ihr ausrichten, und natürlich – »Literaturhandlung« heißt ihr Geschäft in der Fürstenstraße 17 in München-Schwabing.

Rachel Salamander stand an der Kasse und bediente eine Kundin. Ein Raum mit Büchern vor weißen Wänden und großen Fenstern, hell erleuchtet, wie ein klar denkender Kopf, angefüllt mit Schrifttum, Wortkunst, Dichtung, Wissen, mit

Erinnertem, Erzähltem und Aufgeschriebenem von Juden und von Jüdischem.

Als Rachel Salamander am 30. Januar 1949 geboren wurde, war Borys schon da, ihr fünf Jahre älterer Bruder, mit jüdischem Namen Bärl. Sie wurde in einem DP-Lager geboren, einem Lager für *displaced persons,* eingerichtet von der amerikanischen Armee auf einem ehemaligen Kasernengelände der deutschen Wehrmacht in Deggendorf, rund fünfzig Kilometer entfernt von der tschechischen Grenze, zwischen Regensburg und Passau. Viereinhalb Monate vor dem fünften Geburtstag ihrer Tochter starb die Mutter Rywa Salamander im Krankenhaus in München.

Was ist Erinnerung und was ist Erzähltes? »An zwei Gesten kann ich mich erinnern«, sagt Rachel Salamander, »nicht wirklich an ihr Gesicht.« Wir sitzen im Restaurant Cohen's. Der alte Herr Cohen hat Rywa Salamander noch gekannt aus der gemeinsamen Zeit im DP-Lager. Mit seinem Sohn Jacques, der uns das Essen an den Tisch bringt, hat das Kind Rachel im Lager gespielt. Gab es eine Pflegemutter? »Nein.« Weder hat der Vater noch einmal geheiratet, noch hatte sich das kleine Mädchen eine Ersatzmutter gesucht oder phantasiert. Rachel Salamander und ihr Bruder sind vom Vater großgezogen worden, in der Welt des Lagers, die sich nach und nach mit immer mehr Kindern belebte. »Alles für die Kinder. Kinder waren fleischgewordene Hoffnung.« Draußen war Deutschland. Wer konnte, wanderte nach Israel oder Amerika aus. Familie Salamander konnte nicht. Die Mutter war todkrank.

Rywa Salamander, geborene Breitmann, kam aus einer gutbürgerlichen Familie in Warschau, vielleicht über hundert Angehörige. Soweit Rachel Salamander weiß, hat niemand überlebt. Als 1940 im November die Familie Breitmann wie alle Juden in Warschau auf Anordnung der deutschen Behörde ihr Zuhause und ihr Eigentum aufgeben und ins Ghetto umziehen mußte, flüchteten in den Wirren der ersten Wochen die beiden Schwestern Rywa und Tola Breitmann. »Sie haben sich aus dem Ghetto hinausgeschmuggelt.« Die Familie verlassen. Vielleicht heimlich. Vielleicht mit Wissen und Unterstützung der Eltern. Die beiden jungen Frauen, zweiundzwanzig und vierundzwanzig Jahre alt, wollten über die Grenze in die Sowjetunion.

»Sie versteckten sich in Sümpfen, zwei Monate lang. Dadurch sind beide krank geworden. Tola starb 1951, meine Mutter Rywa zwei Jahre später.« Die Schwestern waren in der Zeit der Flucht bis zur Befreiung immer zusammen, und sie sind nacheinander im selben Alter gestorben, mit fünfunddreißig Jahren.

Rachel Salamander: »Ich hatte immer Angst, auch in diesem Alter zu sterben, und genau in dem Zeitraum hatte ich einen Badewannenunfall. Der Haartrockner fiel in die Wanne. Ich lag im Wasser. Er war nicht eingeschaltet, steckte aber in der Steckdose und lag hinter mir auf einem Bord.« Ihr wildes, rotes Haar hatte sich im Föhn verfangen und ihn langsam ins Wasser gezogen. Unbemerkt von ihr. »Mir war sehr schwach, und ich dachte, ich müßte jetzt mal aus der Wanne raus, konnte aber nicht mehr hochkommen. Da war ich schon im Stromkreis. Mein Mann kam genau zu dem Zeitpunkt nach Hause, was völlig ungewöhnlich war. Er hatte sich in großer Unruhe auf einmal in ein Taxi setzen und zu mir fahren müssen.«

Rywa Salamander starb an Herzklappenentzündung. Eine Folge des Lebens in den Sümpfen. Als sie ins Krankenhaus mußte, kamen ihre Kinder ins DP-Kinderheim nach Feldafing. Rachel war neun Monate alt. Und einen fast ebenso langen Zeitraum, nämlich sechs Monate, blieben die Geschwister im Heim, bis der Vater sie wieder nach Hause holte. Es gibt keine

Sprache in diesem frühen Alter, kein Zeitgefühl für Wochen oder Monate und noch keine assoziativ herzustellende Gedankenkette von Erinnerungsbildern, die bis zur verlorenen Mutter hätte hinführen und trösten können. Überwältigende Willkür für die kleine Tochter. Darin weiter leben.

Später mit dem Vater und dem Bruder zur Mutter ins Krankenhaus. Eine lange Fahrt. Nur zu den großen Feiertagen kam sie nach Hause. Dann zieht der Vater mit den Kindern ins DP-Lager nach München-Föhrenwald. Die Mutter wird ins dortige Krankenhaus verlegt. Als das Lager am 27. Februar 1957 aufgelöst wird, »gehörten wir zu den letzten hundert Familien, die das DP-Lager verließen«. Jeden Tag ging Samuel Salamander zu seiner Frau ins Krankenhaus. Er brachte Essen, das er ihr gekocht hatte. Was konnte sie überhaupt noch essen? Im Sommer ging er mit den Kindern zweimal am Tag zu Rywa. Die Mutter wurde rausgebracht, in die Sonne, an die gute Luft, »im Lehnstuhl, stark eingehüllt von Decken, ein Kreis von Leuten hinter ihr stehend«. Das sieht Rachel Salamander deutlich vor sich, und zwar von unten, aus der Perspektive der kleinen Tochter. Die Mutter und die Köpfe hinter ihr im Halbkreis, die vorgebeugt auf Rachel hinuntersehen. Rachel sagt ein Gedicht auf. Rachel singt. Rachel tanzt.

Der Geruch im Krankenhaus. Darauf habe sie geradezu phobisch reagiert. Erwartungsangst vor Tödlichem. Sie blieb in der geöffneten Tür stehen. Die Mutter lag links hinten in der Ecke am Fenster. Mit Kissen im Rücken saß sie im Bett und strickte. Für die Kinder. Kniestrümpfe mit dicken bunten Bommeln daran. Ein kirschrotes Wollkostüm für Rachel, mit einem Glockenrock, darauf waren in Gelb und Türkis kleine Blumen appliziert. Und Puppen. Rachel Salamander: »Mein Vater beschrieb meine Mutter als elegant und appetitlich, appetitlich, das war sein Wort. Er hat kaum über meine Mutter gesprochen. Sie war physisch abwesend, aber psychisch sehr stark anwesend. Viele Leute haben sie geschätzt, man brauchte ihren Rat. Sie haben mir erzählt, daß sie klug und warmherzig war, eine starke Frau. Das ist die Art von Anspruch in mir, wie jemand sein sollte.«

Das kleine Mädchen weigerte sich, das Krankenzimmer zu betreten und an das Bett der Mutter zu gehen. »Sie hat dann absichtlich ein Wollknäuel fallen lassen, zu mir hin, daß ich es aufrollen sollte, und so stand ich am Bett. Sie hat mir über den Kopf gestreichelt. Das war wie drübergeflogen.« Diese zwei Gesten. »Ich erinnere mich nicht an ihre Stimme, aber an die Schwäche ihrer Stimme. An den Kuß erinnere ich mich nicht.«

Zu dieser Zeit wußte Rywa Salamander, daß sie sterben mußte. »Vom linken Fuß hinauf wanderte eine Thrombose. Sie konnte das Blutgerinnsel unter ihrer Haut beobachten. Am Herz machte es halt. Sie hat die Ärzte zu sich gerufen und sich bedankt.« Ihr Mann war da. Die Kinder nicht. Sie habe noch zu ihm gesagt: »Achte darauf, daß die Kinder immer genug zu essen haben.« Sie starb, und der Rabbi fand in ihrem Nachtkästchen die Kerzen bereitliegen.

»Als mein Vater nach Hause kam, das war fürchterlich. Er hat vor der Wand gestanden und mit dem Kopf gegen die Wand geschlagen: Die Mutter ist tot.« Neben ihrer Schwester beerdigt zu werden war Rywas Wunsch gewesen. Tola war zwei Jahre zuvor an offener Tuberkulose im Sanatorium von Gauting gestorben.

»Eine riesige Beerdigung.« Rachel Salamander erinnert sich an ihre Kleinheit. »Riesige Menschen hinter mir. Der Sarg war offen, die Totenscherben lagen auf ihren Augen. Ein verheerender Anblick für mich. Auch, daß man ihren Kopf hob und das Beutelchen Erde darunter legte. Ihr Kopf so hart gebettet.

Die erste Schaufel Erde auf ihren Sarg war wie Kaskaden von Donnern.«

Rachels Bruder sagte das ganze Jahr Kaddisch für die Mutter, der Vater wurde fromm in dieser Zeit, »und er war auch schon schwach«, ein Mann von Ende Dreißig, Anfang Vierzig. Er war aus Lemberg, hatte sich durchgeschlagen bis hinter die russische Front, »war gefoltert worden, war in diversen Arbeitslagern gewesen«. Als Kind hatte er seine Mutter früh verloren, nach dem Tod seiner Frau lag sein Blick auf Rachel. Sie habe als Tochter und Schwester »viele intime Sorgen der beiden Männer mitbekommen« und gelernt, »wie Männer denken«.

Rachel Salamander: »Mein Vater war die Mutter, er hat uns erzogen, hat zeitweilig gearbeitet, aber war Hausmann, puristisch und reduziert aufs Funktionale, keine Schnörkel. Seine Schränke waren blitzsauber und akkurat aufgeräumt. Immer.« Zärtlichkeit? Die gab es zuwenig. Pausenbrote fehlten. Auf dem Schulhof zwischen den anderen Kindern gab Rachel das einen kleinen Stich. »Aber sonst gab es alles«, und anderes, die spezifische Entwertung der Tochter durch die Mutter, die es ja auch gebe, habe sie nicht haben müssen. Sie suchte sich Weiblichkeit. Eine Nachbarin besaß hochhackige Schuhe, Nagellack, Lippenstift. Rachel, zehn, elf Jahre alt, stellte ihre Füße in diese Pumps. Mit welchem Gefühl? »Es ist gerade erlaubt.« Die Frau war nicht die Mutter.

Die weibliche Entwicklung? Für die beiden Männer kein Thema. Für Rachel Schreck und verborgene Entfremdung im familiären Dreieck. Dann Verliebtheit. Heimlich! Den Vater schützen müssen vor dem Verlust seiner Tochter. Auf einmal war sie eine Frau. Ein Schwarm von Männern hinter sich her. Sie studierte und promovierte summa cum laude über den »Verstehensbegriff in den hermeneutischen Wissenschaften«. Ein für diese Tochter naheliegendes Thema. Ihren Mann hat sie lange vor ihrem Vater verborgen. »Es war fast biblisch. Sieben Jahre dauerte es, bis er zu mir sagte: Kannst ihn schon mitbringen. Am Telefon.«

Samuel Salamander war Spengler gewesen, hatte Bleche und Eisen bearbeitet, Töpfe geflickt und Pfannen gehämmert. In Turkmenistan 1943 auf einem Markt stand er mit seinen Sachen. Dort verkaufte das Schwesternpaar Rywa und Tola im Wald gesammelte Beeren. Zum Tag der Arbeit, am 1. Mai, gaben die beiden Frauen ein Essen für jüdische Freunde. Rywa war Bundistin, sie stritt für die nationale und soziale Gleichheit der Juden, und sie gab Samuel, dem Spengler, das größte Stück gefillte Fisch.

Ob sie ihrer Mutter ähnlich sehe? »Ja. Soll ich. Ich kann es nicht sehen.« Rachel Salamander besitzt eine Handtasche ihrer Mutter. »Die habe ich bewußt getragen. Viele Jahre.« Ohne Henkel, unter den Arm an die Brust gedrückt. »Schwarzes Leder, in sich genoppt, noch aus Warschau. Darin ein kirschroter Lippenstift. Nach der Farbe habe ich lange gesucht. Und ein Lockenwickler.«

Kurt Julius Goldstein

*ist Kommunist, war Spanienkämpfer und gehörte zur Führung der DDR. Geboren wurde er 1914 in Dortmund, und zwar als Jüngster von vier Geschwistern. Er wurde früh Mitglied des links eingestellten deutschjüdischen Wanderbundes »Kameraden« und ging 1928 zum Kommunistischen Jugendverband Deutschlands, 1930 wurde er aktives Mitglied der KPD. 1934 ging der Zwanzigjährige nach Palästina, 1936 gehörte er zu den ersten über dreihundert freiwilligen Juden, die von Palästina aus in den Spanischen Bürgerkrieg zogen. Er nahm an allen Schlachten dieses Krieges teil. Februar 1939 Internierungslager Gurs, von dort nach Le Vernet bis Juli 1942, dann Durchgangslager Drancy bei Paris, von dort mit den ersten Deportationen aus Frankreich nach Auschwitz. Nach der Befreiung war er bis 1946 Sekretär der Landesleitung der KPD Thüringen, Ende 1945 gründete er in Thüringen die »Freie Deutsche Jugend« (FDJ), er war 1949/50 FDJ-Vorsitzender in der BRD. Von 1951 bis 1957 arbeitete er in einer Westabteilung des ZK der SED. Er gehörte der Zentralen Leitung des Komitees der antifaschistischen Widerstandskämpfer an. Später war er Intendant des Deutschlandsenders der DDR. Kurt Julius Goldstein ist Präsidiumsmitglied des Internationalen Auschwitz-Komitees. Er hat fünf Söhne und ist mehrfacher Großvater. Im Dezember 2001 feierte er mit seiner zweiten Frau Goldene Hochzeit.*

## Eine emanzipierte Kapitalistin

Die S-Bahn fährt nach Osten. Leerstehende DDR. Über Berlin-Wuhletal nach Kaulsdorf-Nord. Wohnsilos am Stadtrand. Dazwischen Asphaltschneisen wie in der Wüste von Colorado. Die Haustür öffnet mir die Putzfrau. Ich gebe ihr die Hand. Frau Goldstein telefoniert in dem einen Zimmer. Herr Goldstein telefoniert in dem anderen Zimmer. Eine Fernsehdokumentation vom Abend zuvor über Juden in DDR-Gefängnissen hat ihn erschüttert. Am Eßtisch sitzen wir uns gegenüber.

»Das habe ich nicht gewußt«, sagt er.

*Ein typisch deutscher Satz. Sie waren in der Leitung der DDR.*

»Es ist aber so. Ich habe, als 1967 Israel am Suezkanal den Krieg vom Zaun brach ...«

*Sehen Sie das so?*

»Ja, und ich habe als erster in der DDR den Aufruf gegen den Überfall unterzeichnet, dazu stehe ich. Auf der anderen Seite bin ich dafür eingetreten, daß Juden, Zionisten oder nicht Zionisten, dieselben Rechte haben sollten wie alle anderen. Genausowenig konnte ich schon 1935 ertragen, wie von einem Teil des jüdischen Jischuw die palästinensischen Arbeiter behandelt wurden. So benimmt sich in Israel heute ein Teil der amerikanischen Juden.«

*Was hat das eigentlich mit Ihrer Mutter zu tun?*

»Wenn es uns nicht gelingt, uns von der kapitalistischen Ordnung zu befreien, kommt der Zeitpunkt, wo es kein Überleben mehr gibt. Das sehen wir an diesem Herrn Bush. Ich dachte als junger Mann zu wissen, wie das geht, und bin den Weg bis zum Ende der DDR mitgegangen. Ob das nicht auch mit unserem Schicksal über die Jahrhunderte zu tun hat, daß so viele Juden in der Welt auf die linke Seite gingen? Wenn man seit Generationen unterdrückt lebt, ist eine Reaktion darauf, sich von den Fesseln befreien zu wollen.«

*Ihre Mutter auch?*

»Da kommt der Vater schwer verwundet 1917 aus dem Ersten Weltkrieg heim, Granatsplitter, die ganze Seite offen. Drei Jahre später starb er, aber vorher hat er mich, seinen jüngsten Sohn, täglich an sein Bett gerufen und mir Lesen, Schreiben und Rechnen beigebracht. Das gehörte sich für einen jüdischen Vater. Er hat mich ans Bücherregal geschickt, Gedichte von Heine, Goethe, Schiller, Novalis, die hat der Vater mich lesen lassen. Ich war sechs, als er starb. Wir waren vier Kinder, Ottilie und Günter, Irmgard und ich. Meine Mutter hieß Ida, geborene Cohen. Deutsche, jüdische Familie, wohlhabend. Sie war die Jüngste, und ihre vier Brüder waren Kaufleute, einer war Direktor eines Warenhauskonzerns, ein anderer Bruder versorgte in Westfalen die Landwirte mit Pflügen und neuesten Dreschmaschinen. Mein Vater leitete ein kleines Warenhaus bei Dortmund. Als er starb, hatten die Brüder meiner Mutter zwei Sorgen: Was wird aus Ida mit ihren vier Kindern, und was wird aus dem Geschäft? Ida muß wieder verheiratet werden.«

Doch Ida Goldstein sagte: Nein. Ihr Emil war tot. Was für eine zweite Ehe hätte sie zu erwarten gehabt? Als 44jährige Frau? Als Mutter von vier schulpflichtigen Kindern? Als wohlhabende Witwe und Erbin? Das Warenhaus ihres Mannes, gelegen in einer Arbeitergegend im Ruhrgebiet, verkaufte sie. Bei Goldsteins hatten die Kundinnen anschreiben lassen können. Ihr Emil war ein herzensguter Mann gewesen, die Geschäftstüchtigere war sie.

Mit ihren Kindern zog Ida Goldstein in die Beamtenstadt Hamm und gründete dort ihr eigenes Unternehmen. Der siebenundachtzigjährige Sohn, als sei er gestern im Geschäft seiner Mutter gewesen, schildert begeistert:

»Ein Einrichtungshaus, da konnten Sie alles kaufen, was der gepflegte Haushalt an Textilien braucht. Tischwäsche, Teppiche, Stickereien, Bettwäsche, Brüsseler Spitzen, bulgarische und ungarische Blusen. Sie konnten bei Frau Goldstein die schönsten Sachen kaufen oder selbst nachmachen. Sie gingen in die erste Etage, da standen ein paar Tische und Stühle, es gab Kekse und ein Glas Tee dazu, die Facharbeiterinnen kamen und zeigten den Kundinnen, wie das gestickt, gewebt, gehäkelt, geklöppelt wurde. Der Materialverbrauch brachte das Geld. Bei Karl Marx gibt es so ein Wort, die Idee wird zur materiellen Gewalt, wenn sie die Massen ergreift. Diese Idee meiner Mutter, etwas zu machen, ergriff diese Frauen in Hamm, deren Männer saßen in der Reichsbahndirektion, im Oberlandesgericht. Die Ehefrauen kamen zu Frau Goldstein, handarbeiteten miteinander, redeten miteinander, und in Frau Goldsteins Kasse klingelten die Dukaten.«

Seine Mutter sei eine energische und gebildete Frau gewesen, die ihren Haushalt streng und liberal geführt habe. War im benachbarten Belgien oder Luxemburg Textilmesse, fuhr Ida Goldstein hin. War Premiere in Düsseldorf oder in Essen, erschien sie im Theater oder in der Oper, begleitet von ihren älteren Kindern.

»Wir bekamen ein gutes Taschengeld. Mutter wollte wissen, wofür es ausgegeben wurde. Wenn wir es für Bücher brauchten, konnten wir Nachschlag kriegen. Sie wollte unterrichtet sein, was uns interessierte. Zu Mutters Leben gehörte es, mit uns Kindern morgens am Frühstückstisch zu sitzen, pünktlich. Danach ging sie ins Geschäft. Sie achtete darauf, daß ihre Arbeiterinnen pünktlich kamen. Die kriegten von Mutter zu Weihnachten ein Geschenk, und jedes der Mädels im Haushalt oder im Geschäft, das heiratete, bekam einen vernünftigen Beitrag zur Aussteuer von ihr.«

Zu Hause hatte Ida Goldstein zwei Plätze inne, den der Mutter und Hausfrau und den des Familienoberhauptes. Ihr gegenüber am Tisch saß Henriette Cohen, geborene Josefsohn, ihre alte Mutter aus Ostfriesland, dazwischen die vier Kinder. Es gab Personal, eine Köchin, zwei, drei Hausmädchen. »Zu den Mahlzeiten mußten wir Kinder am Tisch sitzen, bitte, mit gewaschenen Händen. Hatte man was anderes vor und sagte rechtzeitig Bescheid, war das in Ordnung.«

Idas Jüngster, ihr vierzehnjähriger Jüle – den Namen Kurt legte sich Julius Goldstein erst in seinem späteren politischen Leben zu – war Jungkommunist geworden. Ihr Ältester, Günter, war bei den Sozialdemokraten. Während das Hausmädchen das Essen auftrug, diskutierte Familie Goldstein die Klassenfrage.

»Ich liebte meinen Bruder, der ein kluger Junge war. Wenn ich keine Argumente mehr hatte, packte mich die Wut. Ich nahm den Teller mit Essen, der vor mir stand, warf den an die Wand, rannte aus dem Zimmer und beschimpfte meine Familie, das Kapitalistengesindel. Mutter und Oma sprachen drei Tage nicht mit mir.« Das wiederholte sich. Einmal kam das Hausmädchen gerade herein, in den Händen das volle Tablett, als Jüle wieder seinen Teller gegen die Wand warf, aufsprang, und um das Dienstmädchen nicht umzurennen, mit dem Hintern durch die gläserne Schiebetür ging. »Ich hörte noch den Aufschrei, setzte mich aufs Fahrrad und fuhr ins Parteibüro. Dort erzählte ich mit blutendem Bein, daß ich diesen verdammten Kapitalisten eine Lehre erteilt hätte.«

Aber damit kam er schlecht an bei seinem Jugendführer Max Reimann (nach 1945 KPD-Vorsitzender in der BRD). Ida Goldstein war eine bekannte Geschäftsgröße in Hamm. Ihr Jüngster, der Schwatte, wie ihn die Roten wegen seiner Wuschelhaare nannten, durfte stets von zu Hause reichlich Essen mitbringen für die Genossen, wenn sie sonntags auf Landagitation zu den westfälischen Bauern gingen.

»Soll deine Mutter in der Verwandtschaft, bei den Juden rumerzählen, was du bei uns lernst? Essen an die Wand schmeißen, wenn du keine Argumente mehr hast?« So habe Reimann ihn ausgescholten und ihm das Bein verbunden. Als sich ihr Jüle noch am selben Abend bei ihr entschuldigte, war Ida Goldstein beeindruckt, und als sie erfuhr, wer dahinterstand, war sie gern bereit, als viertes Hausmädchen eine arbeitslose Kommunistin einzustellen. Ihr Sohn hatte eine väterliche Autorität gefunden. Das war die Hauptsache.

Daß seine Mutter von da an jeden Monat eine Spende an die KPD überwies, erfuhr Julius Goldstein erst 1935 in Luxemburg in einem Café, wo Mutter und Sohn die Ausreise der Familie nach Palästina besprachen. Julius würde zuerst gehen. Er wurde von der Gestapo gesucht, sein Bruder Günter war im März 1933 verhaftet worden. Ida Goldstein sah zerstört, was sie sich als Geschäftsfrau und Familienmutter aufgebaut hatte.

1936 floh sie mit ihrer Tochter Irmgard per Schiff nach Palästina, und ihr Sohn Julius reiste von dort zur selben Zeit nach Spanien, um im Krieg gegen die Faschisten zu kämpfen. Ottilie und Günter, der Ende 1935 aus dem Konzentrationslager entlassen worden war, empfingen die Mutter in Haifa.

Ida Goldstein war nun neunundfünfzig Jahre alt. Überall junge Menschen, junge Juden, viele aus Deutschland und Osteuropa, dazwischen Araber, die ihr so fern waren, wie sie einer Beamtengattin aus Hamm fern gewesen wären. Ringsum Wüste und die zionistische Idee, die Abkehr vom Eigentum. Sie selbst war gerade beraubt und enteignet worden im Namen des deutschen Volkes.

Etwas Geld hatte sie rechtzeitig rausbringen können, Starthilfe für ihre Kinder. Sie zog zu Ottilie, ihrer Ältesten, die gemeinsam mit ihrem Mann einen Malereibetrieb aufbaute. Ottilie führte das Büro, und ihren Haushalt samt Kinderbetreuung übernahm Ida Goldstein.

»Mutter war bis in ihr hohes Alter die bestimmende Persönlichkeit in unserer Familie, sie hat das beansprucht, und es war nicht immer leicht mit ihr«, sagt Kurt Julius Goldstein, der am wenigsten davon zu spüren bekam, denn er saß in der DDR.

Sein Weg ins neue Deutschland hatte für ihn, nach dem vergeblichen Freiheitskampf in Spanien über Frankreich und Auschwitz geführt. Der Todesmarsch im Januar 1945 endete für Kurt Julius Goldstein in Buchenwald, wo er die Befreiung erlebte.

*Wie fand Ihre Mutter, daß Sie die DDR mit aufbauten?*

»Ich war Mutters Liebling. Als wir uns das erste Mal 1960 in Israel wiedersahen, sagte sie mir, sie hätte sich damit abgefunden.«

*Blieb ihr etwas anderes übrig?*

»Ich bin ein richtiger DDR-Mensch, solche wie mich finden Sie viele, die das gewollt haben, was hier in der DDR gewollt war. Ich habe mich immer bei Menschen wohl gefühlt, und ich habe mich auch in der DDR wohl gefühlt. Was ich nicht mochte, waren diese Apparatschiks, diese Herumkommandierer, davon gab es bei uns besonders viele.«

Für ihn war Israel »der imperialistische Aggressor, und das habe ich meinen lieben Verwandten auch gesagt. Nach heftigen Auseinandersetzungen kamen wir überein, nicht mehr darüber zu diskutieren«.

Goldstein kam 1961 nach Jerusalem zum Eichmann-Prozeß, »zur Berichterstattung für unsere DDR-Medien; Mutter ist 1965 in Israel gestorben«. Er konnte ihr noch seine Frau vorstellen und ihren jüngsten Enkel, seinen fünften Sohn. »Wir saßen auf dem Karmel bei Ottilie, und Mutter fragte, was für ein Auto wir denn in der DDR hätten? Ich sagte, ich hätte einen Dienstwagen, und das Auto von Margot, meiner Frau, sei der Kinderwagen. Darauf sagte Mutter zu Otti: Das Mädchen kriegt sofort ein Auto. Ihr regelt mir das. Margot bekam einen Wartburg und mußte erst mal fahren lernen. So war Mutter. Sie glaubte, die Verantwortung für die gesamte Familie zu tragen. Das hatte auch eine negative Kehrseite.«

Ida Goldstein war dagegen, daß einer ihrer Enkelsöhne, den sie mit aufgezogen hatte, eine jemenitische Jüdin heiratete. Sie war so ausdrücklich und aus rassistischen Gründen dagegen, daß ihr Sohn Julius sie zur Rede stellte. »Ich sagte zu ihr: Machst du mit den jemenitischen Juden dasselbe, was die Nazis mit uns gemacht haben? Wenn Sturm bei Mutter angesagt war, schob sie ihre Unterlippe vor, noch mit vierundachtzig Jahren. Wir sagten dazu: das Schüppchen. Und alle gehorchten.« Auch Ida Goldsteins Enkel. Er heiratete seine Frau nach dem Tode der Großmutter.

Kurt Julius Goldstein: »Meine Nichten und Neffen sprechen mit Hochachtung von ihr, sie bleibt das Oberhaupt der Familie. Auch in der Erinnerung.«

Elisabeth Degen

*ist Schauspielerin und lebt in Berlin. Geboren wurde sie 1970 als zweites Kind ihrer Mutter; sie hat eine ältere Schwester und zwei jüngere Brüder, die ihre Halbbrüder sind, den einen Bruder aus der zweiten Ehe ihrer Mutter, den anderen aus der nachfolgenden Ehe ihres Vaters. Elisabeth Degen spielte mit in dem Kinofilm »Aimée & Jaguar«.*

## Von ihr wie im Nebel gehalten

Mit der Mutter zu brechen, das ist wohl das Schlimmste, was eine Tochter tun kann. Auch dann, wenn sich die Tochter gegenüber ihrer Mutter anders nicht mehr zu schützen weiß. Elisabeth Degen hat den Kontakt zu ihrer Mutter abgebrochen. Das hat etwas von einem psychischen Muttermord. Töten will eine Tochter aber in sich den Schmerz, den die Mutter in sie versenkt hat. Das ist eine Schuld der Mutter. Dieser Schmerz gehört in ihre Seele und nicht in die ihrer Tochter. Väter entziehen sich. Was auf ihr Konto geht, dafür zahlen Mutter und Tochter mit drauf. Seelenleben einer Familie. Nichts Besonderes.

Ich treffe Elisabeth Degen in ihrer Wohnung. Sie ist ziemlich erkältet. Eine Freundin ist da, die nun geht und sich liebevoll verabschiedet. Wir setzen uns an den Küchentisch, und ich versuche, zwischen Tassen, Tellern, Brot, Käse, Marmelade, Joghurt, Tee, mein kleines Mikrophon zu plazieren. Ob ich etwas essen wolle? Nein, vielen Dank. Wirklich gar nichts? Wirklich gar nichts. Aber doch wenigstens etwas trinken! Ja, ich nehme Tee. Sonst nichts? Sonst nichts. – Dann müssen wir wohl anfangen, sagt Elisabeth Degen und holt tief Luft:

»Meine Mutter ist Malerin. Ich glaube, es ist ihr lieber, wenn ich ihren Namen nicht nenne. Ich habe den Kontakt zu ihr vor einigen Jahren abgebrochen. Meine Eltern trennten sich, da war ich sechs. Es war furchtbar viel Krach zwischen den beiden. Nach der Scheidung war meine Mutter zunächst verschwunden. Meine Schwester und ich blieben beim Vater. Dann lernte meine Mutter ihren jetzigen Mann kennen und klagte das Sorgerecht ein.«

*Erinnern Sie das, wie sie fortging?*

»Ich erinnere mich nicht. Sie war weg. Sie tauchte wieder auf als Sonntagsmami. Als wir dann bei ihr lebten, tauchte mein Vater nicht mehr auf, auch nicht als Sonntagspapi.«

*Ihre Eltern sind beide Juden. Ihr Vater, Michael Degen, hat sein Überleben als jüdischer Junge in seinem Buch geschildert. Wie hat Ihre Mutter überlebt?*

»Darüber weiß ich fast nichts. Ich hätte auch von meinem Vater nichts gewußt, ohne sein Buch. Sie war als kleines Mädchen mit ihrem Vater versteckt, mal hier, mal da, im Wald und mit ihrer Mutter. Ihr Vater muß ein Tyrann gewesen sein. Ihre Mutter ist an einem Gehirntumor gestorben. Sie waren drei Geschwister, noch ein Bruder und eine Schwester, die wohl das Sorgenkind war. Ich fand mal ein Foto, da waren Kinder zu sehen, und fragte, wer das sei? Cousins und Cousinen, antwortete meine Mutter. Ich fragte: Wohnen die auch in Berlin? Sie sagte: Die sind tot. – Das kam so wie im Nebel gehalten. Wir Kinder wußten aber, wir sind jüdisch, und die Deutschen sind unsere Feinde.

Ich hatte trotzdem eine Freundin, die durfte auf einmal nicht mehr mit mir spielen. Die Eltern hatten herausbekommen, warum ich nicht in die Kirche ging. Ich wurde an der Tür abgewiesen. Das war hart für mich. Meine Mutter packte der Zorn. Rüber zu denen! Geklingelt! Wutentbrannt! Ihr wurde auch nicht aufgetan, aber ich fühlte, wie sie da stand, hätte sie die andere Mutter zweifellos verprügelt. Da fand ich sie Klasse.«

*Sehen Sie Ihrer Mutter ähnlich?*

»Meine Mutter hat blaue Augen und ist blond. Ich habe dunkle Augen, und mein Haar habe ich jetzt blond gefärbt. Sie ist eine impulsive Frau, sie läßt nichts neben sich gelten. Ich war ihr Besitz. Ich war das Kind, mit dem sie viel geschmust und an dem sie sich gewärmt hat. Wir hatten oft Streit. Dann sagte sie: Du gehörst mir. Du bist mein Kind. Da war ich über zwanzig.«

*Daß Ihre Mutter Sie so in ihren Besitz nahm, war das eine besondere Position?*

»Das habe ich nicht empfunden. Als mein kleiner Bruder dann da war, hatte ich diese Position auch nicht mehr.«

*Sollten Sie ein Junge werden?*

»Ich weiß nur, daß mein Vater jetzt einen Jungen hat, den er über alles liebt. Ich habe Analyse gemacht, sechs Jahre. Das hat mir das Leben gerettet. Ich habe Eigenschaften entdeckt, von denen wußte ich gar nicht, daß ich sie habe. Meine Mutter hat nie die Aufständische in mir zulassen können. Als wollte sie mich daran hindern zu glauben, was ich aussprach. Die Analytikerin war für mich die erste Frau, die mir glaubte.«

*Wie alt ist Ihre Mutter heute?*

»Meine Mutter ist sechsundfünfzig. Quatsch, das war sie vor Jahren. Sie ist 1948 geboren.«

*Dann wäre sie jetzt dreiundfünfzig und hätte die Nazizeit gar nicht erlebt.*

»Was? Nein. Das ist das Alter, was sie immer angibt. Sie ist 1940 geboren. Ich weiß es nicht genau. Das ist mir peinlich. Ich weiß auch nicht, wann mein Vater wirklich geboren ist. Er sagt es nicht. Sagen wir mal, sie ist 1941 geboren, dann wäre sie jetzt ... Nein! Sie ist sechzig. Ich bin gefragt worden, ob wir uns nicht zu ihrem sechzigsten Geburtstag versöhnen könnten. Ich habe gesagt, warum? Wegen einer Zahl? Was ich genau weiß, ist nur, daß sie am 16. Januar geboren ist. Sie betont immer, daß sie drei Tage vor mir Geburtstag hat. Ich soll ein Wunschkind und sozusagen ihr Geburtstagsgeschenk gewesen sein.«

*Wie sieht sie aus, was hat sie für eine Figur?*

»Ich habe sie ja jetzt lange nicht gesehen. Dicker wohl. Ich empfand sie immer als eine schöne Frau. Sehr weibliche Figur, großer Busen. Es waren oft Diäten angesagt. Leider. Augen, die lustig gucken konnten, aber auch kalt. Sie hat sehr viel Geschmack, wenn es auch nicht immer der meine ist.«

*Hat sie bestimmt, was Sie anzogen?*

»Ja. Die ganze Zeit. In der Pubertät hörte die Bestimmungsgewalt auf. Da war ich Punk. Sie hat gern gekocht und sehr gut. Was ich nicht mochte, waren die Sachen, wenn meine Mutter den Gesundheitsrappel bekam. Obwohl ich den dann später auch hatte, durch die Schauspielausbildung. Auf die Figur achten! Sie hat oft grüne Nudeln mit Lammfleisch in Sahnesauce gekocht, nicht koscher, schmeckte aber sehr gut. Ach, da kommen doch Heimatgefühle in mir hoch. Und ihre Fischbuletten! Da tat sie Knoblauch rein. Auf dem Weg von der Küche ins Zimmer hatten wir schon die Hälfte davon gegessen. Die mußte sie verteidigen unter Einsatz ihres Lebens. Das war köstlich.«

*Können Sie das jetzt kochen?*

»Leider nicht. Das sind Rezepte von ihrer Mutter und von deren Mutter, von Ömchen, ihrer Großmutter, die hat auch überlebt. Die habe ich sehr geliebt. Als ich noch zu Hause wohnte, hatte ich andere Interessen als kochen, ich war kämpferisch.«

*Ich möchte Sie nach Phantasien fragen. Wie könnte das Überleben Ihrer Mutter ausgesehen haben?*

»Ich sehe ein hilfloses kleines Mädchen im Versteck, der beigebracht worden ist, daß sie ein großes Nichts ist. Von der Welt, die sie betreten hat, wird ihr die Existenzberechtigung abgesprochen. Ein Haufen Dreck. Meine Mutter hat Migräne, viel Migräne.«

*Leise sein?*

»Ja, leise sein, nicht auffallen, anpassen, totstellen. Es gibt Kinderbilder von ihr erst aus den fünfziger Jahren. Das Gesicht ist schon sehr jüdisch.«

*Es gibt nichts Erzähltes aus dieser Zeit?*

»Nur aus der Zeit danach, daß sie auf ihre Geschwister aufpassen mußte. Ich weiß jetzt gar nicht, ob ich sie nicht wesentlich jünger gemacht habe, als sie ist. Vielleicht ist sie heute zweiundsechzig? Ihre Oma hatte überlebt, weil die einen deutschen Mann hatte, glaube ich. Da war jedenfalls einer nichtjüdisch.«

*Sie irren durch ein Labyrinth.*

»Es war sehr verschlossen. Vieles weiß ich nur aus dem Buch meines Vaters.«

*Wo war Ihr Vater, als Sie bei der Mutter waren?*

»Er schrieb und schickte Geschenke. Er kam nicht, weil er uns nicht in einen Konflikt stürzen wollte. Meine Mutter lehnte ihn ab. Ich kenne meine Mutter, ich kenne aber auch meinen Vater. Er ist ein bequemer Mann und konfliktscheu, vielleicht überlebenstaktisch. Ich habe mir manchmal vorgestellt, daß meine Mutter gar nicht meine Mutter ist und ich nur ein Kind von meinem Vater und einer anderen Frau bin, oder vielleicht adoptiert. Das hat ja etwas damit zu tun, daß man nicht genügt.«

*Wenn die Mutter nicht die Mutter ist, dann ist ihre Tochter auch eine andere?*

»Ja.«

*Was Sie beschreiben, hört sich an wie jemand, der sich selbst nicht hat, der gefunden werden möchte und falsche Spuren auslegt.*

»Sie heißt auch nicht mit Vornamen so wie sie heißt. Sie hat einen sehr deutschen Namen und hat sich einen jüdischen Namen gegeben. Sie hatte ein Mädchen geboren in der zweiten Ehe. Das Kind starb und sollte diesen Namen haben, den sie nun angenommen hat.«

*Sie trägt den Namen einer verlorenen jüdischen Tochter.*

»Nachts, wenn es kalt wurde oder ich Durst hatte, oder Angst, war ich nicht in der Lage, mit der Hand nach rechts zu fassen und einfach mal die Nachttischlampe anzumachen. Ich hatte Angst, mich zu rühren.«

Die Tochter Elisabeth Degen scheint sich in den Beziehungsabbruch gerettet zu haben wie auf ein Stück Festland. Zur Zeit könne sie sich überhaupt nicht vorstellen, ihre Mutter nach deren Überlebensgeschichte fragen zu wollen. Sie fürchtet, keine Antwort zu bekommen, aber auch, von der Antwort überschwemmt zu werden. »Man ist manchmal verführt«, sagt sie, »sich selbst nicht zu glauben, wie es war.« Für diese Tochter mit ihrer Mutter. Und für die Mutter in deren Kindheit. Was mit ihr geschah als fünf-, sechs-, siebenjähriges Mädchen: sich der tödlichen Umwelt anschmiegen. Im Versteck und draußen. Die Eltern, zerstritten, verzweifelt, hilflos und vom Tod bedroht. Sie konnte vorgeschickt werden, wenn es nötig war, die kleine Tochter. Sie war blond und blauäugig, sie hieß weder Sarah noch Lea. Die Hülle war gut. Die anders ausfüllen. Wenn der Selbstverlust gelang, war das Mädchen perfekt. Die Auslöschung des eigenen Selbst konnte die drohende Auslöschung des Lebens abwenden.

*Können Sie sich vorstellen, ein Kind zu haben?*

»Früher gab es auf diese Frage von mir ein aggressives Nein. Mittlerweile: Ja. Ich habe Angst, Fehler zu wiederholen. Die jiddische Mamme habe ich auch in mir.«

*Wie ist denn eine jiddische Mamme?*

»Sie kommen zu mir in die Küche, und ich bin nicht damit zufrieden, daß Sie nur Tee trinken wollen. Sie nehmen sich ein Stück Kuchen. Mehr nicht? Mögen Sie nicht, was ich zum Essen anbiete? Wenn ich koche für zwei Personen, reicht es mindestens für sechs. Es hat jemand einen Schnupfen, ich habe hier tausend Medikamente. Ich sage dir, wie es geht, und es geht nur so, wie ich es sage, denn ich will schließlich dein Bestes, und dafür mußt du mir ewig dankbar sein.«

*Wie sind Sie überhaupt rausgekommen?*

»Meine Mutter hatte was gegen meinen Freund, weil er kein Studierter war, Arbeiterkind und deutsch sowieso. Ich sagte, mir stinkt es, ich ziehe aus. Sie sagte, dann geh doch. Ich packte meine Sachen und rief ihn an. Er kam mit seiner Mutter und einem Kleintransporter. Meine Mutter legte sich mit seiner Mutter an. Da standen die beiden Mütter auf der Straße und haben sich angeschrien. Mitten in Grunewald. Dann ging es mit meinem Freund schief, nach einem Jahr. Meine Mutter kam mit einem Angebot, sie wollte, daß ich meine Schule fertig machte, ich wollte danach die Schauspielschule machen. Wir machten ein Agreement.«

*Da hat sie für Sie gesorgt!*

»Ich war immer lausig in der Schule. Ich sehe mich am Fenster stehen und hinaussehen und sagen: Wenn ich mit achtzehn Jahren nicht rauskomme aus dieser Familie, bringe ich mich an meinem achtzehnten Geburtstag um.«

*Sie sind mit achtzehn Jahren wieder eingezogen.*

»Aber nicht lange. Außerdem habe ich meine Mutter auch geliebt. Es ist wie eine Abhängigkeit gewesen. Sie sagte: Du hast früher immer so schöne Gedichtchen geschrieben. Die hat sie aufgehoben. Ich habe zu diesen Gedichtchen ein gestörtes Verhältnis.«

*Fühlen Sie sich von Ihrer Mutter als ihr Kind oder auch als Frau wahrgenommen?*

»Ich glaube, meine Mutter weiß von mir als erwachsener Frau gar nichts.«

Ilja Richter

*war Kinderstar, Fernseh-Moderator, ist Schauspieler, Sänger, Autor, geboren 1952 als drittes von vier Kindern, er hat einen älteren Bruder und zwei Schwestern. Mit neun Jahren bekam er seine erste Gage für »Pitt im Intervalltraining«, ein Hörspiel im SFB. Mit elf Jahren verliebte er sich in Heidi Brühl, sie spielte »Annie Get Your Gun«, er den kleinen Bruder Little Jake. Mit dreizehn Jahren liebte er Nicole Torriani. Vater Vico, mit dem er im »Theater des Westens« im »Weißen Rößl« auf der Bühne stand, war dagegen. Mit fünfzehn Jahren engagierte ihn Peter Zadek für den Spielfilm »Ich bin ein Elefant, Madame«. Mit neunzehn Jahren bekam er »Disco« im ZDF und machte daraus die erfolgreichste Pop-Show der siebziger Jahre, privat hörte er die Lieblingsmusik seiner Mutter, Chansons der zwanziger und dreißiger Jahre, die Beatles mochte er nicht. Mit zwanzig Jahren liebte er Marianne Rosenberg, sie nannte ihn »mein jüdischer Prinz«. Mit dreißig Jahren war er dem ZDF zu alt für »Disco«, man entließ ihn. Mit zweiundvierzig Jahren hatte er seinen größten Theatererfolg mit dem Einpersonenstück »Der Ansager einer Striptease-Nummer gibt nicht auf« von Bodo Kirchhoff. Buchveröffentlichungen: »Der deutsche Jude« (gemeinsam geschrieben mit der Mutter), die Autobiographie »Spot aus! Licht an!« (Co-Autor Harald Martenstein). Sein Theaterstück »Altweibersommer« wurde 1998 uraufgeführt. Ilja Richter lebt in Vorpommern, in München und unterwegs. Mit Ismène Jedrzejowska hat er einen Sohn namens Kolja.*

## Für sie im Dauereinsatz

Sie saßen voreinander, zwischen ihnen ein kleiner Tisch wie im Cheder beim Studium von Alef-Bet und Tora, lasen Textstellen laut, spitzten den Sinn zu, lachten und stritten. So vergingen Stunden, manchmal der ganze Tag. Sein Rabbi war sie, Eva Richter, geborene Basch, seine Mutter. Ihr Schüler war er, Ilja Richter, ihr Sohn. Ihre heiligen Schriften waren Bücher aus Mutters Witzekoffer, so nannte sie ihren Fundus, von ihr zusammengetragen durch den Wechsel der Zeiten, Jüdisches und weniger Brillantes. Zwischendurch kam leise der Vater herein und brachte zu trinken und zu essen.

Zwanzig Jahre lang hat der Sohn und spätere Fernsehstar Ilja Richter auf diese Weise mit seiner Mutter seine Auftritte einstudiert. Von Kindheit an bis zu seinem dreißigsten Lebensjahr befand er sich »im Dauereinsatz«. Und das waren Mutters Gebote: »Wenn die ganze Welt zusammenbricht, du trittst auf! Wenn man dich fragt, ob du Lampenfieber hast, sag nein. Wenn dich jemand fragt, ob du Seiltanzen kannst, sag ja. Es wird schon nicht dazu kommen. Und wenn der Henker nach deinem letzten Wunsch fragt, sag ihm, du möchtest gern dein Abitur nachmachen.«

Eva Basch, Berliner Jüdin, überlebte die Nazizeit in der falschen Identität der arischen Unterhaltungskünstlerin und Kleindarstellerin Eva-Maria Eppens. Sie war vom Fach, und sie war blond gefärbt. Ilja Richter: »Mutter war Schauspielerin und mußte etwas tun, was jedem Schauspieler gegen den Strich geht – nicht auffallen. Diese Rolle hat sie so gut gespielt, wie es besser nicht sein kann. Sie hat überlebt.«

Die Präzision ihrer Darstellung rettete sie, von einem Tag zum nächsten, zehn Jahre lang, todsichere Darbietungen einer deutschen Jüdin als arische Deutsche im nationalsozialistischen

Alltag und vor Publikum. In Berlin Auftritte in der *Scala,* im *Plaza* und im *Schillertheater* – Revuen, Operetten, Schwänke. Mit Karl Napp, einem Experten deutschen und antisemitischen Humors, NSDAP-Mitglied seit 1933, ging sie auf Tournee. Das »Groß-Varieté der NS-Gemeinschaft Kraft durch Freude« präsentierte Eva-Maria Eppens in einundzwanzig Städten im Großdeutschen Reich.

Was wird sie alles mit angehört, mit angesehen und auch mitgemacht haben müssen? Ihre öffentlichen Auftritte bei »Kraft durch Freude«, ihre Arbeit mit dem Nazi Karl Napp könnten für die Jüdin Eva Basch Zeiträume künstlicher Sicherheit gewesen sein. Solange sie vor diesem Publikum als blonde Eva-Maria Eppens auf der Bühne stand, war alles festgelegt und schien sie alles unter ihrer Kontrolle zu haben. Jeder Überfall war eingeplant und von ihr mehrfach geprobt. Denn ein Witz ist ein Überfall. Sein Opfer muß lachen.

Auf der Bühne, im Netz der einstudierten Schwänke mit und ohne Karl Napp, trieb sie todsicher dahin, von Stichwort zu Stichwort. Im Gefühl der Genugtuung gegenüber diesen Leuten, diesen selbsternannten Herrenmenschen, die ihr begeistert applaudierten, aber auch im drohenden Selbstverlust tiefster Schamgefühle mag sie manchmal der helle Wahnsinn gepackt haben – die Kehrseite der Gefühllosigkeit, die überlebenswichtig war, wenn auch für die Seele zerstörerisch. Dazu die aufschießende Angst, entdeckt zu werden, ja, womöglich bereits entdeckt worden zu sein?

Später, als Frau von fünfzig, sechzig, siebzig Jahren, bereitete sie mit ihrem Sohn minutiös dessen Auftritte für ein bundesdeutsches Publikum vor. »Traumwandlerisch« nennt Ilja Richter diesen Arbeitsprozeß. Wenn sie ihren Witzekoffer für ihn öffnete, lag darin auch festgehalten der Humor eines Karl Napp mit einer Eva-Maria Eppens. Verdrängte Scham über etwas,

was sie mit sich hatte machen lassen müssen. Scham über die notwendige Schamlosigkeit. Heute sagt der Sohn von sich, er sei schamlos gewesen: Wie er als Kind etwa aus »einer kleinen Tanzeinlage« versucht habe »ein Solo zu machen«. Und dann die Filme, in denen er später mitwirkte. Der schlimmste von allen: *Blau blüht der Enzian.* Darin tauchte der jüdische Sohn der Eva Richter neben dem germanischen Heino auf. Man denkt an Napp und Eva-Maria Eppens.

Im Studio war den erfahrenen Kollegen der Knirps lästig, der zu den Proben perfekt vorbereitet kam und jede Pointe kannte, bevor man selbst sie noch in den routinierten Griff des erfahrenen Künstlers hatte nehmen können. »Wer von mir was will, der kriegt es auch«, schmetterte das Kind Ilja einem Reporter ins Stenogramm. Fast ein Hilferuf. Echohaft aus der Vergangenheit der Mutter.

Eva Basch, geboren 1909, wächst in Berlin, im jüdischen Bürgertum der Kaiserzeit auf. Sie ist einziges Kind und darf, wenn sie aus der Schule eine gute Note nach Hause bringt, im Album die Prunkbilder der Hohenzollern betrachten. Ihr Vater, Paul Basch, geht regelmäßig in die Synagoge, ist Mitglied im »Centralverein deutscher Staatsbürger jüdischen Glaubens« und handelt mit Damenluxusunterwäsche en gros & en détail. Seine Frau Margarethe, geborene Croner aus Pommern, ist überhaupt nicht fromm, aber sie achtet einerseits ihren Mann und unterstützt andererseits ihre Tochter. Eva will Schauspielerin werden. Sie verläßt das Lyzeum und beginnt bei Reimann ihre Schauspielausbildung. Die Zeiten werden ungemütlich. Besonders für Juden. Vielleicht geht es vorüber? Paul Basch wird gezwungen, sein Textilunternehmen an einen Arier billigst zu verkaufen. Die Familie muß ihre Prachtwohnung Neue Promenade 7 verlassen und auf zweieinhalb Zimmer zusammenrücken.

Immer neue Verbote und Gesetze gegen die Juden werden erlassen und in den Zeitungen sowie auf Litfaßsäulen verkündet. 1935 die sogenannten Rassengesetze, in diesem Jahr stirbt Evas Vater. Berlin platzt aus allen Nähten vor Nationalsozialismus und deutschem Stolz. Aufmärsche, Ansprachen und gewalttätige Aktionen gegen die Juden. Evas Schauspielschule wird von »Volk und Werk« verschluckt. Sie tritt noch auf, in einer Komödie. Margarethe Basch feiert mit ihrer Tochter ihre Premiere im Restaurant *Henry Bender*, einem Prominentenlokal. Es wird Welten später, und eigentlich bloß zwanzig Jahre danach, immer noch ein Prominentenlokal sein, *Tessiner Stuben* heißen und Stammlokal von Eva und Ilja Richter werden.

Nach dem Tod ihres Vaters taucht Eva unter. Die Nachbarn sollen glauben, sie sei als Zimmermädchen in England. Mutter und Tochter trennen sich, haben aber geheime Treffen. Margarethe Basch bringt stets etwas mit, ein wenig Schmuck, Reste des Familienvermögens. Eva soll es versilbern. Das ist gefährlich. Alles ist gefährlich für die beiden Frauen. Die Mutter, erkennt die Tochter besorgt, ist erschreckend alt und mager geworden. Eva Basch wird schwanger. Sie ist dreiunddreißig Jahre alt, unverheiratet und muß es auch bleiben. Ihre Papiere sind falsch. Sie bekommt einen Sohn, den sie Michael nennt, und von dessen Existenz sie ihrer Mutter nichts sagt. Wer der Vater ihres ersten Kindes war, hat Eva Richter nie verraten. Offenbar ein Name, den sie nicht nennen wollte. Alptraumhafte Last für diesen erstgeborenen Sohn.

Ilja Richter: »Mein Bruder Michael ist nicht von einem Nazi gezeugt worden, auch nicht von meinem Vater. Ich habe zu ihr gesagt, komm, hör zu, Mutter, war es eine Vergewaltigung oder so? Wäre doch möglich, daß du dich auf etwas hast einlassen müssen mit einem Nazi, um zu überleben? So habe ich zu ihr gesagt. Das ist doch passiert!

– Nein. Das war es nicht. Ich glaube – so weit sind wir miteinander gekommen, Mutter und ich, daß ich das beurteilen kann zu sagen: ein Nazi war es nicht.«

Evas Mutter wird abgeholt. Frühjahr 1943. Der Zug geht nach Auschwitz. Währenddessen steht ihre Tochter mit Karl Napp und der sechzehnjährigen Sonja Ziemann auf der Bühne des Berliner *Plazas* in der Revue *Illusionen.* Es ist anzunehmen, daß nach Eva Basch gesucht wurde. Der Deportationsbefehl für ihre Mutter trug wahrscheinlich auch ihren Namen. Die jüdischen Gemeinden waren bis zu ihrer Zwangsauflösung von der Gestapo angehalten, untergetauchte Mitglieder zu suchen.

In seiner Autobiographie *Spot aus! Licht an!* schreibt Richter über seine Mutter: »Sie wohnte in kleinen Pensionen, zog oft um, war ohne Ausweis und eine von etwa 1400 getarnt lebenden Berliner Juden. Es gab Helfer, einer schob ihr die Wanderpersonalkarte für ausgebombte Reichsdeutsche zu, gültig bis Kriegsende.« Endlich liegt Nazi-Deutschland am Boden. 1945 heißt der Bezirksbürgermeister von Berlin-Reinickendorf Georg Richter, ein Kommunist, nichtjüdisch, Zuchthaus und Konzentrationslager hat er überlebt. Er heiratet Eva Basch. Von seinen Genossen bekommt sie zur Hochzeit das Parteibuch seiner Partei geschenkt, der KPD. Sie wird Direktorin des *Astoria*-Theaters, Revuen und Operetten, Grethe Weiser und Hans Söhnker treten bei ihr auf. Sie nicht. Nach wenigen Versuchen zieht sie sich zurück, für immer. Wahrscheinlich konnte Eva Richter nach Eva-Maria Eppens nicht einfach weitermachen.

Die neue SPD-Verwaltung verweigert 1948 dem kommunistischen Operettenbetrieb die Subventionen. Pleite. Wie jetzt weiter? Vielleicht die Kinder? Michael verstummt bei seinem ersten Bühnenauftritt. Tochter Marina hat zu wenig Talent, befindet die Mutter. Das dritte Kind, Ilja, ist noch nicht geboren.

Georg Richter kennt drüben, in der DDR, viele Genossen von früher aus dem KZ. Sie gehen nach Berlin-Ost. Deutscher Sozialismus. Nach »Kraft durch Freude« etwa jetzt VEB Kultur? Vielleicht Israel? Kibbuz? Zelten in der Wüste? Ilja Richter: »Eva haßte Camping.«

Daß sie sich über Israel informierten, bringt Georg Richter den Ausschluß aus der SED. Ilja wird 1952 geboren. Sie gehen zurück nach Berlin-West. Drei Jahre nach diesem Sohn kommt Janina auf die Welt. Die Eltern versuchen viel: Kino, Kneipe, Familienpension. Inzwischen ist Ilja soweit. Er ist begabt. Durch die Mutter wird er zu etwas Besonderem, neben den Geschwistern und draußen. Das macht ihn froh, und das macht ihn einsam. Er muß gut aussehen, es muß ihm gutgehen, er hat Vorrang. Mit seinen Gagen zahlen die Eltern ihre Schulden ab. Ist der Sohn gefragt, ob im Radio oder auf der Bühne zu irgendeinem Anlaß, überlegt die Mutter, wie daraus etwas gemacht werden kann. Ein Nein ist undenkbar. »Du kannst alles! Diese Botschaft hat sie an mich gesendet. Ich war meistens selbstbewußter als andere.« Eva Richter, geborene Basch, ist die PR-Agentin ihres Sohnes, die Stichwortgeberin, die Regisseurin. Er ist ihr Produkt. Wird sie auf ihren berühmten Sohn angesprochen, was oft genug vorkommt, antwortet sie mit diesem, dafür eigens von ihr für sich zurechtgelegten Satz: »Mozart ist berühmt. Mein Sohn ist nur bekannt.«

Als Ilja Richter mit neunzehn Jahren einer der erfolgreichsten TV-Showmaster wurde, besaß er bereits über ein Jahrzehnt Bühnenerfahrung. »Hallo, Leute!« – »Hallo, Ilja!« Von 1971 bis 1982 Disco im ZDF, Sonnabend abends, jede Woche zwanzig Millionen Zuschauer von acht bis achtzig. Die junge Generation begrüßte und liebte ihn als einen der Ihren, der berühmte Sänger einlud aus Deutschland und aus aller Welt, der schüchtern und frech in einem wirkte und immer noch nach

Stimmbruch klang, als er schon fast dreißig Jahre alt war und die Show abgab.

Er war keiner von ihnen. Sie waren Kinder der Täter und Mitläufer. Er war einer von wenigen: Sohn von Überlebenden. Nach seinem Abschied von *Disco* trennten sich Mutter und Sohn. Auch wegen einer anderen Frau. Das Ende »unserer Sketch-Ehe«. So lange hatten sie zusammengelebt. Ilja Richter begann, Theater zu spielen. »Mutter wohnte noch zwei Jahre in einem Altersheim und brauchte Aufsicht. Manchmal war sie verwirrt. Sie starb an einem Schlaganfall, im Schlaf, wie Vater.« In die Todesanzeige hatte der Sohn ein Motto geschrieben von Wolfgang Neuss: »Es kommt nichts weg.«

Auf dem Dach eines deutschen Altenheimes sitzt eine alte Jüdin, thront über Berlin, trinkt Klosterfrau-Melissengeist und schimpft über den Sohn. So beginnt sein Theaterstück *Altweibersommer.* Ilja Richter: »Und wenn der Sohn übers Dach angekrochen kommt, weil er mal wieder Angst hat, daß sie Selbstmord begehen könnte, was sie aber gar nicht tut, dann kommt es zu sehr verknappten Sätzen, die beinhalten, was ich über Mutter und mich zu sagen habe, aber in einer Kunstform.« Und wie geht das Stück aus? Ilja Richter überlegt kurz, dann sagt er: »Die Mutter sagt zum Sohn: Bleib bei mir. Hier bist du sicher. Hier kann dir nichts passieren. Und wem verdankst du das alles? Dann sagt der Sohn: Dir, Mutter. Also, das Stück hört auf mit: Danke Mutter. – Oder? Nein. Oder doch?«

Esther Discherelt

*ist Schriftstellerin, Philosophin, Dichterin und wurde 1952 geboren in Heppenheim an der Bergstraße als jüngste von drei Mädchen, ihre älteste Schwester ist vierzehn Jahre älter als sie und gehört zur Generation der Überlebenden. Esther Dischereit ist Gründerin des Avantgarde-Projekts »Word music«. Sie ist Autorin zahlreicher Hör- und Theaterstücke, zuletzt »Ein Huhn für Mr. Boe« und »Anschriften«. Veröffentlichungen u. a. »Joëmis Tisch – Eine jüdische Geschichte« (1988), erscheint jetzt in amerikanischer Übersetzung, »Merryn« (1992), »Als mir mein Golem öffnete« (1997), »Übungen jüdisch zu sein« (1998), »Mit Eichmann an der Börse« (2001) sowie »Rauhreifiger Mund oder andere Nachrichten« (2001). Esther Dischereit lebt mit ihren beiden Töchtern in Berlin.*

## Ihre Würde war ihr wichtig

Ein Ausdruck von gedehntem Staunen ist in ihrer Stimme, ob man Esther Dischereit auf dem Podium hört oder im Radio. In der beharrlichen Dehnung ihres Staunens scheint sie nachzudenken. Über Menschen in Deutschland und über jüdische Befindlichkeit. Wir sitzen am Küchentisch. In ihrer Wohnung stapeln sich die Gedanken die Wände hoch. Vieles zum Thema der zweiten Generation in Geschichten, Essays, Hörspielen, Gedichten. Was war und wird verändert wieder hervorgebracht?

Sie war vierzehn Jahre alt, als ihre Mutter starb. Ein Autounfall. Der Tod kam, und gerade hatte sich die Tochter einmal der Mutter entzogen.

Esther Dischereit: »Ich hatte zum erstenmal darauf bestanden, nicht mitzukommen. Ich blieb zu Hause, und sie fuhr mit ihm und meiner älteren Schwester nach Wien. Er war ihr dritter Mann, und er ist mit ihr gestorben, ihr Anwalt, der sie vertrat gegen meinen Vater. Eine kurze Reise. Ich ging in die Tanzstunde. Wir hatten Mittelball. Da müssen sich die Paare finden für den Abschlußball, und ich war sowieso so groß. Ich dachte, wenn ich da jetzt nicht hingehe, kriege ich überhaupt keinen. Ich war auch nicht sehr beliebt. So blieb ich zu Hause. Das war ihr nicht recht.

Durch ihre Heirat war unsere Wohnung zu klein geworden. Ich wohnte in der Wohnung nebenan im Zimmer eines Mädchens, das mit achtzehn Jahren gestorben war, bei einem Verkehrsunfall. Das war befremdlich und schrecklich. Diese Mutter war unsere Nachbarin und ließ mich im Zimmer ihrer toten Tochter wohnen. Bis meine Mutter heiratete, lag ich neben ihr im Ehebett. Als kleines Mädchen ging ich häufig nachts zu ihr und suchte sie. Offenbar spürte ich: Es gibt Abgründe in ihrem Leben, die dazu führen können, daß sie verschwindet.

Wahrscheinlich verschwand sie innerlich auch häufig. Meine Schwester schlief in einem anderen Zimmer. Es war eng. Wir stritten uns. Dann nahm meine Mutter mich zu sich, ins Ehebett, und so blieb ich. Manchmal hat sie nachts geschrien. Das hat mich erschreckt. Darüber konnte man nicht reden. Die Vertreibung aus dem Ehebett war überraschend. Ich kam von einem Englischkurs zurück, ein Ferienaufenthalt, und meine Mutter eröffnete mir, sie werde heiraten, ich wäre doch wohl einverstanden und sollte das ehrlich sagen. Natürlich sagte ich: Ist in Ordnung. Und: Der ist ja ganz nett.

Sie war nicht glücklich. Er zog ein, und sie war verzweifelt. Sie hatte Selbstmordgedanken und schlug sich sogar mit dem Problem herum, daß eine Jüdin sich nicht töten darf. Wenn ich nach Hause kam von der Schule, war es zunächst wie immer. Ich bekam Essen und machte dann die Schularbeiten am Küchentisch. Er kam abends spät. Ich sah ihn nicht. Für mich bedeutete er auch die Möglichkeit, dem Vermächtnis zu entkommen, daß ich für sie sein und bleiben muß. Hätte ich ein furchtbares Theater gemacht? Möglich, daß sie nicht geheiratet hätte.

An diesem Morgen wartete ich. Sie hatten schon am Abend zuvor zurück sein wollen. Ich putzte mir die Zähne und dachte, dann muß ich jetzt in die Schule gehen. Ich hatte den Mund voll Zahnpastaschaum, als es klingelte. Ich dachte, das sind sie, und öffnete. Statt dessen kam die Polizei. Ob da ein Herr Soundso wohne? Ich sagte ja. Sie wollten mitteilen, daß er tot sei. Ich sagte, ja, ja, und was ist mit meiner Mutter? Die Polizisten sagten, sie wüßten von keiner Frau, und gingen wieder. Irgendwann kam einer zurück und sagte, die Frau sei auch tödlich verunglückt. Ich weiß noch, daß ich das Stunden nicht begriff: tödlich verunglückt. Ob das zu Tode gefährdet heißen sollte? Was soll ich denn jetzt machen, habe ich gefragt, zur Schule gehen? Sie sagten, ich sollte besser bleiben, sie würden das klären. Später kam eine Sozialarbeiterin. Die besprach mit mir, wen sie anrufen sollte. Auf diese Weise begriff ich langsam. Meine Schwester hatte den Unfall überlebt und war im Krankenhaus. Nach ihr hatte ich gar nicht mehr gefragt, weil dann für mich schon alle tot waren. Ich habe lange geglaubt, ich wäre irgendwie schuld.«

Esther Dischereit ist 1952 in Heppenheim an der Bergstraße geboren, nach der Befreiung. Ihre Mutter war gebürtige Berlinerin. Wie hat sie überlebt? Was hat sie erlebt? Und ihre Familie? Wie lebten sie in diesem Berlin von damals, dieser glitzernden Metropole, die sich zur Hochburg der Nazis wandelte?

Esther Dischereit: »Ich habe festgestellt anhand der Akten der Oberfinanzdirektion, also der Arisierungsakten, daß die Eltern meiner Mutter einen koscheren Haushalt geführt haben. Sie besaßen doppeltes Geschirr. Bei meiner Mutter gab es später nur eine Garnitur Besteck und Geschirr. Aus den Arisierungsakten geht hervor, daß mein Großvater Schneider war. Ich fand Angaben zu einer Nähstube, mit einer Anziehpuppe und zwei Maschinen, einer Knopflochmaschine.

Meine Mutter hat Abitur gemacht auf der Eliteschule *Das Graue Kloster*. Erwin Leiser ist dort Schüler gewesen und Bismarck. Später durfte sie als Jüdin nicht studieren. Bildung hatte einen großen Stellenwert, doch das Geld reichte nur für sie, nicht für ihre Schwester. Getauft war sie nicht. Niemand in der Familie war getauft. Wann ist sie geboren? Sie hat das nie so genau gesagt. Ich hatte später nur den Sterbeschein. Sie war schon relativ alt, als ich klein war. Jedenfalls empfand ich sie als alte Person, und sie selber empfand sich wohl auch so.

Sie war fünfzig, als sie 1966 starb. Sie hat keinen Beruf erlernen können, und später konnte sie nicht mehr arbeiten. Ihre inneren Organe waren geschädigt. Es war ihr wichtig, ob sie schön sei, oder noch schön sei. Ihre Würde war ihr wichtig. Sie heiratete dreimal. Als sie ihren ersten Mann heiratete, war sie Anfang zwanzig. Er war jüdisch, die anderen beiden Männer nicht. Mein Vater verstand sich ausdrücklich als Nichtglaubender.«

Aus dieser zweiten Ehe stammen Esther Dischereit und ihre anderthalb Jahre ältere Schwester. Die Tochter aus der ersten Ehe der Mutter, 1938 geboren, überlebte die Nazizeit, »wie man so sagt, illegal«, und war ein junges Mädchen, als Esther noch klein war.

»Da ging diese große Schwester schon aus dem Haus. Ich erinnere mich an wenig: Sie zieht sich schön an und will ausgehen. Darüber gibt es Krach. Mit der Mutter? Ich erinnere mich in diesem Zusammenhang eher an den Vater, meinen Vater, der nicht ihr Vater war. Meine Eltern trennten sich, da war ich fünf; nach zehn Jahren Ehe. Eine schwierige Trennung. Wir sind dann weggezogen von Heppenheim. Meine Mutter wollte zurück in die Stadt.«

Die jüdischen Gemeinden in Westdeutschland waren nach der Befreiung dominiert von Juden aus Osteuropa, denen die assimilierten deutschen Juden oft nicht jüdisch genug waren.

»Meine Mutter, geschieden von einem Goj, mit ihren getauften jüdischen Töchtern, paßte da nicht. Daß ich getauft wurde, dafür bin ich ihr weder dankbar noch böse. Ich weiß ja, warum es so war. Sie wollte die jüdische Herkunft kaschieren. Das ist ihr wohl schwergefallen. Sie machte uns unkenntlich und gleichzeitig wieder kenntlich – mich nannte sie Esther. Sonntags mußten meine Schwester und ich zur Kirche. Sie hat uns nicht begleitet. Mein Vater auch nicht. Ein langer Weg zu Fuß. Ich begriff nicht, warum niemand mit uns ging.

An Jom Kippur hat sie gefastet, gewissermaßen leise. Sie sagte, daß sie nicht essen mag, aber wir Töchter haben gegessen. Am Abend gab es ein besonders gutes Essen.

Wir haben irgendwie gewußt und auch nicht gewußt. Es war nichts uns Vorenthaltenes. Sie haderte doch auch. Sie konnte sich nicht entscheiden, ob sie uns das Jüdische geben oder uns das Jüdische antun wollte. Sie hat ja keine Ruhe darin gefunden, und das Fasten hatte sie rückwärts geführt, wohin sie uns nicht mitnehmen wollte. Wer will schon seine Kinder mit ins Schwarze nehmen? Sie ließ die Dinge deswegen einfach laufen und machte manchmal für sich etwas, dann wieder ließ sie es sein.

Ich bin einige Jahre im jüdischen Religionsunterricht gewesen in der Gemeinde und dann nicht mehr, und begriff nicht, warum nicht mehr. Ich weiß nur, daß es so war. Inzwischen komme ich mir außerordentlich jüdisch ›geworden‹ vor. Ich meine damit keinen religiösen Zustand. Ich kenne von jüdischer Seite diese Botschaften – schon als Kind – die Zuweisungen, die Verdächtigungen, nicht genug jüdisch zu sein. Das geschieht wortlos. Als ob es immer noch zu viele Juden gäbe. Und von nichtjüdischer deutscher Seite auch: Zuweisung und Bedrohung. Als sei ich ›unwahrscheinlich‹ in bestimmten Zusammenhängen.«

Die Sprache der Übermittlung ist wortlos oder wortreich, aber nie ist sie genau. Sie verrät ihre Botschaft, wenn sie den Inhalt verschleiert, sie kann eindeutig sein, wenn sie sich mehrdeutig hören läßt. Sogar, wenn die Sprache in Situationen schweigt, vermittelt sich ihr Sinn.

Esther Dischereit: »Ich weiß sehr wenig. Meine große Schwester redet nicht darüber. Ich schicke ihr manchmal, was ich schreibe. In gewissen Abständen sagt sie: Ja, das hat mich sehr beeindruckt. – Das ist absolut alles.«

Die Mutter hatte als junge Frau gern Gedichte geschrieben und förderte fast leidenschaftlich das Schreiben ihrer Tochter Esther. »Ich sollte etwas schreiben, beispielsweise etwas aus dem Urlaub: Wir fahren über einen See. Das hat sie sich vorlesen lassen. Ich weiß nicht, ob ich mich getraut haben würde zu schreiben, wenn meine Mutter weitergelebt hätte.« Das Gefühl, die Gefahr zu verstärken, die Mutter könne daran sozusagen sterben. »Sie hat ja nicht darüber gesprochen, schon gar nicht im öffentlichen Raum. Meine älteste Schwester sagt mir, daß sie schreiben will und nicht schreiben kann. Ich habe lange gebraucht, ihr etwas von mir zu schicken. – Sie ist ein überlebendes Kind. Das konnte ich nicht erreichen. Die Liebe, die meine Mutter für sie empfand, die war absolut unerreichbar. Man kann nur verstehen. Man kann darunter leiden, aber man kann nicht richtig um sich schlagen.

Ich bin als Kind viel krank gewesen. Dann kümmerte sich meine Mutter um mich über die Maßen. Ich verweigerte das Essen, war deshalb auch im Krankenhaus. Furchtbare Szenen. Halbe Tage vor einem vollen Teller sitzen. Mir ging der Mund auf, und ich konnte nichts mehr hineinbekommen.«

Es ist Abend. Die Mutter liegt im Bett und liest beim Schein der Nachttischlampe. Sie liest viel. Als sei in diesen Büchern das Leben. Das Bett neben ihr, in dem kein Mann liegt, ist nicht leer. Die kleine Tochter sieht der Mutter beim Lesen zu und kann nicht schlafen. Das Licht ist hell. »Schlaf doch«, sagt die Mutter.

Dann sagt sie: »Komm.« Die Tochter soll sich ihr in den Arm legen. Es ist eng, warm, und der Arm fühlt sich knochig und hart an. »Schlaf doch«, sagt die Mutter, und die Tochter senkt die Lider. So lange, bis die Mutter im Buch versunken ist.

Dann liest sie mit. Die Mutter blättert um. Abgerissene Zusammenhänge. Die Tochter ist ohne die Mutter ängstlich, wie die Mutter ohne die Tochter ängstlich zu sein scheint. Zweimal geht die Mutter in die Schule, um ihre Tochter stark und kämpferisch zu verteidigen gegen die Lehrer. Danach muß die Mutter sich zu Hause hinlegen und Herztropfen nehmen.

Esther Dischereit: »Es gab für mich so etwas wie ein Vermächtnis, ich kann diese Mutter nicht verlassen, um nichts und um niemanden. Die größte Tochter war schon weggegangen, die mittlere hat in der Pubertät heftig ›nein‹ und wieder ›nein‹ gesagt, und ich – blieb. Solange sie lebte, habe ich mir nicht vorstellen können, jemals mit einem Mann zusammenzusein an ihrer Stelle. Daß sie noch einmal heiratete, war vielleicht auch ihr Versuch, mich gehen lassen zu können.«

Michael Wolffsohn

*ist Professor für Neuere Geschichte an der Universität der Bundeswehr München. Geboren 1947 in Tel Aviv, lebt er seit seinem siebten Lebensjahr in Deutschland, er wuchs als Einzelkind auf. 1967 ging er zurück nach Israel, um dort bis 1970 seinen Wehrdienst zu leisten. Studium der Geschichte, Politikwissenschaft und Volkswirtschaftslehre in Berlin, Tel Aviv und New York. 1975 Promotion. 1980 Doppelhabilitation in Geschichte und Politikwissenschaft. Gastprofessur u.a. am Dartmouth College, USA, 1993; zahlreiche Vorträge sowie Fernseh-, Hörfunk- und Zeitungskommentare im In- und Ausland. Michael Wolffsohn ist verheiratet, er hat eine Tochter sowie zwei Söhne und lebt in München. Er gab (mit Thomas Brechenmacher) ein Buch über Vornamen heraus: »Die Deutschen und ihre Vornamen – 200 Jahre Politik und öffentliche Meinung«, ein zweiter Band über jüdische Vornamen ist jetzt erschienen. Zwei Bücher über Israel sind in aktualisierter Auflage erschienen: »Israel: Geschichte, Politik, Gesellschaft, Wirtschaft« und »Wem gehört das Heilige Land? Die Wurzeln des Streits zwischen Juden und Arabern«.*

## Sie hat eine scharfe und gute Zunge

Unser Gespräch über seine Mutter Thea Wolffsohn, geborene Saalheimer, begann mit einer ablehnenden Zusage. Michael Wolffsohn wollte gern, aber auch wieder nicht. »Zwei Seelen wohnen, ach …«, seufzte er per Fax. Privates gehöre nicht in die Öffentlichkeit, aber historisch ließe sich interessant von seiner »Gott sei Dank noch lebenden Mutter« erzählen.

Wird nicht das Private oft zum Politischen? Das Jüdischsein in Deutschland? Und das Deutschsein als Jude in Israel?

Michael Wolffsohn, 1947 geboren in Tel Aviv und seit seinem siebten Lebensjahr in der Bundesrepublik, bezeichnet sich als deutsch-jüdischer Patriot und steht damit in der Tradition seiner mütterlichen Familie: Die Saalheimers aus Bamberg, »ein altes jüdisch-deutsch-fränkisches Geschlecht«, mußten im März 1939 Deutschland verlassen und schafften es auch noch rechtzeitig. Per Schiff von Triest nach Haifa, die damals sechzehnjährige Thea Saalheimer mit ihren beiden jüngeren Schwestern und ihren Eltern. Sie fuhren Luxusklasse. Es war die einzige Möglichkeit, etwas von ihrem Geld für sich noch auszugeben, bevor es der NS-Staat gierig einstrich. Sie gingen nach Palästina, wo Onkel Siegfried Saalheimer schon seit den zwanziger Jahren einer der drei Direktoren der damaligen Anglo-Palestine-Bank war.

Michael Wolffsohn: »Der Vater meiner Mutter, Justus Saalheimer, war königlich-bayerischer Ulan im Ersten Weltkrieg und Träger des Eisernen Kreuzes II. Ein deutscher Jude, ohne das Judentum zugunsten eines wie auch immer verstandenen Deutschtums oder das Deutschtum zugunsten des Judentums aufzugeben, sondern in der Polarisierung der wechselseitigen Befruchtung. Ich war ein kleiner Junge, als er mir voller Stolz zum erstenmal seine Orden zeigte. In Israel haben meine Eltern und Großeltern selbstverständlich Deutsch gesprochen, weil sie gar nicht vorgaben, sich abnabeln zu können. Außerdem sprachen sie ein verheerendes Iwrit.

Der Vater meiner Mutter verkaufte Damenoberbekleidung in Tel Aviv. Meine Mutter half als Laufmädchen, packte Pakete und trug sie zur Post. Die Saalheimers waren vermögend in Deutschland und sind ökonomisch quasi proletarisiert worden, aber sie haben im Exil das bürgerliche Leben trotzdem praktiziert. Es gab zum Beispiel immer einen schön gedeckten Tisch. Meine Mutter ist heute noch eine ausgezeichnete Gastgeberin. Vier Monate nach ihrer Ankunft in Palästina lernte sie ihren späteren Mann, meinen Vater, kennen.

Max Wolffsohn war ihre erste große, dauerhafte Liebe, nur drei Jahre älter als sie, aus Berlin, und hatte wie sie das Gymnasium abbrechen müssen. Sein Vater, Karl Wolffsohn, ein bedeutender Filmpublizist, hatte den Verlag *Lichtbildbühne* gegründet. Für seine Familie war der Absturz noch größer. Sie waren sehr vermögende Juden und bekamen nur einen Bruchteil zurück. In Palästina war mein Vater Platzanweiser, schliff Diamanten, machte jede Dreckarbeit, und meine Mutter auch. Sie waren sich nie für irgend etwas zu gut.

Meine Mutter war und ist ein pragmatischer und praktischer Mensch, in allen Erzählungen nie ein Lamentieren, wie schwer es war, sondern größte Dankbarkeit, daß man überleben durfte auf diese Weise. Meine Mutter hat mir sehr früh schon gesagt, du bist einer von ganz wenigen jüdischen Jungen, der alle vier Großeltern hat.«

Die Großeltern seiner Mutter waren vor 1938 eines natürlichen Todes gestorben. Allein Thea Saalheimers Großmutter mütterlicherseits, die Mutter ihrer Mutter, Marie Bikart, blieb in Nürnberg, als die Familie Saalheimer Deutschland verließ. Marie Bikart brachte ihre Tochter, ihren Schwiegersohn Justus sowie ihre drei Enkeltöchter zum Bahnhof in Nürnberg. Sie fühle sich zu alt für die Ausreise, soll sie gesagt haben, ihr Mann lag in Bamberg begraben, sie habe nicht fortgewollt. »Daß Schlimmes auf sie zukommen würde, war zu befürchten«, sagt Michael Wolffsohn, »aber keiner ahnte, daß es Vernichtungslager geben würde.« Als Marie Bikart deportiert wurde, war sie vierundsiebzig Jahre alt. »Sie ist in Theresienstadt umgekommen.«

*Was für ein Verhältnis hatte die Tochter Thea zu ihrem Vater Justus?*

Michael Wolffsohn: »Heiße und innige Liebe. Meine Mutter hatte zwei Schwestern. Es wurde nie als Nachteil empfunden, keinen Sohn zu haben, meine Großeltern waren glückliche Eltern. Bürgerliches Milieu, harmonisches Familienleben. Meine Mutter ging zur Schule bei den *Englischen Fräulein* in Bamberg, die Hälfte der Klasse waren jüdische Mädchen. Man mußte sich den Rohrstock selber holen, wenn man frech war. Nach den Schlägen auf die Tatzen, so hieß das, bedankte man sich artig. Meine Mutter war schon damals aufmüpfig im positiven Sinne. Von ihr habe ich das. Streit als innere Notwendigkeit, um vor sich selber bestehen zu können. Sie hat eine scharfe und gute Zunge.«

*Und Ihre Mutter hat es von ihrem Vater?*

»Was wir sind, dazu bekennen wir uns, das war die Haltung meiner Mutter, und sie hatte es bei ihrem Vater erlebt. Mein Großvater, wie so viele andere deutsche Juden, glaubte, für ihn und seine Familie gelte nicht, was da heraufzog. Nicht aus Dünkel, aber er war ja königlich-bayerischer Ulan gewesen. Als die SA-Leute am 9. November 1938 bei ihm klingelten, sagte er ihnen, er sei Träger des EK II. Sie schlugen auf ihn ein und verschleppten ihn nach Dachau.«

*Beschreiben Sie mir Ihre Mutter.*

»Eine ausnehmend gutaussehende Frau, auch im Alter noch. Sie sieht jünger aus als achtundsiebzig Jahre.«

*Sind Sie ihr ähnlich?*

»Ja, sehr, obwohl ich jetzt meinem Vater immer mehr gleiche. Eine sehr energische und kluge Frau. Sie ist rebellisch, besonders, wenn es um ihr Gerechtigkeitsgefühl geht. Das hat für die Umwelt manchmal auch schwierige Seiten. Als wir 1954 nach Berlin kamen, war ich gleich unter den Besten, war sofort in der zweiten Klasse. Wir mußten in der Hofpause im Kreis herumlaufen. In Israel gab es solche Verrücktheiten nicht. Ich hüpfte raus, der Aufsicht führende Lehrer nahm mich und knallte mir eine. Es war einer meiner ersten Schultage. Daß er ein jüdisches Kind schlug, wußte er nicht. Ich bin nie von meinen Eltern geschlagen worden. Zu Hause habe ich es nicht erzählt. Ich weiß nicht warum, war aber völlig daneben am Tisch, ein Wort gab das andere, meine Mutter brauste auf, da brach ich in Tränen aus und sagte ungefähr so: Verdammt noch mal, in der Schule wird man geschlagen, und hier werde ich angemeckert. Am nächsten Tag war sie in der Schule. Meine Mutter hat den Direktor zur Sau gemacht, und ihm folgendes gesagt – diese wörtliche Wiedergabe von ihr kommt in ihren Erzählungen fast identisch immer wieder: Ich bin mit meiner Familie nicht nach Deutschland zurückgekommen nach all dem, was geschehen ist, um meinen Sohn hier schlagen zu lassen. Wenn mein Sohn noch einmal geschlagen wird, gehe ich zur Polizei und an die Öffentlichkeit und verklage Sie! – Sie verlangte, daß der Direktor den Lehrer zur Rechenschaft ziehe.«

*Die meisten waren gestern noch Nazis gewesen.*

»Meine Mutter stellte sich diese Frage nicht. Die Leute hatten sich ihren Wertvorstellungen zu beugen. Es war eine grundsätzliche Ungerechtigkeit. Auch wenn ein jüdischer Lehrer mich geschlagen hätte.«

*Erinnern Sie, wie das für Sie war?*

»Ach, ich war unglaublich stolz auf meine Mutter.«

*Es war nicht unangenehm?*

»Sie hatte mich vorher gefragt, ob ich einverstanden wäre. Danach hat sie es erzählt. Ich kriege heute noch Gänsehaut.«

*Ich habe gerade an den Vater Ihrer Mutter gedacht, an Justus Saalheimer, seine Hilflosigkeit vor den prügelnden SA-Leuten.*

»Da fällt mir eine Geschichte ein, die meine Mutter trotz glühender Tochterliebe von ihrem Vater erzählt hat. Keine glorreiche Geschichte. Mein Großvater aß schrecklich gern Bratwürste. Die besten gab es seiner Meinung nach in Nürnberg, im *Bratwurstglöckle.* Dort hing spätestens ab September 1935 ein Schild am Haupteingang: ›Juden unerwünscht‹. Justus Saalheimer ging durch den Nebeneingang und sagte zu seiner Tochter: Das gilt nicht für uns, und außerdem schmecken die Würstchen hier so gut.«

*Seine Tochter Thea war dreizehn Jahre alt. Da ist vielleicht etwas zerbrochen in ihrem inneren Bild des Vaters, der seiner Tochter gesagt hatte, für die eigenen Maßstäbe tritt man ein, auch wenn es Nachteile hat.*

»Später im Gymnasium war sie Elternbeirat, direkter Draht zum Direktor. Ich wußte als Kind, wenn es Probleme gibt, die ich nicht lösen kann, meine Mutter nimmt das in die Hand. Eine Sechs, die ich verdient hatte, so was gab es bei mir nur in Mathe, die war in Ordnung. Aber wenn es nicht gerecht zu sein schien, hat meine Mutter verlangt, daß es erklärt wurde. Wenn man so will, ist meine Mutter eine Wertkonservative, in dem Sinne der Erwartung, daß existierende Werte bewahrt werden müssen und einzuhalten sind.«

*Wie sieht Ihre Mutter auf Sie im System der Bundeswehr?*

»Die Bundeswehr ist ja eine ganz zivile Angelegenheit.«

*Haben Sie Ihrer Mutter das so erklärt?*

»Klar hat sie gesagt: Bundeswehr? Ausgerechnet! Aber ich habe gesagt, Ima, besser ich unterrichte deutsche Offiziere als daß es ein anderer tut. Das deutsche Militär, der einstige Hort des gesellschaftlichen Antisemitismus, die heutige Bundeswehr unternimmt den, wie ich finde, erfolgreichen Versuch, eine demokratische Armee zu sein. Das ist doch eine Herausforderung, wenn ich dabei mitgestalten kann. Sie hat das verstanden.«

*Wird sie angesprochen auf ihren Sohn?*

»Ja, und das findet sie schön. Wenn es gutgeht, kommt Lob, und kommt Kritik, dann kann sie für mich stellvertretend deutlich austeilen.«

*Ein Jude in der Bundeswehr?*

»Meine Mutter hat mir diesen Brückenschlag vorgelebt: Ja jüdisch, ja israelisch und ja zur deutschen Demokratie. Ihren israelischen Paß haben meine Eltern allerdings nie abgegeben. Ich habe es getan. Die vor der Bundeswehr liegende Konsequenz aus meiner Erziehung war die Mischehe.«

*Sie meinen Ihre Heirat?*

»Ja. Meine Mutter hätte lieber gehabt, wenn meine Frau zum Judentum übergetreten wäre, weil wir bewußte Juden sind, und der Kinder wegen. Sie hat aber verstanden, daß es eine oktroyierte Identität wäre.«

*Sie hätte lieber gehabt, daß Sie eine Jüdin heiraten.*

»Ja, aber ich habe auch das Selbstbewußtsein meiner Mutter und habe nie bezweifelt, daß meine Frau die für mich richtige Frau ist. Wir sind 25 Jahre verheiratet.«

*Vielleicht ganz gut nach dieser Mutter-Sohn-Beziehung?*

»Was?«

*Eine so völlig andere Frau.*

»Meine Frau ist auch nicht so resolut wie meine Mutter. Ich habe nicht meine Mutter geheiratet. Ich bin ein typisch jüdischer Sohn und Einzelkind. Ich entspreche jedem Klischee, meine Mutter auch. Ich bekenne mich dazu und bin glücklich damit. Als ich nach dem Militärdienst in Israel drei Jahre später zurückkam, bin ich wieder ins Elternhaus gegangen. Ich war dreiundzwanzig Jahre alt. Meine Kommilitonen waren alles 68er.«

*Die hielten Sie für meschugge.*

»Aber ich fühlte mich wohl zu Hause. Ich verstand mich auch mit meinem Vater gut, doch das Verhältnis zu meiner Mutter war viel stärker. Für sie war es sehr schwer, als ich das zweite Mal das Haus verließ, erst mit achtundzwanzig Jahren und weil ich heiratete.«

*Ist Ihnen das jetzt unangenehm vor mir?*

»Kein bißchen. Meine Frau sagt immer so nett, ich sei von einer Abhängigkeit in die andere getorkelt. Der Sohn von Thea Wolffsohn bekennt sich zu dem, was er ist und macht.«

Elf Tage später, ein Fax von Michael Wolffsohn: »Ich habe noch lange über die Reaktion meiner Mutter auf meines Großvaters ›Aktion Bratwurstglöckle‹ nachgedacht – und bin mir nicht mehr sicher. War es Kritik? Oder schwang da nicht mit: Er hat sogar den Nazis ein Schnippchen geschlagen. Vielleicht war es ja beides? Wer ist ungebrochen, und wer nimmt ungebrochen wahr?«

Halina Bendkowski

*ist Soziologin und Philosophin, sie selbst bezeichnet sich als Agentin für Feminismus und Geschlechterdemokratie. Sie wurde 1949 in Gliwice, in Polen, geboren und hat viele Geschwister, die alle ihre Halbgeschwister sind. Abitur machte sie an der Liebfrauenschule in Büren und studierte an der Westfälischen Wilhelms-Universität, »Schwierigkeiten mit der Emanzipation« hieß das Thema ihrer Magisterarbeit. Sie war Lektorin, Regieassistentin, Lehrbeauftragte im Fachbereich Sozialpsychologie an der Technischen Universität Berlin und Kulturreferentin der Berliner Frauenfraktion (1993–1998). Halina Bendkowski erarbeitet politische Konzeptionen für Symposien und Diskussionsreihen im Auftrag politischer und kultureller Stiftungen zur binationalen Thematik und zu feministischen Themen. Sie prägte den Begriff der Geschlechterdemokratie vor dem Hintergrund der Gewalt gegen Frauen und der Verantwortlichkeit der Männer, dazu initiierte und konzipierte sie 1998 in Berlin den Kongreß »Wie weit flog die Tomate?«, eine historisch-futuristische Gala der 68erinnen. Seit Beginn des neuen Jahrtausends widmet sie sich dem Thema der Zukunft: Leben im Alter im internationalen Vergleich. Halina Bendkowski hat Essays und Kommentare veröffentlicht. Sie lebt in Berlin und New York und heiratete im April 2001 ihre jüdisch-amerikanische Freundin und Lebensgefährtin.*

## Sag niemandem, daß du jüdisch bist

Draußen scheint die Sonne. Am Herd steht Halina Bendkowski und gießt Kaffee auf. Ein munterer Redestrom kluger Einfälle erfüllt dabei die Küche: Frauen und Geld, Männer und Eitelkeit, der Aufstand der Alten, über Kinder: »Ich liebe Kinder, solange sie philosophisch sind. Wenn sie zur Schule gehen, hören sie damit auf.« Fragen zu stellen ist Halina Bendkowskis Metier, man könnte sagen, sie handelt damit. Eine Art philosophisch-politische Ware, die sie Organisationen, Parteien, Stiftungen anbietet, um Themen öffentlich durchzusetzen.

»Eine Debatte führen, das ist etwas, was die Gesellschaft tatsächlich dringend braucht.« Zuletzt 1998 in Berlin, im Audimax der FU, eine historisch-futuristische »Gala der 68erinnen«, etwa tausend linke und feministische Frauen, die meisten Töchter der Täter und Mitläufer(innen) sowie deren Töchter, und einige jüdische Frauen.

»Ich habe natürlich Marxismus und Emanzipationstheorie in Kritik am Marxismus studiert. Nach meinem Selbstverständnis bin ich feministische Aktionsforscherin. Damit meine ich, daß man sich Gedanken machen muß jenseits dessen, was man nur sieht.«

Der Satz trifft auf sie selbst in besonderer Weise zu. Halina Bendkowski wuchs in Polen und Deutschland auf, ohne um ihr Jüdischsein zu wissen, dabei ist sie – wie man so sagt – ihrem jüdischen Vater wie aus dem Gesicht geschnitten.

»Ich war neun Jahre alt und sollte zur Kommunion gehen. Meine Mutter, Margarete M. aus Oberschlesien, römisch-katholisch und reichsdeutsch, wie sie mir gegenüber heute stolz behauptet, erklärte mir damals, sie könne nicht mit mir zur Kommunion gehen, weil ich ein außerehelich geborenes Kind sei und außerdem das Kind eines Juden bin. Sie glaubte, sie selbst sei deshalb exkommuniziert. Dieser Fehltritt – also ich – habe ihr Leben zerstört. Ich wußte gar nicht, was das alles bedeutete.«

Gliwice/Gleiwitz 1943: Im dunklen Lichtspieltheater sitzt die junge Margarete M. Hier im Kino entkommt sie ihren strengen Eltern und ihrem geizigen Ehemann. Sie hat ihn heiraten müssen, weil sie Pech hatte. Schwanger. Dem Pfarrer hat sie es gebeichtet, dann war es sowieso zu sehen gewesen. Sie geht oft ins Kino. So schön und so deutsch wie die Frauen auf der Leinwand möchte sie sein. Seit dem Überfall Deutschlands auf Polen 1939 darf sie sich Reichsdeutsche nennen, wenn sie auch für die arischen Männer in Uniform bloß eine Wasserpolakin ist. So sagen die. Noch schlechter aber sind jetzt die Juden dran.

»Meine Mutter hatte drei legitime Kinder aus ihrer Ehe, bevor ich kam. Ich habe sie gefragt: Warum hast du nicht abgetrieben? Ich meinte es wirklich so. Ich hätte nicht schuld sein müssen. Meine Mutter war antisemitisch mit mir bei Bedarf. Wenn ich was machte, was ihr nicht paßte, dann war ich wie der Vater, dann war ich jüdisch, dann war ich die Judenhure. Als Jugendliche habe ich mir trotzig gesagt, die ist verrückt. Später fand ich es bedrückend und geriet in Zustände von Selbstmitleid. Der Antisemitismus meiner Mutter ist ihr aus dem Elternhaus mitgegeben. Sie ist selbst als Judenhure beschimpft worden, als sie schwanger war mit mir.«

Den Zusammenbruch des Nazireichs erlebt Margarete M. als eine weitere Pechsträhne in ihrem Leben. Jetzt rächen sich die Polen an den ehemaligen Reichsdeutschen. Ihren Mann schickt sie nach Westdeutschland. Er soll im Ruhrgebiet die Zukunft aufbauen, daß sie mit ihren drei Kindern nachkommen kann.

Auf einer Hamsterfahrt begegnet sie dem Juden Israel Bendkowski aus Lodz. Er hat schwarze Locken, traurige Augen und ist ganz verrückt mit ihren Kindern. Von seiner Familie kann er niemanden finden, weiß auch nicht, wo er suchen soll. Sie sind wohl alle ermordet. Die beiden Mädchen und der kleine Junge an Margaretes Hand mögen den fremden Mann. Er ist gütiger als ihre unzufriedene Mutter. Für ihn ist diese Frau ideal: blond, blauäugig und vor allem der Mittelpunkt einer kleinen Familie. Von solcher Bedeutung war Margarete zuvor noch für niemanden gewesen.

Als sie entsetzt feststellt, schwanger von ihm zu sein, ist er närrisch vor Glück. Jedem erzählte er, daß er Vater wird. Sie wollte heimlich abtreiben. Alle sprechen jetzt von Margarete, der Judenhure, ihre Eltern, ihre Schwiegereltern, die Nachbarn. Bis ins Ruhrgebiet dringt die Nachricht. Ihr Mann, der mit einer anderen Frau zusammenlebt, reicht die Scheidung ein, wird auf diese Weise seine drei Kinder in Polen los und braucht keine Alimente zu zahlen. Schuldig für das Gericht ist Margarete, die Judenhure.

Israel Bendkowski legt der Frau, die sein Kind erwartet, fünf Schiffskarten nach Uruguay in den Schoß, für sie beide und die drei Kinder. Sie will nicht. Dem Juden kannst du nicht trauen, sagen die Eltern. Da nimmt er sich eine andere blonde, blauäugige Frau. Inzwischen wird das Kind geboren, ihre und seine Tochter. Er bestreitet die Vaterschaft. Wer immer in den Kinderwagen sieht, erkennt ihn. Margarete M. muß jetzt vier Kinder durchbringen, drei blonde und ein schwarzhaariges mit dunklen Augen.

Halina Bendkowski hat ihren Vater als Kind oft gesehen. »Er wohnte im Nebenhaus. Ich hatte Angst vor ihm, weil er mich nicht anguckte. Seine beiden Söhne waren meine Freunde. Meine Mutter hatte mir verboten, mit ihnen zu spielen. Obwohl ich wußte, daß ihr Vater auch mein Vater war, hatte ich kein Gefühl dafür, daß sie meine Halbbrüder waren. Genausowenig fühlte ich mich meinen arischen Geschwistern verwandt. Für mich gab es gar keine Familie.

Gleich nach meiner Geburt kam ich wegen einer schlimmen Bronchitis ins Krankenhaus und blieb im Heim die ersten drei Jahre meines Lebens. Manchmal holte meine Mutter mich sonntags ab. Wenn sie kam, hatte ich Angst vor der Frau. Sie war mir unheimlich. Sie war ungestüm in ihrer Liebe wie auch in ihrer maßlosen Wut über alles, was ihr widerfahren war und dessen sie nicht Herr werden konnte.«

Margarete M. geht 1956 nach Westdeutschland, wo bereits eine Schwester von ihr lebt, die kinderlos ist und gern Margaretes Sohn zu sich nimmt, nicht aber das Judenkind. Die beiden älteren Töchter bleiben in Polen. Halina lebt jetzt allein mit der Mutter.

Auf dem Lyzeum in Oberhausen fällt sie auf durch ihre ärmliche Kleidung und durch ihr schnelles Denken. Wenn sie für ihre Mitschülerinnen den Klassenclown macht, fühlt Halina für Augenblicke nicht, wie einsam sie tatsächlich ist.

Zweimal im Jahr beim Verteilen der Schulzeugnisse ruft die Klassenlehrerin diese besondere Schülerin vor allen anderen Kindern in besonderer Weise auf: »Halina Bendkowski, die Tochter von Israel Bendkowski und Margarete M.« Einige Mädchen kichern. Halina ist außerehelich. Soviel verstehen sie. Daß Halina jüdisch ist durch ihren Vater, weiß die Lehrerin. Die Hitlerzeit war gestern noch Gegenwart.

Halina Bendkowski: »Meine Mutter hat mich als Kind immer wieder gewarnt, jüdisch zu sein. Alles, was ich danach hörte und las, habe ich durch diese Brille wahrgenommen. Ich bin in die Bibliothek gegangen und habe mir Bücher geholt. Wahrscheinlich war das der Bildungsschub für mich, den ich sonst aus diesem Milieu gar nicht hätte mitnehmen können. Ich wollte wissen, warum die Deutschen die Juden umgebracht haben. Daß ich dazugehört hätte, als sogenannte Halbjüdin, obendrein noch polnisch, wußte ich nun.«

Zu Hause läßt die Mutter ihre Hilflosigkeit und ihren Haß auf ihre Männer an ihrer Tochter aus, droht mit Selbstmord und schlägt das Mädchen. »Meine Mutter war zäh, aber gebrechlich. Das hat mich früh in Verantwortung gebracht.«

Alles Schlechte in ihrem Leben sieht Margarete M. personifiziert in ihrem jüdischen Kind. Das schlimme Wort, das auf ihr liegt, wird zur Waffe gegen die Tochter: Judenhure. Halina trägt bereits in sich eine verheimlichte Welt, darin sie sich zurückzieht, um über alles nachzudenken. Die ermordeten Juden. Nur sie scheint von ihnen zu wissen. Aus den Büchern. Um diese Toten ist etwas Großes, etwas Heiliges, und sie gehört irgendwie zu ihnen. Einmal schlägt die Tochter zurück. In Mordswut. Sie hätte die Mutter am liebsten gewürgt. Danach schlägt die Mutter nie wieder.

Kurz vor dem Abitur bleibt Halina sitzen. Nicht wegen schlechter Leistungen, sondern wegen ihrer außergewöhnlichen Ansichten. In einem Besinnungsaufsatz über die Gammlerbewegung anerkennt Halina die Verweigerung gegenüber der materialistischen Kleinbürgerlichkeit der Elterngeneration. Von den Lehrern zum Gespräch gebeten, kommt die Mutter und denunziert, angstvoll vor der Institution, ihre Tochter als »Judenhure«, die ins Erziehungsheim gehöre. Die Lehrer sorgen dafür, daß Halina Bendkowski in ein Internat kommt. »Dort habe ich eine Wahlmutter gefunden, eine Lehrerin, mit der ich dreißig Jahre lang eine innige und fürsorgliche Beziehung hatte.«

Mit ihrer Mutter nahm Halina Bendkowski Jahre später den Kontakt wieder auf. »Ich bin doch auch beseelt davon, eine gute Tochter zu sein. Ich hatte sie unlängst mitgenommen zu einer Tagung. Das hat ihr gut gefallen. Wir trafen uns am Bahnhof.

Sie ist jetzt fünfundachtzig Jahre alt. Ich stand da und wartete auf sie. Der Zug kommt. Hält. Sie steigt aus. Es sind Leute vom mobilen Service da, die wollen ihr helfen, und meine Mutter denkt, die wollen ihr die Tasche wegnehmen, obwohl die Leute für sie bestellt sind. Sie hat keine Umgangsformen, sie kann nicht freundlich sein, gleich dieses Wilde: Nein! Geben Sie her! Sie kann nur in Drohungen sprechen. Auch mit mir: Wenn du denkst, du könntest hier Jüdin spielen. Die werden dir schon beibringen, was das heißt! Und die Juden selber würden mich nicht anerkennen. Inzwischen erinnere ich sie daran, daß sie sich mir gegenüber besser benehmen muß. Ich bin nicht nur für Pädagogik, sondern auch sehr für Geragogik, daß man die Alten konfrontieren muß. Ich möchte, daß sie anerkennt, daß ich es doch eigentlich gut mit ihr meine. Aber ich liebe sie nicht. Ich sage manchmal Margożata zu ihr, das ist polnisch für Margarete. Ich sage nie Mutti oder so etwas. Margożata macht die Distanzierung möglich und ist freundlich.

Zur Begrüßung will ich sie umarmen, und während ich es mache, kann ich es nicht. Es ist mir zuwider, und sofort tut sie mir leid. Die Umarmung zwischen uns geht in etwas anderes über, Griff nach dem Koffer oder so. Sie war begleitet von einer älteren Frau, die ihr eine Tasche trug. Sie kam auf mich zu und zischte mir leise zu: Hör mal! Sag nicht, daß du meine Tochter bist. – Nämlich gegenüber der fremden Frau, weil die jetzt ihre Tasche trug und nicht ich, wo meine Mutter doch so viel für ihre Kinder getan hat.«

Halina Bendkowski war als Feministin immer offen lesbisch. »Aber die Feministinnen wußten nicht, daß ich jüdisch bin. Nur die Gegner haben das gesehen. Ich bekam antisemitische Briefe nach einer Fernsehsendung, in der ich über Abtreibung geredet habe. Meine Mutter ärgert es ungeheuer, daß ich sage, daß ich jüdisch bin.«

Sie habe eigentlich keinen Grund, in Frauen eine Liebeserfüllung zu erhoffen. »Aber ich liebe Frauen. Ich habe mich in Männer verliebt. Es war im Rückblick nicht zu vergleichen mit dem, was ich mit Frauen erlebt habe. Meine Freundin (die jetzige Ehefrau) ist Jüdin. Ich fühle mich im Jüdischen beheimatet. Da bin ich zugehörig, obwohl ja auch wieder nicht. Ich glaube, ich habe als Kind sehr viel geweint. Dann habe ich es irgendwie abgestellt. Mein Kater hilft mir. Er kommt, wenn ich traurig bin. In der Schöpfung gibt es eine Art von Tröstung, die wir Menschen gar nicht kennen. Ich empfinde, daß ich aus meiner Unerwünschtheit heraus Menschen dazu gebracht habe, über mich und sich nachzudenken. Es gibt eine Selbstliebe in mir. Mich klonen? Das wäre nicht schlecht. Andererseits? Ich will einmalig bleiben.«

Sibylle Krause-Burger

*ist Autorin und Essayistin, sie wurde 1935 in Berlin geboren, ist die ältere Schwester eines jüngeren Bruders und wuchs in Württemberg auf. Sie studierte bei Theodor Eschenburg in Tübingen Politische Wissenschaften, wurde Journalistin und arbeitete viele Jahre als Redakteurin in der Chefredaktion Politik des Süddeutschen Rundfunks. Sie ist Hörfunkkommentatorin, schrieb und schreibt für namhafte Blätter und ist Kolumnistin der »Stuttgarter Zeitung«. Sie wurde 1977 mit dem Theodor-Wolff-Preis ausgezeichnet, 1989 erhielt sie den Karl-Hermann-Flach-Preis und 1994 den Quandt-Medien-Preis. Sibylle Krause-Burger hat mehrere Bücher geschrieben, große Beachtung fanden vor allem ihre Politiker-Biographien wie die über Helmut Schmidt, Joschka Fischer und ein Buch mit Tagesreportagen über Kanzler Gerhard Schröder. Jetzt erschien ihre Essay-Sammlung »Schau ich auf Deutschland«. Sibylle Krause-Burger hat eine Tochter. Sie lebt mit ihrem Mann in Stuttgart.*

## Das Feinste vom Feinen

»Wenn meine Mutter wüßte«, sagte Sibylle Krause-Burger am Telefon, »daß ihre Tochter unter dem Titel ›Meine Mamme‹ …? Also, die würde sich schaudernd im Grabe umdrehen.« Wir trafen uns trotzdem bei ihr in Stuttgart. Auf dem Eßtisch lagen Fotoalben. Übermütige junge Menschen. Verliebte Pärchen. Babys. Berlin zwischen 1920 und 1935 in Schwarzweiß.

»Jüdisch? Gab es nicht. Diese sehr emanzipierten und assimilierten Berliner Juden wollten doch nicht jüdisch sein! Die waren begeisterte Deutsche, nicht im nationalen Sinne, nicht politisch, aber kulturell gesehen«, sagt Sibylle Krause-Burger mit Blick auf ein Foto ihrer Mutter, Edith Burger, vierzig Jahre jünger als die Tochter heute ist: eine zierliche Frau mit mädchenhaftem Körper in weißer Bluse und Bolerojäckchen, halblange Haare, Brille, Krawatte.

»Das war Mode, sie war immer elegant. Meine Mutter sah sich mit ihren Gefühlen und mit ihrem gesellschaftlichen und politischen Verständnis durchaus in einer Tradition des Leids und der Verfolgung, das habe ich immer so empfunden, sie hätte das nie geleugnet, und wenn irgend so ein proletarisches Vergnügen stattfand, hat sie schon mal gesagt: Gojim naches. Aber sie war mit ihrer Familie in einer deutschen Kulturtradition, die Symbiose begeistert lebend, wenngleich man vielleicht auch mit nichtjüdischen Leuten nicht so viel Kontakt hatte.«

Doch verliebte sich Edith Wolle in einen Goj. Zwei Treppen über Familie Wolle in der Beletage zog eine Familie Burger ein, aus dem Schwäbischen, zwei Töchter und zwei Söhne. Die jungen Menschen aus dem Haus waren bald eine Clique. Ob man jüdisch oder nichtjüdisch war? Das war gar kein Thema. Aber um sie herum war es Thema und wurde zu etwas, worüber man nicht sprach, nicht miteinander. Das ausgeklammerte Thema. Bis es zum Konflikt wurde, zum Bruch kam. Auch in dieser Clique. Aber Edith und Walter Burger ließen sich 1928 standesamtlich trauen.

Sibylle Krause-Burger: »Meine Mutter sagte: Die Berliner Juden waren das Feinste vom Feinen. Wortwörtlich! Man war glücklich in Berlin.«

Ich kam zum Gespräch mit Sibylle Krause-Burger nach Stuttgart mit dem Zug von Berlin, genau die Strecke, die im Sommer 1944 die Jüdin Edith Burger, geborene Wolle, gefahren war, auf dem Weg ins schwäbische Nußdorf zu den Schwiegereltern, christliche Menschen und vor allem arisch, das war wichtig. Dort wollte sie sich vor der Gestapo verstecken.

Ihr Zug damals wird überfüllt gewesen sein. Aus dem bombardierten Berlin flohen die Menschen. Edith Burger färbte sich für diese Reise ihre dunklen Haare blond. Sie trug ein streng geschnittenes Kostüm, am Revers der Jacke ein Sportabzeichen. Auf ihrem Schoß saß Äpfelchen. Walter, ihr Mann, würde später nachkommen. Äpfelchen nannten sie ihren rosigen, blondgelockten Sohn. Ohne die Nazis hätte sie sieben Jahre nach der Geburt ihrer Tochter Sibylle dieses Goldkind wahrscheinlich nicht bekommen. Daß sie mit Walter verheiratet war, schützte sie zunächst. Ihn gefährdete die Ehe mit ihr.

Er wurde eingezogen. Mit Billchen an ihrer Hand besuchte sie ihn. In Posen. Das ist deine kleine Tochter, hatte ein Soldat anerkennend gefragt? Rank, schlank, blond, blauäugig, wie der Führer es sich wünscht! Auch sie sah wirklich nicht jüdisch aus. Walter, ihr geliebter Arier, schon eher. Sie hatte sich taufen lassen, als man noch hoffte, daß es hilft. Was, wenn Kontrolle kam? Die Züge wurden jetzt alle kontrolliert. Bei der Gestapo hatte man sie noch mal gehen lassen. Bestimmt wegen dem blondgelockten Äpfelchen auf ihrem Arm.

Walter hatten sie in der Wehrmacht degradiert. Wie ihn das kränkte! Weil er sich von ihr, der Jüdin, nicht scheiden ließ. Dann warfen sie ihn raus. Sie war erleichtert. Was sollte er im Krieg?

Juden aus Mischehen wurden in Munitionsfabriken geschickt. Schwangere nicht. So entstand Äpfelchen. Er war bald zwei Jahre. Ihr drohte wieder das Arbeitslager. Merkwürdig, sie reagierte eigentlich nicht panisch. Auch hier im Zug nicht. Als junges Mädchen war sie phobisch gewesen. Sie hatte Schwierigkeiten gehabt, überhaupt aus dem Haus zu gehen. Ihre Eltern schickten sie zu einem Verhaltenstherapeuten. Jude. Natürlich. Psychotherapie war im Grunde eine jüdische Wissenschaft. Von Freuds Theorien über Massenhysterie profitierten die Nazis.

Was in Momenten neurotischer Angst sie überwältigt hatte, jetzt stimmte es, und sie entwickelte erstaunliche Kräfte, sich durchzusetzen. Menschen verschwanden wie in einem Abgrund, ihr Lebensraum entleerte sich. Günther, ihr jüngerer Bruder, war untergetaucht, hatte als Kohlenschipper gearbeitet. Sein geschwärztes Gesicht. Jemand hatte ihn denunziert. Wahrscheinlich Auschwitz. Sie war in Gefahr. Wahnsinnig waren die anderen, wahnsinnig war Deutschland.

Sie hatte am Fenster gestanden, schräg gegenüber das Haus, in dem ihre Mutter Thekla wohnt. Wohnte. Nicht mehr wohnte. Diesen Weg war die Mutter oft gekommen, aus der Haustür rasch schräg über die Straße zur Tochter ins Haus. Unter dem linken Arm ein Täschchen, wie ans Herz gepreßt. Darunter der Judenstern. Die Aufforderung zur Deportation war an Billchens Geburtstag gekommen.

Vor dem Kind sagten Walter und sie »die Chinesen«, wenn sie über Juden sprachen. Thekla war nicht gegangen. Sie hatten ihre Mutter geholt. Nachts. Und sie hatte im Haus schräg gegenüber im Bett gelegen und sich an Walter festgehalten. Auf der Straße ein großer Lastwagen. Die SS hatte die Wohnung ihrer Eltern ausgeräumt. Sie hatten alles weggeschleppt.

»Ich wollt', ich könnt' so leben wie ich lebe.« So hatte ihr Vater oft gesagt, Gustav Wolle, Konfektionär für Damenmäntel. In alten Papieren steht Wolly. Jüdische Tuchhändler. Er war der Intellektuelle in der Familie gewesen. Bücher, Theater, dafür hatte er sein Geld ausgegeben. In ihrem Elternhaus hatte man diskutiert über die neuesten Premieren, über moderne Literatur, und Walter und sie hatten mit ihren fünfzehn, sechzehn Jahren dabeigesessen.

Ihre Mutter Thekla war eine hübsche, lebenslustige Frau gewesen, aus einer rheinisch-jüdischen Bankiersfamilie, die Vorfahren ihres Vaters waren zur Zeit Friedrichs des Großen nach Preußen eingewandert, mit den Hugenotten. Die kamen nicht aus Polen. Mit der Mischpoche im Scheunenviertel hatte man nichts zu tun. Auf die sah man herab.

Medizin hätte sie gern studiert. Jetzt durfte sie als Jüdin nicht einmal in diesem Zug sitzen. Sie kam nicht mehr raus aus Deutschland. Die Mutter war draußen gewesen, Thekla hatte den Freund und Verwandten der Familie, Max Marcuse, in Palästina besucht. Zweimal. Sie war zurückgekommen.

Sie würde in Nußdorf untertauchen mit ihrem Sohn, mit ihren Kindern. Sibylle war bereits dort seit über einem Jahr. Walters Vater, der alte Landrat Doktor Burger, war eine Autorität im Dorf. Den wagten kein Ortsgruppenleiter, kein Ortsbauernführer und keine SA-Ortsgruppe anzutasten. Billchen hatte geschrieben, heimwehkrank nach der Mutti, wie immer. Sonst schien es ihr gutzugehen.

Bahnhof Stuttgart. Als Edith Burger endlich in Nußdorf ankam, erklärte ihr zur Begrüßung ihre achtjährige Tochter: »I werd Bäurin, i heiß jetzt nemme Sibylle, i heiß Marie, gell?«

Sibylle Krause-Burger: »Ich hatte meine Mutter anderthalb Jahre entbehrt, war selig, daß sie kam, und sie kreiste unentwegt um Äpfelchen. Meine Eifersucht wirkte wie eine Peitsche hinter mir, mich zu bewähren.«

Edith Burger zog bei ihren Schwiegereltern ein, übernahm den Haushalt ihrer gebrechlichen Schwiegermutter und versuchte, es ihrer kleinen Tochter gleichzutun: sich einfügen in Nußdorf.

Sibylle Krause-Burger: »Die Bauern liebten mich. Ich war die Enkeltochter vom Herrn Landrat Doktor Burger. Die haben das alle gewußt, das ganze Dorf. Es gab einen Versuch, meine Mutter auf dem Rathaus als geflohene Jüdin zu denunzieren. Diese Anzeige wurde nicht weitergereicht. Sogar der Ortsgruppenleiter hat gesagt: Dem Fraule derf nix passiere.

Meine Mutter fiel immer mal in Ohnmacht hinter der Tür, sie hatte Gallenkoliken, sie weinte viel. Als Kind habe ich Todesangst gehabt, ich verlier die Mutter.

Die Bauern im Dorf waren sehr christlich, ja, pietistisch, die waren in ihrem Denken mehr an Jesus als an Hitler orientiert. Es war nicht allein die Autorität meines Großvaters, sondern die Menschlichkeit und Hilfsbereitschaft im Dorf hat uns gerettet.«

Kurz vor Kriegsende kam Walter Burger aus Berlin. Die Franzosen rückten näher.

Sibylle Krause-Burger: »Drei Minuten vor Kriegsende war die Errettung aus aller Not noch einmal gefährdet, weil eine Einheit der Waffen-SS ausgerechnet in Nußdorf den Krieg gewinnen wollte und das Dorf, auf einer Anhöhe gelegen, zur Festung machte.

Zwölf Tage saßen wir mit sechzig Bauern in einem Bierkeller unter der Erde. Wegen des dauernden Beschusses konnte man nicht hinaus. Über uns brannte eine Scheune ab, so daß wir fast erstickten, als die brennenden Brocken durch Luftlöcher auf uns herabfielen.

Als dann die Franzosen kamen und sich einen Nußdorfer schnappen wollten, der zwar in der NSDAP gewesen war, meinen Eltern aber viel geholfen hatte, baute sich meine Mutter, kämpferisch wie sie war, vor den französischen Soldaten auf, sagte, daß sie Jüdin und verfolgt worden sei, und schimpfte: Sie wollen doch nicht etwa unseren guten Herrn XYZ mitnehmen?«

Nach der Befreiung blieben sie im Schwäbischen. »Meine Mutter hat viel aufgeschrieben über das Kriegsende in Nußdorf, wunderbar formuliert.« Edith und Walter Burger bauten ihr Geschäft auf: Mäntel für die kleine vollschlanke Dame. In Berlin noch hatte Walter bei seinem Schwiegervater gelernt.

»Meinen Eltern ist es danach zwanzig Jahre sehr gutgegangen. Dann ging es bergab, aber das ist wieder eine andere Geschichte. Es war eine ganz große Liebe. Bis zum Schluß. Mein Vater war noch keine siebzig Jahre, als er starb, meine Mutter wurde dreiundachtzig. Sie war zart und empfindlich, dabei scharfsinnig und stark. Eine beherrschende Persönlichkeit mit sozialen Fähigkeiten, den Menschen zugewandt, diese Frau, die so gedemütigt worden ist, stand wieder da, ging den aufrechten Gang. Nach dem Tod meines Vaters habe ich sie fast jeden Tag bei mir gehabt.«

Die Aufgabe der Tochter.

»Sie saß in meinem Arbeitszimmer und sagte, das werde ihr Sterbezimmer. Weißt du, Billchen, sagte sie mal, du bist sehr intelligent, aber klug bist du nicht. – Da ist etwas dran, ich habe aus Spontaneität Fehler gemacht, das wäre ihr nie passiert. Da war sie viel rationaler als ich. Meine Mutter konnte sehr witzig sein, bisweilen sogar richtig frivol.

Sie konnte eine ganze Gesellschaft unterhalten und sehr

selbstironisch sein. Sie hatte Humor. In solchen Talenten fühlte sie sich durchaus in einer jüdischen Tradition. Das war aber nur für den familiären Binnengebrauch. Da bekannte sie sich. Nach draußen sollte von der jüdischen Abstammung möglichst niemand wissen. Für sie war jüdisch ein Makel.

Ich durfte es niemandem sagen, gehorchte auch und habe noch heute klamme Gefühle. Ich veröffentlichte etwas dazu, und sie warf mir vor, warum ich ihr das angetan hätte. Ich hatte mal einen jüdischen Verehrer, da sagte sie: Dieses Blut verdickt man nicht, das verdünnt man.«

Vom antisemitischen Haß der anderen etwas verinnerlicht. Spuren einer Vergiftung.

ARNO LUSTIGER

*hat mehrere Berufe, er wollte Maschinenbauer werden und wurde Fabrikant für Damenmoden, er ist ein international bekannter Publizist, sein wissenschaftliches Arbeitsgebiet ist die Geschichte des jüdischen Widerstandes. Er lebt in Frankfurt am Main und ist Vater einer Tochter. Arno Lustiger wurde als zweites Kind und erstgeborener Sohn 1924 in Bedzin (Polnisch-Oberschlesien) geboren; sie waren fünf Geschwister. Er besuchte das jüdische Fürstenberg-Gymnasium bis zum Überfall auf Polen 1939, er gehörte zum Sozialistischen »Kinder-Farband« der jüdischen Arbeiterpartei »Bund«, der sein Vater angehörte. Arno Lustiger ist Mitbegründer der Jüdischen Gemeinde Frankfurt (1948) und heute ein mit Ehrenämtern und Medaillen vielfach ausgezeichneter Mann: Ehrenpräsident der Zionistischen Organisation in Deutschland, deren Mitbegründer er ist, Ehrenmitglied auf Lebenszeit des Jerusalemer Aktionskomitees der Zionistischen Welt-Organisation, Römer-Medaille der Stadt Frankfurt in Gold, Bundesverdienstkreuz I. Klasse, Moses Mendelssohn-Medaille der Universität Potsdam, Goethe-Plakette der Stadt Frankfurt. Buchveröffentlichungen u.a. »Schalom Libertad!«, »Zum Kampf auf Leben und Tod!«, phonetische Transkription aus dem Jiddischen von »Großer Gesang vom ausgerotteten jüdischen Volk« (Jizchak Katzenelson). Arno Lustiger ist Herausgeber von »The Black Book of Polish Jewry» (N.Y. 1943) Reprint; weitere Veröffentlichungen: »Rotbuch: Stalin und die Juden«, »Sing mit Schmerz und Zorn. Ein Leben für den Widerstand«.*

## Geh nicht, sagte sie – ich blieb

Wenn Schabbes war, dann war überall in ganz Bedzin Schabbes. Auch die christlichen Läden blieben geschlossen. Weil es keine Kunden gab. In dieser Stadt mit ihren fünfzigtausend Einwohnern lebten mehrheitlich Juden. Ging der Schabbes zu Ende, füllte sich die Hauptstraße wieder mit Menschen. »Die Jungen zwinkerten den Mädchen zu, alles sehr züchtig natürlich.«

So beschreibt Arno Lustiger die Kreis- und Garnisonstadt Bedzin in Polnisch-Oberschlesien, sieben Kilometer von der deutschen Grenze entfernt. Hier lernten sich seine Eltern kennen, hier lebten deren Geschwister mit ihren Familien, hier wurde er 1924 geboren, hier lebten seine Großeltern.

Das Geschäft des Vaters war im selben Haus, in dem die Familie wohnte. Der Kaufmann David Lustiger handelte mit Einrichtungen für Bäckereien und Konditoreien. Schamotteplatten für die Backöfen bezog er aus Radebeul in Sachsen.

Arno Lustigers Mutter Gittl, 1896 geboren, war aus einer der wohlhabendsten Familien der Stadt. Ihren Eltern gehörte die Eisenhandlung, auf deren Gelände sich ein riesiges Alteisenlager befand. Jeden Nachmittag ließ sich Gittls Vater vom Chauffeur zur Bank nach Kattowitz fahren, um die Einnahmen des Tages zu deponieren.

Man lebte traditionell, man hielt die Gebote ein, nicht alle, aber die meisten. Eine unversehrte Welt im Rückblick. Vor allem im Hinblick auf das, was kam.

Arno Lustiger, der bei seiner Geburt den Namen Aron erhielt, war das zweite Kind seiner Eltern David und Gittl Lustiger. Die erstgeborene Tochter Hella hatte nach einem Unfall ein zu kurzes Bein. Auf diesem Kind lag seitdem der sorgenvolle Blick der Mutter. Es folgten noch drei Kinder, die Tochter Mania und das Zwillingspaar Erna und Samuel. »Der Prinz, der kleine Mann, Mammes Sohn«, aber sei er gewesen, Aron, aus dem später Arno wurde. »Ich habe ihr auch keine Sorgen gemacht. Sie hat sich um mein Wohlergehen gekümmert.«

Er besuchte die beste Schule in Bedzin, das jüdische Fürstenberg-Gymnasium, gegründet nach dem Ersten Weltkrieg, und zwar nicht nur für Jungen, sondern auch für Mädchen. »Es gab keine christlichen Schüler. Die Schule war sehr teuer. Man mußte die Abiturprüfung in Polnisch und Hebräisch machen. Es kamen Professoren aus Jerusalem von der Hebräischen Universität. Die gab es seit 1925. Unsere Judaistiklehrer waren Absolventen der Hebräischen Universität in Jerusalem. Das Abitur, das wir in Bedzin ablegten, wurde in Jerusalem anerkannt, wir konnten dort ohne weiteres Examen studieren.«

Sie hätten dort studieren können, wenn nicht wenige Jahre später alles zerstört worden wäre.

»Wir trugen eine Schuluniform, Hose mit Streifen, Uniformmütze, weißes Hemd, dunkelblaue Clubjacke. Ähnlich wie das, was ich jetzt anhabe«, sagt Arno Lustiger und streicht mit den Händen über sein Jackett.

Ob die Mutter sich gern mit ihrem Sohn in der Stadt gezeigt habe? Die Frage überrascht ihn. »Dafür hatte ich keine Zeit. Sie wußte, daß ich dafür keine Zeit hatte. Ich war früh selbständig, hatte verschiedene Kurse, Modellbau für Flugzeuge, ich war eine Leseratte, als Achtjähriger war ich schon mit den zionistischen Pfadfindern im Zelt unterwegs und später in der zionistischen Jugendorganisation.«

Mittags wurde zusammen gegessen, die Eltern mit ihren Kindern. »Meine Mutter hatte eine Hilfe, ein Mädchen vom Dorf, Balbina, ein ganz liebes Mädchen mit roten Backen, die strotzte vor Gesundheit. Sie wohnte bei uns.«

Das Paar, das seine Eltern waren, erinnert Arno Lustiger nur schwach. »Damals war das in Familien so, es gab nur eine nonverbale Äußerung von Liebe. Das Wort Liebe hat es nicht gegeben. Es gab auch keine für andere sichtbare körperliche Annäherung. Durch Handeln, durch das, was jemand für einen tat, hat man erfahren, dieser Mensch liebt mich. Man sagte nicht, ich liebe dich. Auch meine Eltern waren so miteinander und mit uns. Wir wurden nie geschlagen, auch nicht geschimpft. Man war in Gefühlen zurückhaltend.«

Die Familie, das Elternpaar wurde auseinandergerissen, als der Sohn zwanzig Jahre alt war.

»Da es so viele Juden in Bedzin gab, gab es auch viele jüdische Parteien und Vereine. Das ist alles unbekannt heute. Man assoziiert mit polnischen Juden arme, ungebildete Menschen. Mein Vater kandidierte und war eine Zeitlang Stadtrat in Bedzin.«

Die Demontage dieser Normalität einer jüdisch-polnischen Gesellschaft begann mit dem Einmarsch der Deutschen. Noch im August 1939 fuhr die Familie Lustiger wie jedes Jahr in die Berge.

»Mein Vater blieb zu Hause. Plötzlich ein Anruf von ihm: Es gibt Krieg. Kommt sofort zurück. Wir beschlossen zu flüchten. Mein Vater sagte, er wolle zu Hause aufpassen. Hinterher habe ich mir überlegt, es gab keinen Platz mehr für ihn. Die Autos waren voll, drei Autos aus dem Eisenbetrieb meiner Großeltern.« Kinder, Onkel, Tanten, vielleicht zehn Personen in jedem Auto, kaum Gepäck. Vollgestopft mit Menschen. »Wir sind mit dem letzten Tropfen im Tank bis Kielce gekommen, eine Stadt in Westpolen, zweihundertfünfzig Kilometer von Bedzin entfernt. Dort wurden wir von der Wehrmacht überrollt. Bei einem jüdischen Hausbesitzer mieteten wir zwei Wohnungen.«

Die Autos versteckten sie vor den Deutschen in einem Schuppen.

»Meine Mutter kaufte eine riesige Gans. Wir hörten die

Bomben der Luftwaffe. Alle waren nervös, meine Tanten, meine Onkel, dazwischen die Kinder, mitten drin begann meine Mutter die Gans zu braten. Die haben nachher alle mit Appetit gegessen.«

Nach einem Monat kehrten sie auf demselben Weg, den sie gekommen waren, in den drei Autos nach Bedzin zurück. Was sollten sie in Kielce? Zu Hause erzählte der Vater, über zweihundert Juden seien von den Deutschen in der Synagoge verbrannt worden. Er selbst war mit anderen namhaften Bürgern von Bedzin, Juden und Christen, als Geiseln verhaftet und nach dem Massaker wieder freigelassen worden.

Arno Lustiger: »Ich wollte weg. Mit dem Fahrrad. Allein. Ostpolen war sowjetisch besetzt. Man dachte, die Russen sind uns freundlich gesonnen. Die Deutschen ließen noch viele durch. Sie wollten die Juden loswerden. Die Russen schickten sie wieder zurück. Es gab Schlepper, die für Geld über die Grenze halfen. Meine Eltern blieben. Wohin sollten sie entkommen mit Hella und den kleinen Kindern? Ich war fünfzehn Jahre alt, ich hatte bei den Pfadfindern viel gelernt, ich fing an, meinen Rucksack zu packen. Meine Mutter merkte es. Sie bat mich inständig, ich sollte nicht gehen, geh nicht, sagte sie. Ich blieb.

Dann fielen die Deutschen wie Heuschrecken ein. Zivilisten, die kamen an in verknitterten Anzügen aus Zellstoff, ein paar Wochen später trugen sie maßgeschneiderte Anzüge aus englischem Tuch. Mein Vater war jetzt Angestellter des deutschen Treuhänders, in seinem eigenen Geschäft. Den großen Eisenhandel der Eltern meiner Mutter übernahm ein Deutscher, der vor dem Krieg Kunde gewesen war.«

Alle jüdischen Schulen wurden geschlossen. »Wir trafen uns heimlich bei den Lehrern zu Hause. Ich war handwerklich sehr begabt und wollte Maschinenbauer werden. Ich bestellte mir in Deutschland Werkzeuge und belegte einen Fernkurs in Maschinenbau an einer Berliner Fernlehrschule. Es verging kein Tag, an dem ich nicht mindestens ein Gesetz übertrat. Der Gedanke war, nicht zu gehorchen und nicht nachzugeben.«

Im August 1942 müssen alle Einwohner zum Sportplatz, die ganze Stadt. Neue Ausweise. An langen Holztischen werden die Menschen registriert, fünftausend Juden werden aussortiert und in ein Gebäude gepfercht. Hella Lustiger ist darunter. Mit ihrem zu kurzen Bein gilt die Siebzehnjährige als »nicht arbeitsfähig«. Zum erstenmal wird jemand aus der Familie gegriffen. Eisiger Schrecken. Geld. Nur Geld kann helfen. Für viel Geld nehmen SS-Männer Hella Lustiger wieder aus dem Transport.

Auf dem Gelände ihrer Eisenhandlung bauen die Männer der Familie heimlich einen unterirdischen Bunker für vierzig Personen. Arno Lustiger: »Ich war mit Eifer dabei. Ich baute elektrische Leitungen ein, Wasser, Abwasser. Ich habe alles gelernt. Ich konnte alles perfekt.«

Am 1. August 1943 beginnt die Deportation des Ghettos von Bedzin. »Es gab einen bewaffneten Widerstand. Wir saßen unter der Erde. Oben war die Hölle. Wir hätten uns vielleicht eine Woche halten können mit Lebensmitteln und Wasser.«

Sie werden entdeckt. Die Familie wird ins Durchgangslager Sosnowitz gebracht. Warum sie nicht sofort nach Auschwitz kamen, nennt Arno Lustiger »ein Wunder«.

*Sehen Sie irgendwo noch Ihre Mutter?*

»Verblaßt.«

*Die Geschwister?*

»Ich weiß nichts.«

Im Konzentrationslager Annaberg werden sie nach Frauen und Männern getrennt. »Dort sah ich meine Mutter wieder. Sie stand jeden Tag am Zaun und gab mir und meinem kleinen Bruder Samuel Brot von ihrer Brotration.«

Wenig später wird der Vater, David Lustiger, in das Auschwitz-Außenlager Blechhammer deportiert, der kleine Bruder ins Lager Gräditz. Ob sich Gittl Lustiger von ihrem Mann am Zaun verabschieden konnte, weiß der Sohn nicht. »Ich habe meinen Vater nie wieder gesehen.« Gittl Lustiger ist zu diesem Zeitpunkt eine Frau von achtundvierzig Jahren, schlank, klein, mit braunen, kurzgeschnittenen Haaren. Sie wird mit ihren drei Töchtern Hella, Mania und der dreizehnjährigen Erna in die Munitionsfabrik nach Ludwigsdorf verschleppt.

»Das Lager war in einem niederschlesischen Dorf, die Fabrik auf einem Berg. Da mußten sie jeden Morgen rauf. Hella wurde von meiner Mutter und den anderen beiden Schwestern gestützt. Ihre orthopädischen Schuhe hatte sie nicht mehr. Meine Mutter, Mania und Erna haben Hella zwischen sich gehalten.« Bei jedem Appell. Bei jeder Kontrolle. Bei jedem Gang. Bei jeder Selektion. »Das haben sie geschafft mit eiserner Energie.« Als der Sohn seine Mutter Monate nach der Befreiung wiederfand, waren die vier Frauen alle zusammen.

Arno Lustiger hatte sechs Konzentrationslager überlebt, konnte auf einem Todesmarsch 1945 entkommen und wurde von der amerikanischen Armee halbtot gefunden. Wie seine Mutter, seine Schwestern aussahen, als sie einander wiederfanden, erinnert er nicht mehr.

»Die ganze Wiedersehensgeschichte weiß ich nicht mehr genau. Da habe ich einen Blackout. Ich weiß, wir haben beraten, was wir jetzt machen werden. Die Haut meiner Schwester Mania war noch Wochen später grün. Von der Fabrik. Sie hatten mit Dynamit gearbeitet. Ohne Mundschutz. Mania, meine Mutter und Hella sind an Krebs gestorben. Vom Vater war nichts. Keine Nachricht und keine Spur. Er war tot.« Und keine Nachricht vom kleinen Bruder. »Vor zwei Wochen habe ich Näheres über meinen Bruder Samuel erfahren. Er hat nicht überlebt.«

Über ein DP-Lager in Deutschland wollten Arno Lustiger, seine Mutter und die Schwestern nach Amerika einreisen. »Hella bestand die Gesundheitsprüfung nicht.« Wieder ihr zu kurzes Bein. Sie blieben in Frankfurt. Mania lernte im DP-Lager einen Mann kennen, einen Überlebenden mit amerikanischer Verwandtschaft, sie heiratete ihn. Mania ging 1949 in die USA und holte ihre Schwester Erna später nach.

Arno Lustiger: »Ich habe bei meiner Mutter gelebt, bei ihr und Hella. Ich habe die jüdische Gemeinde in Frankfurt mit aufgebaut und wurde genau das, wovon ich nie geglaubt hätte, daß ich damit zu tun haben würde: Ich wurde Fabrikant für Damenmoden. Hella lebte ihre letzten Jahre in einem Pflegeheim. Hüftgelenktuberkulose brach aus. Sie starb mit sechzig Jahren. Erst mit dreiunddreißig Jahren habe ich geheiratet.«

Gittl Lustiger, Arno Lustigers Mutter, hat nicht wieder geheiratet. In ihrem Gefühl blieb sie mit ihrem Mann zusammen. Sie starb 1959, zwei Jahre nach der Hochzeit ihres Sohnes. Sie wurde nur dreiundsechzig Jahre alt.

Avitall Gerstetter

*ist Kantorin, eine Chasanit, sie amtiert in der Berliner Synagoge Oranienburger Straße beim egalitären Gottesdienst. 1972 wurde sie in Berlin geboren als jüngere von zwei Schwestern. Ihr hebräischer Vorname Avitall bedeutet in der ersten Silbe »Vater« und in der zweiten Silbe »Morgentau«. Sie studierte Gesang (Sopran) bei Professor Rudolf Riemer an der Hochschule der Künste in Berlin sowie an der Technischen Universität Englisch auf Lehramt. »Die jüdische Stimme« heißt ihre CD, vom liturgischen Gesang bis zum jiddischen Lied.*

## Ich glaube, sie ist sehr stolz auf mich

Es klingelt an der Haustür. Avitall Gerstetter kommt in Jeans und Lederjacke die Treppen herauf, leichtfüßig, lächelnd bis zum fünften Stock. In der Hand hält sie eine Plastiktüte. Darin befindet sich der schwarze Talar von Estrongo Nachama. Es ist Freitag abend. Sie kommt aus der Berliner Synagoge Oranienburger Straße. Dort hat sie bis eben gesungen, in der vielleicht schönsten Synagoge Deutschlands und in diesem Talar. Andreas Nachama, der Sohn des berühmten Kantors, hat ihn ihr nach dem Tod seines Vaters gegeben. Er ist ihr Vorbild, er sang bei ihrer Bat Mizwa, und er war auf ihre Stimme aufmerksam geworden. In der Synagoge Pestalozzistraße hat Avitall Gerstetter »mit Estrongo Nachama noch zusammen singen dürfen«. Sie im Chor, er vorn, der große Chasan. Unter den Zuhörern hatten ihre Eltern gesessen: Eva und Reinhold Gerstetter, Chawa und Ruven. »Meine Mutter ist immer gern in diese Synagoge gegangen und hat mich schon als kleines Mädchen mitgenommen. Ich bin mit der Stimme von Estrongo Nachama aufgewachsen.« Inzwischen hat die Mutter die Synagoge gewechselt und geht fast nur noch in die Oranienburger. Natürlich, weil ihre Tochter dort jetzt singt.

Avitall Gerstetter: »Meine Mutter ist sehr stolz auf mich, beide Eltern.«

*Sind Ihre beiden Eltern jüdisch?*

»Ja. Mein Vater ist übergetreten, vor über dreißig Jahren, als er meine Mutter kennenlernte. Sein jüdischer Name ist Ruven. Ich rechne das meinem Vater hoch an. Er hat meine Schwester und mich mit jüdisch erzogen. Wir halten alle Feste ein. Meiner Mutter ist Tradition wichtig. Sie hat uns in den jüdischen Kindergarten geschickt und übrigens mich dort in Musik unterrichtet. Dabei hat sie sehr darauf geachtet, mich nicht zu bevorzugen. Meine Mutter kommt aus einer jüdischen Familie, durch und durch. Sie ist Einzelkind. Ihre Mutter, meine Oma, hatte sieben Geschwister und bekam selbst nur ein Kind. Die Eltern meiner Mutter kommen aus Ungarn, sind mit falschen Pässen vor 1945 nach Palästina gegangen, und dort ist meine Mutter 1941 geboren. Ihr Vater hatte Architektur studiert in Wien, aber man hat ihn, den Juden, rausgeschmissen aus der Universität. Er mußte in Israel ganz neu anfangen. Er veranstaltete Hochzeiten, Bar Mizwot, er übernahm die Organisation bei Familienfesten.«

*Ist Ihre Mutter auch so musikalisch wie Sie?*

»O ja. Aber mein Vater auch. Ich habe es von beiden, und meine Schwester gleichfalls. Meine Mutter ist 1956 mit fünfzehn Jahren von ihren Eltern nach England geschickt worden, von Israel aus. Sie wurde in London an der Royal Academy of Music angenommen, mit Hauptfach Klavier.«

*Hört sich an, als hätte Ihre Mutter Pianistin werden können?*

»Sie hat als Vierzehnjährige auf dem Weg nach England eine Tournee durch Europa gemacht, sie begleitete eine Opernsängerin drei Monate lang. Sie hatte wohl großen Erfolg. Das Kind am Klavier war die Attraktion. Für meine Mutter war die Tournee sehr aufregend. Mitte der fünfziger Jahre durch Europa. Ihr Vater war dabei. Er sorgte für alles. Bis dann ihre Mutter drängte, jetzt müsse das Kind aber endlich in die Schule.«

Dann war sie wohl ein Wunderkind?

»Kann man fast sagen. Meine Mutter ist ein sehr bescheidener Mensch. Es gab sehr gute Kritiken in den Zeitungen, die hat mein Opa aufgehoben. In England hat sie auf Lehramt studiert, Musikerziehung und Hauptfach Gesang. Sie war mal Mezzo. Ich bin Sopran. Ich mochte das als Kind sehr, die Wärme in ihrer Stimme. Sie hat Wiegenlieder gesungen, israelische und jiddische.«

*Haben Sie mal zusammen gesungen?*

»Nein, das nicht. Komischerweise. Nie. Sie hat mich eigentlich immer begleitet, sie hat immer diese Begleitfunktion eingenommen, am Klavier. Sie hat zwar Gesang unterrichtet, aber sie hat es nie ausgeführt. Sie dachte wohl, sie sei nicht gut genug. Sie war mir technisch eine Hilfe durch ihre stetige Begleitung. Man übt oft allein nicht so gern, aber mit Klavier klingt das schon ganz anders und viel schöner.«

*Wer ist denn auf Ihre Stimme aufmerksam geworden?*

»Meine Mutter wußte eigentlich immer, daß sowohl meine Schwester als auch ich gut singen können. Es kam öfter von mir, daß ich gerne singen möchte. Wenn wir in der Oper waren, zum Beispiel in der *Zauberflöte,* dann habe ich im Auto die Königin der Nacht imitiert und mich gewundert, daß ich so hoch komme. Meine Schwester ärgerte sich dann, daß sie nicht so hoch kommt. Meine Mutter wollte uns nicht zum Gesangsunterricht schicken. Sie hatte Angst, wir könnten in falsche Hände geraten. So hat sie immer gesagt, in falsche Hände. Aber selbst wollte sie uns auch nicht unterrichten. Ich habe dann meine Lehrer gefunden. Entscheidend für mich war meine Bat Mizwa, als ich zwölf Jahre alt war. Ich sang *Jeruschalaijm schel sahav,* und auf einmal war es ganz still, die ganze Synagoge hat gelauscht. Hinterher kamen Menschen auf mich zu. Da habe ich es gespürt: Ich kann die Leute mit meiner Musik berühren.«

*Wenn Ihre Mutter Sie begleitet, was singen Sie dann?*

»Das reicht von Klassik bis zu jiddischen Liedern, hebräischen Liedern, Liturgie, eigentlich alles, Oper, auch Kunstlieder. Ich singe sehr gern Puccini. Aber die Liturgie ist mein Zuhause. Wenn ich in der Synagoge singe, dann achte ich nicht auf Technik, dann singe ich mit Kavanah. Es fließen zu lassen, das ist wichtig.«

*Kommt Ihre Mutter aus einem frommen Haus?*

»Meine Oma war eher orthodox und mein Opa liberal. Damit hat er sich bei der Erziehung meiner Mutter durchgesetzt. Gott sei Dank. Er ist mit zweiundachtzig im vergangenen Jahr gestorben.«

*Wann kam Ihre Mutter nach Deutschland?*

»Sie ist von London nach Berlin gekommen.«

*Sie ist nicht zurück nach Israel gegangen?*

»Nein, sie wollte, aber meine Oma hatte inzwischen eine Wohnung in Berlin und dort ein Restaurant eröffnet. Mein Opa sagte immer, man soll nicht alle Eier in einem Nest haben. Es kann auch durchaus sein, daß meine Großeltern Sehnsucht nach Europa hatten. Das Restaurant war eine Pizzeria, und meine Mutter kam aus England nach Berlin, um ihrer Mutter im Restaurant zu helfen. Dann hat sie meinen Vater kennengelernt. Sie hat mit siebenundzwanzig geheiratet.«

*Hatte sie nicht vor, etwas aus ihrem Talent zu machen?*

»Sie wollte Lehrerin werden, sie war in Israel an einer Schule, also, sie ist dann schon noch mal nach Israel gegangen, um dort zu unterrichten. Dann wurde meine Oma krank, so daß meine Mutter nach Berlin gekommen ist. Sie war eine fürsorgliche Tochter.«

*Darin ist etwas Trauriges verborgen. Ihre Mutter geht als sehr junges Mädchen auf Tournee und landet in der Pizzeria ihrer Eltern.*

»Ja, also, nicht daß sie im Restaurant ihrer Eltern gekellnert hat.«

*Dennoch.*

»Dann hat sie ja meinen Vater kennengelernt. Der spielt Klarinette und ist mit siebzehn Jahren mit seiner Band nach Berlin gekommen. Er wollte nicht zur Bundeswehr. Das war doch damals so vor der Vereinigung.«

*Was war mit seiner Familie während der Nazizeit?*

»Mit seiner Familie? Es wurde nie viel darüber gesprochen, die Einstellung meiner Großeltern war klar. Sie haben nie gutgeheißen, was damals geschah. Mein Opa war glücklich, als mein Vater meine Mutter heiratete.«

*Warum ist Ihr Vater zum Judentum übergetreten?*

»Aus Überzeugung. Es war natürlich auch für meine Mutter wichtig und vor allem für meine Großeltern, für ihre Eltern. Das war schon schwierig am Anfang.«

*Die Tochter heiratete einen Deutschen.*

»Die Eltern meiner Mutter haben große Schwierigkeiten damit gehabt, noch mehr der Vater meiner Mutter. Das hat sich dann gelegt. Meine Mutter hat wohl sehr gestritten mit ihren Eltern. Sie ist zwar ein ruhiger und bescheidener Mensch, aber energisch. Zum Beispiel war ihr wichtig, daß wir sehr gut waren in der Schule. Da war sie sehr bestimmt. Sie hat uns auch Freiheiten gelassen, sie hat uns nie Fristen gesetzt, ihr müßt dann und dann zu Hause sein. Sie hat keine Ängste gehabt, jede andere Mutter könnte da nicht schlafen. Ich muß sagen, wenn meine Eltern nicht zu Hause sind …«

*… kann die Tochter nicht schlafen?*

»Ich bin unruhig, wenn jemand zu Hause sein sollte und noch nicht zu Hause ist.«

*War Ihre Mutter im Militär in Israel?*

»Dadurch, daß sie in England war, mußte sie nicht. Ich denke, das wird mit ein Grund gewesen sein. Ich mußte zum Glück auch nicht zum Militär. Ich habe auch einen israelischen Paß. Ich bin leider nicht dort geboren, aber ich bin ja Halbisraelin, der Paß steht mir Gott sei Dank zu. Ich würde den nicht abgeben wollen. Aber zum Militär wäre ich auch nicht gern gegangen.«

*Ihre Schwester hat auch zwei Pässe?*

»Ja, und sie hat auch zwei kleine Kinder, auf die meine Mutter häufig aufpaßt. Dann spricht sie mit ihnen hebräisch.«

*Und Sie?*

»Ich bin sehr beschäftigt und habe zu tun, das Studium und die synagogale und kantorale Tätigkeit. Mir ist es wichtig, jüdisches Leben in Berlin zu etablieren.«

*Empfinden Sie sich Ihrer Mutter ähnlich?*

»Manchmal. Ich bin eine gute Mischung. Mein Vater ist auch sehr musikalisch. Der hätte wirklich Sänger werden können. Bariton, würde ich sagen. Er singt sehr, sehr schön.«

*Die Sorge, die Töchter in falsche Hände zu geben, diese Sorge hätte auch etwas verhindern können.*

»Ja, wenn es nach meiner Mutter gegangen wäre, hätte ich bestimmt nicht Gesang gelernt. Ich habe dann gesagt, daß ich gern Gesangsunterricht nehmen möchte, und sie sagte nur: mach, was du denkst, aber guck dir den Lehrer genau an. Sie kann auch loslassen. Sie hat eine sehr enge Bindung zu uns, aber sie weiß, daß sie uns auch gehen lassen muß. Für den anderen dazusein, das haben mir meine Eltern in die Wiege gelegt. Als der Vater meiner Mutter letztes Jahr starb, war ich für meine Mutter da. Ich habe sie gehalten und getröstet.«

*Sie war die Tochter, die ihren Vater verloren hatte.*

»Sie war anders. Ich war froh, daß ich für sie dasein konnte, daß ich sie trösten konnte. Es hat uns beiden viel gegeben. Zwei Tage vorher war die Mutter meines Vaters gestorben. Mein Vater war anders in seiner Trauer. Für meine Mutter war es sehr schlimm, ihren Vater zu verlieren. Sie hatte eine sehr enge Bindung zu ihm. Kein Tag, an dem sie nicht miteinander telefoniert haben. Sie und ich, wir haben zusammen jeden Tag Kaddisch für ihren Vater, meinen Opa, gesagt … und ich für meine Oma auch.«

*Kann man Kaddisch sagen für eine nichtjüdische Oma?*

»Ich denke, im Herzen schon.«

*Wie fühlt sich Ihre Mutter mit ihrem Mann in der jüdischen Gemeinde?*

»Durch seine Bescheidenheit war es in unserer Gemeinde zum Beispiel gar nicht klar, daß er jüdisch ist.«

*Müssen Sie Ihren Vater schützen?*

»Ja, ich merke das selbst.«

*Wie ist das für Ihre Mutter?*

»Meine Eltern sind sehr liebevoll miteinander, sie kümmern sich umeinander. Ich habe eigentlich ein sehr harmonisches Elternhaus.«

*Es gibt die Religion und es gibt etwas spezifisch Jüdisches. Kann Ihr Vater das haben?*

»Er ist länger jüdisch als ich.«

*Etwas ist aber auch anders an ihm.*

»Er hat uns das nie spüren lassen.«

*Viele in der Gemeinde glauben, Ihr Vater sei ein Goj?*

»Das tut mir weh. Wo haben wir denn reine Juden überhaupt? Man sollte nicht soviel Wert auf die Definition legen. Meine Mutter sagt von mir, daß ich sehr religiös bin. Mir war das gar nicht bewußt. Vieles oder das meiste habe ich anscheinend mit der Muttermilch aufgesogen. Aber je mehr ich über das Judentum lese, merke ich, wie religiös ich bin. Man muß die Bibel neu lesen und die mütterliche Seite dazunehmen.«

*Sie sind als Frau zu sehen und zu hören in der berühmtesten Synagoge Deutschlands.*

»Ja, ich bin auch ganz stolz darauf.«

*Sind Sie der Lichtpunkt in Ihrer Familie?*

»Ich habe schon öfter gehört, deswegen sage ich es jetzt einfach mal, daß Menschen sagen, wenn ich in die Synagoge komme, geht die Sonne auf.«

Rafael Seligmann

*ist Autor und Journalist, er wurde 1947 in damals Palästina, ein halbes Jahr vor der Staatsgründung Israels geboren und blieb das einzige Kind seiner Eltern. 1957 ging die Familie nach Deutschland. Während seines Studiums wurde Rafael Seligmann Vorsitzender der »Jüdischen Studenten in Bayern« und später aller organisierten jüdischen Studenten in der damaligen Bundesrepublik. 1977–1978 studierte er in Israel Sicherheitspolitik. Er war Redakteur der »Welt« in Bonn, der damaligen Hauptstadt Westdeutschlands, und gründete 1985 die »Jüdische Zeitung«. Drei Jahre später veröffentlichte er seinen ersten Roman: »Rubinsteins Versteigerung«. Es folgten zahlreiche Bücher, zuletzt erschienen »Der Milchmann« und »Hitler. Die Deutschen und ihr Führer.« Rafael Seligmann schreibt regelmäßig für die »Bild«-Zeitung aus Israel. Er ist verheiratet und hat Kinder.*

## Die Ziege, die eine Schildkröte gebar

Das Telefon klingelt. Das Telefon wird noch öfter klingeln. Jedesmal entschuldigt sich Rafael Seligmann artig, gleitet mitten im Satz aus dem Gespräch, will gleich wieder da sein und zieht sich zurück ins Telefonat, hinter seinen Schreibtisch. Ich soll solange seine zwei winzigen Schildkröten betrachten, die mich lippenlos unter ihrem Panzer anlächeln. Er sei selbst eine Schildkröte. Seine Mutter war die Ziege, später nannte er sie Esel. Alles liebevoll.

Rafael Seligmann: »Wir wohnten in Israel, außerhalb von Herzlija, da waren damals nur ein paar Häuschen, an unserem zogen Ziegenherden vorbei, die gefielen mir. In Iwrit heißt die Ziege Isa. So sagte ich zu meiner Mutter Isi: meine Ziege.«

Ein Kosename, wie von einem Liebhaber. Wie können Ziege und Schildkröte miteinander auskommen? Hörner gegen Rükkenpanzer. Dynamische Senkrechtsprünge gegen ausgreifende Rudertritte. Eines haben sie allerdings gemeinsam: Sie sind beide Vegetarier.

»Ich war ihr bevorzugtes Liebesobjekt, von Geburt an. Später hat sie mal gesagt: Und dann hatte ich endlich ein Kind, das nur mir gehörte. Das hat mich empört. Ich wurde mit Zärtlichkeit von ihr erzogen, was sehr schön war, aber es hat mich an sie gefesselt. Sie hatte angenehme Hände. Ich weiß nicht, ob sie so zärtlich zu meinem Vater war.«

Der Vater war eine Gestalt von weitem, er kam abends vom Geschäft nach Hause, wenn der Sohn schon schlief.

»Ich war oft krank. Da gehörte ich ganz ihr. Sie pflegte mich mit Hingabe. Als ich zur Schule kam, hörte das auf. Ich ging unheimlich gern in die Schule und war oft schon um sieben Uhr im Klassenzimmer. Sie holte mich ab. Das war mir peinlich. Rafi hat sie zu mir gesagt. Ich bin bis heute noch nicht mit ihr im reinen. Sie ist tot. Vor kurzem waren es zehn Jahre.«

Später in Deutschland sei er in der Schule hundsmiserabel gewesen. Seine Mutter war beste Schülerin. »Über ihr ganzes Zeugnis geschrieben stand eine Eins, immer.«

Als Hannah 1905 in Galizien auf die Welt kam, war sie schon mehrfach Tante, und ihre Mutter war sechsundvierzig Jahre alt. Sie wuchs in Berlin auf und lebte nach dem Tod der Eltern bei ihrer älteren Schwester mit deren Kindern und Mann. Alle in der Familie hatten mittlere Reife oder Abitur. Hannah mußte sich mit der Volksschule begnügen. »Sie war hochintelligent, klarer, pragmatischer Verstand«, und war festgehalten im Haushalt der Schwester, hat der zur Hand gehen müssen, zu einer Zeit, da Frauen endlich studieren konnten. Bis die Nazis kamen.

Ein Jahr nach der Machtübernahme der Nationalsozialisten gingen Hannah, inzwischen neunundzwanzig Jahre alt, und ihre Schwester mit Mann und Kindern nach Palästina.

»Ihre anderen Geschwister sind umgebracht worden. Ich bin einziges Kind. Leider. Meine Mutter war zweiundvierzig bei meiner Geburt. Ein knappes halbes Jahr vor der Staatsgründung Israels. Meine Eltern haben sich 1940 in Palästina kennengelernt. Da war sie fünfunddreißig. Ein altes Mädel.«

*Wieso war Ihre Mutter damals noch nicht verheiratet?* «

Als meine Mutter schon tot war, sagte man mir: Diejenigen, die sie haben wollten, hat sie nicht gewollt, und die Männer, die sie wollte, konnte sie nicht bekommen. Außerdem war es schwierig in Deutschland geworden. Wo ging man hin? Wen lernte man kennen? Sie hing sehr zusammen mit ihrem Bruder, der dann ermordet wurde, Aaron. In Palästina machte sie sich von der Schwester selbständig, was unter den Umständen schwer war. Sie lebte in Tel Aviv und machte, was sie kriegen konnte, Tabakblätter sortieren, Schneiderei. Schließlich lernte sie meinen Vater kennen.«

Ludwig Seligmann, Leistungssportler aus Ichenhausen, der ehemals größten jüdischen Landgemeinde zwischen Augsburg und Ulm, war von einem Freund bei der Polizei 1933 vor seiner Verhaftung gewarnt worden. Er floh nach Paris, »dort ging ihm das Geld aus, seine Aufenthaltsgenehmigung wurde nicht verlängert, die einzige Möglichkeit 1934 war Palästina«.

Rafael Seligmann glaubt, daß sein Vater wirklich verliebt war in Hannah, aber seine Mutter sei eher pragmatisch gewesen: »Der war gutgelaunt und naiv. Alles, was sie nicht war, sie war Pessimistin. Sehr klein, zierlich, durchaus attraktiv, kurze dunkle Haare, braune Augen, dunkle, angenehme Stimme. Sie sprach Jiddisch, Iwrit und Deutsch. Mein Vater sprach überhaupt kein Iwrit. Er sagte Hanni zu ihr.«

*Warum kamen Ihre Eltern zurück nach Deutschland?*

»Mein Vater kam nicht zurecht in Israel, wirtschaftlich. Du bist Jecke, sagte man ihm. Jeckepotz! Geh zurück nach Deutschland. Er hatte auch nicht die Härte mit den Leuten. Israel ist ein hartes Land. Er war butterweich. Meine Mutter wollte bleiben. Zwar war es eine Schande, nach Deutschland zurückzugehen, zwölf Jahre nach Hitler, aber sie hatten beide Sehnsucht, zum Beispiel nach dem deutschen Wald.«

Sie gingen nach München. »Mein Vater hat hausiert, hat Textilien eingekauft und hat sie den Bauern verkauft. Für mich war es ein Schock. Das Land war kalt. Deutschland roch ranzig. Wir hatten keinen Garten, wir hatten keine Wohnung. Über ein Jahr ein Zimmer in einer Pension, dann noch mal ein Jahr zur Untermiete. Wenn ich nachts pinkeln mußte, rief der Vermieter laut: Ja muß denn der Bua nachts… !«

Die Lebensumstände waren ziemlich erbärmlich, und dennoch: »In der Ehe meiner Eltern war es das beste Jahr. Sie kämpften um ihre Existenz, dachten nicht darüber nach, ob sie einander verstanden. Wenn ich heute Ausländer sehe, und früher Gastarbeiter, deren uneingeschränkte Freude an erworbenen Gütern, das erinnert mich daran. Wir lebten in Armut. Ab 1958 hatten wir endlich eine Mietwohnung mit einem Herd! Mit einer Dusche!«

In Deutschland brachte Hannahs Sohn es bis zur mittleren Reife. Die Mutter war unzufrieden. »Wir schrien uns zwar an, aber ich war trotzdem die ersten siebzehn Jahre meines Lebens immer wieder gut zu haben. Meine Mutter machte mir schlechtes Gewissen: Du quälst mich, ich muß mich ärgern, deine Eltern tun alles für dich. Mein Vater mischte sich nicht ein, und wenn er sich einmischte, stand er auf der Seite des Stärkeren, und das war meine Mutter.«

Hannah schickte ihren Sohn zur Berufsberatung. Er kam mit einem außergewöhnlichen Ergebnis zurück. Man empfahl, Rafael unbedingt auf ein künstlerisches Internat zu geben, vorher aber auf jeden Fall in eine Therapie. Die Therapie fand statt. Das künstlerische Internat nicht. »Nicht des Geldes wegen. Aber Internat? Ich wäre von zu Hause weggekommen! Sie hätte sich doch sagen müssen, unser Sohn ist ein schlechter Schüler, ist unglücklich, gebe ich ihm die Chance.«

Statt dessen scheint sich etwas wiederholt zu haben: Die Verhinderung schönster Möglichkeiten zur Entfaltung der eigenen Persönlichkeit. Seine Mutter Hannah war eine sehr gute Schülerin gewesen, sie hatte die besten Voraussetzungen, um das Abitur zu machen, um zu studieren, sie verlor früh ihre Eltern und lebte im Haushalt ihrer älteren Schwester, der sie zur Hand gehen mußte. In der Familie hatten alle eine höhere Schulbildung, nur Hannah, hochintelligent, begabt, hatte sich mit der Volksschule begnügen müssen.

»Meine Mutter hat mir vermittelt, du kannst das nicht,

künstlerisches Internat, das bringst du nicht zustande. Als ich sieben Jahre später endlich auszog, schrie sie: Du wirst zugrunde gehen, du wirst in der Gosse enden. Das war ihre Meinung. Ohne sie würde ich es nicht schaffen.

Meine Therapeutin war ein bißchen hausbacken, aber ich habe mich sofort in sie verliebt. Nach geraumer Zeit, es gab zu Hause wieder mal Streit, und ich war wieder mal schuld, da sagte die zu mir: Wieso haben Sie schuld? Sie sind ein netter junger Mann, Ihr Vater ist ein Choleriker, sonst willensschwach, und Ihre Mutter ist herrschsüchtig. – Mir war in der Sekunde klar geworden, beide Eltern, aber vor allem sie, meine Mutter, die hat dich all die Jahre beschissen.«

*Beschissen um was?*

»Um meine seelische Freiheit. Immer machte sie mir ein schlechtes Gewissen. Bei jedem Streit war ich schuld, und ich nahm das an.«

Die Mutter steckte den Sohn in die Lehre. Fernsehtechniker. »Dann mein erster Aufstand: Ich meldete mich in Israel zum Militär. Und meine Mutter: Nein! Um Gottes willen! Du wirst umkommen. Sie jagte mir Angst ein. Außerdem hatte mein Vater gerade einen Infarkt gehabt. Sie ist mit mir zum Arzt gegangen, und der sorgte dafür, daß ich untauglich geschrieben wurde.«

*Da haben Sie sich Ihrer Mutter unterworfen.*

»Ja, noch einmal, und ich habe diese idiotische Lehre fertig gemacht. Ich hab's mir ja gefallen lassen, also war ich schuld. Handwerk hat goldenen Boden, sagte meine Mutter. Ich habe die Lehre zu Ende gemacht und das Abitur nachgemacht. Sie war dagegen gewesen, sagte aber, wenn du Abitur machst, dann machst du es sofort. Sie ging hin und meldete mich an. Ich hätte wahrscheinlich noch zwei Jahre nur davon geträumt. Nach dem Abitur war die Frage, was studieren? Mir war's gleich, Geschichte, Politik? Meine Mutter wollte Betriebswirtschaftslehre. Und dann, einen Tag nach dem Abitur, lerne ich Ingrid kennen, blond, blauäugig, lustig, die nordische Mutter, so wie Seligmann sie gerne hätte. Ich verliebte mich in sie. Ich überwand meine Schüchternheit. Nach ein paar Tagen brachte ich sie mit nach Hause. Meine Mutter hat gleich intrigiert: die Schickse! Aber ich war nicht von ihr wegzubringen. Mein Zimmer war mein Reich, das sagten meine Eltern immer. Also schlief ich mit Ingrid in meinem Zimmer. Wir waren laut und lustig. Bei meinem Vater kam der Konkurrenzbulle zum Vorschein. Er schrie: Aufmachen! Kuppelei! Ingrid kitzelte mich am Bauch, und ich lachte und die schrien. Sie blieb die ganze Nacht da.«

*Wann sind Sie ausgezogen?*

»Gleich danach. Im zarten Alter von vierundzwanzig.«

*Hat Ihre Mutter Ihnen geholfen bei der Wohnungssuche? Beim Umziehen?*

»Nein! Erst eine furchtbare Bruchbude, ein halbes Jahr später ein Appartement in der Studentenstadt. Ich brachte ihr zweimal die Woche meine Schmutzwäsche. Zu essen gab es bei ihr immer Schnitzel oder Huhn, meistens Huhn, zwischendurch hat mein Vater gekocht, dann gab es Huhn oder Schnitzel. Nach dem Essen spielte ich mit ihm regelmäßig Sechsundsechzig, ein Kartenspiel.

Mein Vater starb 1975, relativ früh mit achtundsechzig Jahren. Nach seinem Tod ging ich regelmäßig zu meiner Mutter. Sie war immer Hausfrau gewesen und hatte dann eine ganz gute Rente. Zu seiner Beerdigung und in der Trauerzeit kamen viele Leute, und ich habe zu meiner Mutter gesagt: Hör zu, die kommen alle nur zu ihm, und wenn du jetzt zu den Leuten nett bist, werden sie weiter zu dir kommen. Wenn du sie vorn Kopf stößt, werden sie nicht mehr kommen.

So war es dann. Sie ist vereinsamt. Sie hat auch manchmal Leute gedemütigt. Ich habe es nicht verstanden. Sie wollte dann zu mir ziehen. Ich war schon verheiratet und war nahe dran, das zu akzeptieren. Ihr Arzt sagte mir, es würde meine Ehe zerstören. Ich wollte ihr eine Wohnung neben uns verschaffen. Der alte Mechanismus, das schlechte Gewissen in mir, und sie jammerte dauernd: Ich bin so allein. Ich habe manchmal heute noch ein schlechtes Gewissen, denn ich ließ sie ins Altersheim ziehen, wo sie starb. Ich hätte mit ihr zusammenziehen müssen. Dann wäre ich vor ihr gestorben.

Die Toten begleiten mich zeitlebens. Mein Vater starb von einem Moment zum nächsten, meine Mutter war lange krank, da war es eine Erlösung, für sie wie für mich. Die Beziehung zur Mutter war enger, auch viel problematischer als zu meinem Vater.

Er war ein Choleriker, schnell beleidigt, doch ebenso schnell wieder versöhnt. Nicht nachtragend. Von der Struktur ein fröhlicher und schwacher Mensch. Aber sie war ein Zerstörer. Andererseits, ich habe sie geliebt und liebe sie immer noch und hasse sie immer noch. Meinen Vater hasse ich nicht.

Meine Mutter gab mir ein Gefühl der unbedingten Liebe. Geliebt zu werden, das ist in mir bis heute. Zuerst hatte ich Angst vor Frauen, bis ich merkte, ich habe da etwas mitbekommen. Als sie starb, die letzten Tage, hatte ich eine Geliebte. Wir haben in dieser letzten Woche ständig miteinander geschlafen. Das war offenbar wichtig für mich. Ich sagte zu Freunden – meine Mutter lag schon die letzten zwei Tage im Koma – wenn sie noch wach wäre, würde sie sagen: Er vergnügt sich, während ich sterbe.«

*Wofür war das wohl wichtig für Sie?*

»Die Rache des kleinen Mannes. Ein vergebliches Unterfangen. Lächerlich wie jede Rache.«

## Peggy Parnass

*Peggy Parnass ist Autorin und die Tochter von Hertha Parnass, geborene Emanuel, und Simon Parnass, genannt Pudl. Sie wurde im jüdischen Krankenhaus in Hamburg-St. Pauli geboren. Ihr jüngerer Bruder Gady lebt mit der Israelin Shlomith und den gemeinsamen drei Kindern im Kibbuz in Israel.*

*Peggy Parnass hat viele Berufe: »Ich habe mich selbst ernährt, seit ich vierzehn bin.« Telefonistin, Buchhalterin, Sprachlehrerin für Schwedisch, Deutsch und Englisch. Ihr Cambridge-Examen machte sie in London. Später war sie Schauspielerin, dann Gerichtsreporterin und Kolumnistin. Mit ihren rund 380 Gerichtsreportagen, darunter drei NS-Prozesse, schrieb sich Peggy Parnass ein in die Tradition der großen jüdisch-deutschen Journalisten mit ihrer leidenschaftlichen Parteinahme für alles Menschliche , anknüpfend an die Justizberichte eines Kurt Tucholsky. Für hervorragende Leistungen auf dem Gebiet des Journalismus wurde Peggy Parnass der Joseph-Drexel-Preis verliehen und der Fritz-Bauer-Preis der Humanistischen Union. 1998 verlieh die Stadt Hamburg ihr die Biermann-Ratjen-Medaille für Verdienste um Kunst und Kultur. Mehrere Filme mit und von Peggy Parnass bekamen erste Preise. Ein nach ihrer* konkret*-Kolumne »Von Richtern und anderen Sympathisanten« benannter Film erhielt den Bundesfilmpreis. Darin ging es um in der Bundesrepublik weiter amtierende Staatsanwälte und Richter, die als Nazis für Bagatellen zahllose Todesurteile beantragten und fällten.*

*Buchveröffentlichungen u. a.: »Prozesse«, »Unter die Haut«, »Kleine radikale Minderheit«, »Mut und Leidenschaft«, »Süchtig nach Leben«. Einzelne Veröffentlichungen in zahlreichen Anthologien.*

*Peggy Parnass lebt in Hamburg und hat einen Sohn.*

## Macht doch nichts, daß du nicht hübsch bist

Wir sind mittags verabredet. Bei ihr. Etwas zu essen möchte ich für uns mitbringen. Direkt gegenüber vom Hamburger Hauptbahnhof ist ein kleines chinesisches Restaurant. Eines ihrer Stammlokale. »Du brauchst nur zu sagen: Für Peggy.« Auf dem Weg kann ich beim Zigarettenhändler ihre Zeitungen gleich mitnehmen. Ich brauche nur zu sagen: Für Peggy. »Oh, oh, Peggy«, sagt die Chinesin, »ja, ja, Peggy, kein Knoblauch, oh, oh.« Ich entscheide mich für zweimal geröstete Ente. »Für Peggy«, sage ich beim Zeitungsmann, und er sagt: »Jawoll, Peggy«, greift hinter sich und gibt mir *Spiegel, taz* und *Bild*.

Ich hatte Peggy Parnass nicht gefragt, ob sie mit mir über ihre Mutter reden würde. Alle anderen Töchter und Söhne in diesem Buch haben ihre Mutter nicht in der Shoa verloren. Sie sind entweder Nachgeborene oder haben Verfolgung und Lager überlebt. Die Mutter und der Vater von Peggy Parnass haben nicht überlebt. Ich dachte, es würde nicht gehen, sie nach ihrer Mutter zu fragen. »Doch«, sagte sie, »ich will mich erinnern.« Und darum erschien ich mit gerösteter Ente und Zeitungen, und wir aßen miteinander und besprachen, wann es sein würde. Nicht gleich, noch nicht heute.

Peggy Parnass hat ihre Mutter zuletzt auf dem Hamburger Hauptbahnhof gesehen. Die Kindertransporte nach Schweden organisierte und finanzierte die Hamburger jüdische Familie Warburg. Peggy und ihr kleiner Bruder, genannt Bübchen, wurden von ihrer Mutter zum Zug gebracht. Dadurch rettete Hertha Parnass ihren beiden Kindern das Leben.

»Mutti stand auf dem Bahnsteig und ich am Fenster im Zug. Ich weiß, daß Bübchen im Gepäcknetz war. Er war so klein, und ich war die Große. Aber ich habe keine Erinnerung an die

Reise. Ob wir gegessen haben? Bis Stockholm ist es ja weit. Ich weiß nicht, welche anderen Kinder da noch waren, ich weiß nicht, ob ich mit irgendeinem Kind auch nur ein Wort gewechselt habe, ich weiß nicht, ob wir uns gewaschen haben oder ob jemand uns wusch. Ich weiß, wir hatten da irgendwas mit unseren Namen um unseren Hals, das weiß ich, und ich weiß, daß Mutti am Bahnsteig gewunken und gelacht hat und gelacht und gewunken, Mund weit auf, großer Mund. Ich weiß nicht, ob wir geweint haben, ich habe keine Erinnerung, ob auch nur eine Träne gekommen ist, ich glaube nicht. Mutti, das habe ich später erfahren, viel später, als sie schon längst tot waren, Mutti ist, als der Zug dann weg war und kein Winken mehr zu sehen, da ist sie hingeschlagen auf den Bahnsteig, drei Tage war sie ohnmächtig. Sie wußte nicht, ob sie uns jemals wiedersieht. Und wir haben uns ja auch niemals wiedergesehen. Oh, das weiß ich noch: Sie hat gesagt, in einem halben Jahr komme ich nach. Ich wußte, daß es nicht stimmen kann.«

Wann das war, möchte ich wissen, wie alt ihre Mutter war und sie selbst.

»Sehr jung war sie. Aber bitte keine Zahlen«, sagt sie. »Es ist zu statisch. Ich will den Menschen sehen und nicht Zahlen.« Keine Lebensalter. »Ich sehe den Gesichtern von Leuten an, wenn sie nach meiner Tante Flora fragen, Muttis jüngerer Schwester, klein und süß und schwarzlockig, mit Grau durchwirkt, zwei Jahre Auschwitz, vorher ein Jahr Einzelhaft, wenn sie hören, wie alt sie ist, dann sehe ich den Gesichtern an, daß sie denken, dann könnte die ja auch mal langsam sterben oder schnell sterben. Oder wenn jemand jung ist, na ja, dann konnte der ja noch nichts wissen. Eine Festlegung, die mir nicht paßt. Ich mußte mich zehn Jahre älter machen, um arbeiten zu können, ich sah aus wie ein Kind. Und dann zehn Jahre jünger, als Nachwuchsschauspielerin. Nur die Ärzte wissen es und das Finanzamt, leider. Ich will auch nicht wissen, wie alt meine Freunde sind. Von niemandem.«

Hertha Emanuel, verheiratete Parnass, wurde in Hamburg geboren. Ob sie wisse, wo ihre Mutter als Kind gewohnt habe?

»Ob ich was? Nein. Mutti hat es mir wohl nicht gezeigt, nehme ich an.« Ich darf nicht fragen. Wonach ich frage, führt da hin, wo sie nichts weiß. »Das wirft mich zurück.« Sofort bleibt sie innerlich stehen und rührt sich nicht von der Stelle. Unterbreche ich sie, erschüttere ich das Erinnerungswerk zusammengesetzter Bruchstücke. »Du bringst mich raus!« Jede meiner Fragen hat nichts mit ihr zu tun, und ich begreife, ich wollte Spuren finden, wo es für diese Tochter keine gibt.

»Ich kann nur erzählen, was ich erlebt habe, und ein bißchen, was sie erzählt hat. Was ich davon erinnere. Und das, was ich über sie weiß von anderen. Ich weiß, daß sie sich verliebt hatte in einen, daß er sie geküßt hat. Das Schwein war verheiratet. Da hat sie den Kopf in den Gasofen gesteckt, um sich umzubringen. Sie war noch sehr jung. Todunglücklich aus Liebesgründen. Sie hat sich reingestürzt in die Liebe. So war es auch mit Pudl, meinem Vater. Er, ein Abenteurer, viel älter als sie, charmant, sprudelnd und witzig. Sie hat ihn vergöttert. Sie war im achten Monat, da haben sie geheiratet. Eigentlich ein Skandal. Trauung in der Synagoge, und sie mit riesigem Bauch. Sie war ihm absolut verfallen. Hörig könnte man es nennen. Das habe ich miterlebt. Sie ist schließlich auch mit ihm in den Tod gegangen.«

Aber sie habe doch gar keine Wahl gehabt, unterbreche ich. »Laß mich. Ich weiß es. Ich hätte lieber Mama zu ihr gesagt, nicht Mutti. Mama ist weich und rund. Mutti klingt spitz und knochig. Damals habe ich es nicht so empfunden. Aber jetzt. Mutti ist falsch. Mama wäre schöner, weiblicher, runder. Sie war schön, wunderschön. Bei uns zu Hause war es immer wunderschön. Wir hatten eine ganz kleine Wohnung. Feucht, Ratten. Sie war so sauber, schrubbte immer. Sie war pieksauber. In der Küche, Spülstein, eiskaltes Wasser. Da stand sie jeden Tag nackt und wusch sich von Kopf bis Fuß. Und sie duftete wundervoll, herrlicher Duft, sauber, schön, schmeckte gut, ganz weich. Darum: Mutti. Ist lächerlich. So knochig. An ihr war überhaupt nichts Knochiges. Schwarze Locken, dichtes Haar. Zum Knoten zurückgebunden, um erwachsener auszusehen. Sie hat ihn vergöttert. Die Frauen waren alle verrückt nach ihm. Ich hoffe, daß sie das nicht gemerkt hat. Er war ihr Leben. Sie ist mit ihm gestorben. Freiwillig. Aber da sind wir noch nicht. Noch leben wir guter Dinge mit zwei kleinen Gärten und in der Wohnung. Sie hat Zeitungen ausgetragen, nachts, bin öfter mitgegangen, das fand ich toll. Sie machte sauber, es gab ja auch reiche Juden. Bei denen hat sie sauber gemacht. Ich kam mit. Die riesigen Wohnungen, vornehm. Später in Schweden wurde ich als Kind eingeladen von einer Dame, die rechtzeitig emigriert war aus Hamburg. Das war eine ihrer guten Stellen gewesen, ich wußte, da war sie gern hingegangen. Die Frau lud mich nun ein, viele Leute, jemand fragte mich: Und wer bist du, mein Kind? Ich sagte: Meine Mutter ist die Freundin von der Gastgeberin. Die hörte das und sagte: Deine Mutter war nicht meine Freundin. Deine Mutter war meine Putzfrau!«

Peggy Parnass liegt zwischen Kissen, neben ihr das Telefon. Das Telefon hat immer Vorrang. Sie muß erreichbar sein, damit es die anderen für sie gibt. Ich werde dieser Tochter nichts antun dürfen, geht mir durch den Kopf. Von ihrer Mutter darf ich nichts wegkürzen, keine dieser zusammengetragenen Erinnerungsscherben antasten, und wenn sie es liest, wird sie sagen, warum hast du das ausgelassen von Mutti?

»Mutti hat mir aktiv aggressiv gefehlt, ständig, in abnormer Weise, ich habe sie«, das Telefon kommt dazwischen. »Hallo?« Es ist Tante Flora. Sie war beim Arzt und beruhigt Peggy über ihren Zustand, und Peggy beruhigt Tante Flora im Ton einer Mutter. Was war jetzt mit ihrer Mutter? Sie legt auf. »Mutti ständig vermißt. So wahnsinnig vermißt. Wurde dadurch zum Kind. Ich hab mich verzehrt, bin fast verrückt geworden daran, und als Erwachsene mußte ich wieder und wieder behandelt werden deswegen. Es war alles innerlich. Ich mußte mir nichts antun, es war mir angetan. Ich war dauerverletzt, ich mußte nicht schnippeln und dies nicht und das nicht, ich war dauerhaft verstört und zerstört. Tiefe Depression schon als Kind. Und als Erwachsene wurde ich Kind. Ausflüchte in die große Heiterkeit und die große Ablenkung, und dazwischen immer wieder die großen Zusammenbrüche.

Pudl, mein Vater, hat mich jeden Tag gebenscht, gesegnet: Weil du Jüdin bist, mußt du besser sein als alle anderen, klüger sein als alle anderen, ehrlicher sein als alle andern. Das fand ich prima und dachte: So sind wir Juden, so muß ich sein. Ich kann auch heute überhaupt nicht akzeptieren, daß Juden nicht besser sind als andere.

Gelebt haben wir im Hamburger Stadtteil Eimsbüttel. Methfesselstraße 13. Viele Verwandte in der Nähe. Bei uns zu Hause war es immer wunderschön. Alle waren gern bei Mutti. Sie war sehr, sehr anziehend. Ich weiß, daß Schabbes wunderbar war. Hühnersuppe und Huhn gab es. Wunderbar. Damals als Kind habe ich nach jeder Mahlzeit gekotzt, und da wundert es mich, wie ich heute denken kann, daß es so schön war. Nach jeder Mahlzeit gekotzt. Das wird schon Gründe gehabt haben. Fragen kann ich sie ja nicht, und Mutti wird es auch nicht gewußt haben. Ich war unterernährt. Hatte Rachitis. Wir lebten wie auf einer Wippe. Mal war er da. Mal nicht, Pudl, mein Vater. Die beiden haben sich wahnsinnig geliebt, das fand ich wunderbar. Es war wunderbar, wenn er da war, und wenn er weg war, um zu spielen, war es schrecklich. Dann hat sie so gelitten, sie war fast verrückt vor Angst, hat geweint, geschrien vor Leid.«

*Warst Du dann bei ihr im Bett?*

»Ja. Oft. Wahnsinnig gern bei ihr gelegen. Kuschelig und süß. Wobei ich nicht weiß, ob ich bei ihr gelegen habe, als Bübchen schon da war. Ich weiß viele Dinge nicht, die ich eigentlich wissen müßte, wo ich dabei war, die ich nicht erinnern kann. Darum war ich fassungslos, als Ursel mir später sagte, wie traurig, daß sie dich nie geliebt hat. Sie muß ja was gesagt haben. Was mache ich mit dem Kind? Nichts schmeckt ihr. Alle sagen, ich koche so gut, und sie kotzt, sobald sie mein Essen sieht. Wie furchtbar. Mutti hatte Migräne und Brustentzündung als Bübchen da war, sie konnte ihn gar nicht stillen, sie schrie und schrie. Da habe ich Pudl die Schuld gegeben, daß ihre Brust entzündet war. Ich habe ihn auch die ganzen Jahre nicht vermißt. Ich habe sie von morgens bis abends vermißt, immer und überall. Ihn nie. Er war Auktionator, verdiente gut. Aber beim Spiel verzockte er das Geld. Ihn hat sie nie angebrüllt. Wenn sie zusammen waren, wenn sie sich umarmten und küßten, da konnte ich mich gar nicht satt sehen. Er kam nach Hause, und sie stürzte sich mit einem Juchzer auf ihn, sie sprang auf ihn drauf, ihre Arme um seinen Hals, ihre Beine um seine Hüften geschlungen. Sie küßten sich minutenlang.«

An einer Wand hängt ein Foto. Es zeigt ein kleines Mädchen, pummelig und nackt vor einem großen Spiegel, die Kleine lacht und kreischt vor Vergnügen. Wer das sei, frage ich?

»Das bin ich. Da habe ich wohl gerade gegessen. Da seh ich

so richtig fett aus. Irgendwann muß ich ja was gegessen haben, ganz früh. Ich habe nur gekotzt, wenn ich essen mußte. Ich nehme an, Mutti wollte es besonders gut machen. Alles mögliche rein getan ins Essen, damit ich kräftiger werde. Ich kam mal fünf Wochen ins Krankenhaus mit Keuchhusten. Seitdem habe ich nie mehr gekotzt. Aber essen mochte ich immer noch nicht. Mutti war auch Köchin im jüdischen Ferienlager, sie machte ja alle möglichen Jobs. Die Kinder saßen an langen Tischen und haben gegessen und waren fröhlich. Ich saß da wie das Leiden Christi. Immer die letzte am Tisch. Die Kindergärtnerinnen haben mich eingeschlossen und gesagt, ich dürfte erst raus, wenn der Teller leer sei. Mutti hat geweint vor der Tür. Und ich hab drinnen geweint. Iß auf, mein Kätzchen, iß doch endlich auf, damit sie dich rauslassen. Ich hab sie ja so wahnsinnig geliebt, und dann sagte mir viele Jahre später meine Cousine Urselchen: Ach, du hast mir immer so leid getan, weil deine Mutti dich nicht lieben konnte. Was? Meine Mutti hat mich nicht geliebt? Na ja, du wolltest nicht essen. Es muß schrecklich für Mutti gewesen sein, sie war blutjung, wollte alles gut machen, und ich war das von ihrem heißgeliebten Mann vergötterte Kind, ich war altklug, schrecklich, was man heute hochbegabt nennt, gräßlich, besserwisserisch. Aber nicht ihr gegenüber. Hoffentlich nicht. Ich weiß, ich war unerträglich.

Ich hab Pudls Späße mitgemacht, um die Verwandten reinzulegen, er behauptete, daß ich mit vier Jahren alles lesen konnte. Er war plötzlich als Zauberer bekannt, weil ich ihm assistierte. Ich war sein Komplize. Als Kind habe ich ihn gehaßt, wenn sie unglücklich war, wenn sie sich umarmten, habe ich ihn wieder geliebt. Ich habe immer mit ihr reagiert. Sie hat ihn ja nicht gehaßt, sie war verzweifelt, und dann habe ich ihn gehaßt, sobald sie verzweifelt war, und ihn geliebt, sobald er sie glücklich machte. Mein Bruder hat nicht gekotzt. Er kam erst später. Sieben Jahre später. Das ist eine Zahl, die zu nennen sich doch lohnt, denn sieben Jahre war ich ihr einziges Kind. Ich esse gern, wenn es mir schmeckt, aber es gibt vieles, was ich nicht anfasse: Beispielsweise keine gesäuerten Milchprodukte.

Mutti. Im nachhinein habe ich erfahren, wie beliebt sie war bei den Nachbarn und daß sie als eine schöne Frau galt, ich fand sie ja auch sehr schön. Sie hatte eine riesige Nase. Das sah ich als Kind. Riesige Nase. Aber wunderschöne riesige Augen und ihr großer Mund. Eine Schönheit im klassischen Sinn war sie nicht. Sehr klein. Schöne, runde Brüste. Ging nicht sehr gerade, glaube ich. Sie selber fand sich häßlich. Sie hatte im Sommer Geburtstag. Der Garten war heiter. Die Verwandten waren eingeladen, es wurde gesungen, gedichtet. Bei uns war es schön. Sehr schön. Dann wurde mein Bruder geboren. Bübchen. Ich war krank vor Eifersucht. Ich hab den gehaßt. Und alle: Wie niedlich! Wie süß! – Oh, hab ich ihn gehaßt. Der mit seiner Glatze, das häßliche Ding. Bübchen war immer Bübchen und heißt jetzt Gady. Bübchen wurde bildschön, er kriegte weißblonde Locken. Nachher hab ich ihn verschlungen vor Liebe. Ich war verrückt nach ihm. Wir waren verrückt nacheinander. Später. Als wir allein waren. Bübchen, Mutti und Pudl waren sehr beliebt. Ich war ernst. Es gibt kein lachendes Bild von mir. Todernst. Ich wurde jung erst zwanzig Jahre später. Ich war alt. Ich war kein Kind. Die ganze Kindheit von Anfang an war ich alt.«

Sie zeigt mir ein kleines Foto. Es hängt an der Wand neben ihrem Bett. Hübsch gerahmt: Hertha Parnass mit ihren beiden Kindern. Die junge Mutter hält das Baby Bübchen im Arm, sie beugt sich zärtlich über ihn. Neben ihr steht ernst ein kleines Zopfmädchen. Peggy. Wie alt war sie da? »Hab ich dir doch gesagt«, knurrt sie mich an. »Sieben Jahre war ich Einzelkind.« Die Wände sind bedeckt mit Bildern. Peggy. Gady. Kim. Peggy als junge schöne Frau zwischen Männern, bekannte Gesichter, die Prominenz der 68er. »Alles Männer, mit denen ich nie schlafen wollte, die waren meine Freunde.« Heinrich Böll, Peter Weiss, Erich Fried, Ralph Giordano, Konstantin Wecker, Günter Wallraff, Wolf Biermann, Hermann Gremliza, Rainer Werner Fassbinder und Georg Stefan Troller.

»In unserer Straße änderte sich einiges. Zuerst hatten sie sich drum gerissen, Bübchen in der Karre fahren zu dürfen. Auf einmal verprügelten sie ihn. Judenbengel. Mir haben sie Ohrfeigen gegeben in den Geschäften, wenn ich Schlange stand, um für Mutti einzuholen. Ich konnte schon lesen. Der *Stürmer* hing in Schaukästen auf der Straße. Mutti wurde verprügelt beim Einkaufen, ich war dabei, sie wurde aus dem Milchladen geworfen, die Kellertreppe hoch. Ich wußte, daß wir arm waren, fühlte mich aber nie arm. Sie machte alles so schön. Voller Blumen. Bunt und schön. Wir bekamen ein Tellerchen mit drei Rosinen und einer Nuß zu Chanukka. Fand ich toll. War auch toll. Das war nicht zuwenig. War gut. Es war gut. Ach, und wir haben so schöne Dinge gemacht, wir haben uns gegenseitig unter den Füßen gekitzelt, stundenlang, Mutti und ich. Stundenlang geklönt dabei.

Mutti und ich. Wir setzten uns auf Parkbänke. Extra. Wo draufstand: Für Juden verboten. Wir gingen in die Badeanstalt. Für Juden verboten. Wir wollten uns nicht beugen. Wir aßen Eis. Auch verboten. Sie hatte Angst. Ich auch. Wir gingen im Wald spazieren, die Kinder vom jüdischen Ferienlager mit den Kindergärtnerinnen. Da kamen Hitlerjungen. Wir mußten uns zu Boden werfen, damit sie uns nicht sahen. Wir haben nicht gewagt zu atmen, fast erstickt. Onkel Leo kam aus dem Knast, Kopf umwickelt mit Bandagen. Durfte nichts sagen. Ich wollte brennend gern sehen, was unter seinem Verband war, was sie mit ihm gemacht hatten. Ich habe den Erwachsenen nie geglaubt. Ich kriegte alles mit. Die Panik. Ausreiseanträge, überallhin, nutzten nichts. Weil Pudl die zerquetschte Lunge hatte, Verletzung aus dem Ersten Weltkrieg, wir bekamen keine Visa für kein Land. Juden ohne Geld und krank, das war zuviel. Einer von Pudls Brüdern und eine Nichte und ein Neffe von Pudl schafften es, nach London zu gehen. An die hundert Familienangehörige sind umgebracht. Tante Flora und Tante Bertie, Schwestern von Mutti, haben überlebt.

In Hamburg-Eimsbüttel, obwohl das ja eine rote Gegend war, gab es auch Nazis, plötzlich hatten einige Kinder Uniformen an, da wußten wir, das sind die Kinder von Nazifamilien. Und Mutti, die so lieb war, so lieb und so sanft, so wunderbar, sie ging kaputt, einmal hat sie Bübchen, er saß auf dem Küchentisch und strampelte, Mutti hat ihn – nicht runtergeworfen, aber beinah. Ganz hart auf den Boden gestellt. Sie war so nervös. Und da hat er geschrien. Ich kriegte einen furchtbaren Schreck. So hatte ich sie noch nie gesehen. Ein anderes Mal: Ich wollte Platz machen auf der Küchenbank, bin gerutscht, damit sie sich oder jemand anders setzen konnte, und da hat Mutti mir eine Ohrfeige gegeben, das einzige Mal im Leben. Kannst du nicht mal stillsitzen! Dann hat sie geweint und hat sich entschuldigt. Sie hat immer versucht, sich vor uns zu beherrschen. Vor mir konnte man nichts verbergen. Ich war das Kind, das immer alles wissen wollte.

Es gab auch Leute, die hilfsbereit waren. Ein Ehepaar arbeitete in einer Schokoladefabrik. Schenkten uns Schokolade. Der Mann war ein sogenannter Kinderschänder. Wir waren bei denen eingeladen zu Silvester. Ich sollte was aus der Küche holen, da kam er und hat mich angefaßt. Und ich weiß bis heute nicht, warum ich es Mutti nicht gesagt habe. Im Gegenteil, über drei Jahre habe ich ihn animiert, mir zu erzählen, über Sex, über seine Liebesabenteuer, ganz schlichter Mann. Wenn er mir was erzählte, durfte er mich anfassen. Zwischen den Beinen gestreichelt. Tat mir nicht weh. Ich wollte wissen, wissen, wissen, mir alles erzählen, aber genau, ganz genau, sehr genau. Und irgendwann wurde das langweilig, weil er sich wiederholte.

Ich wollte immer alles wissen. Ich war ja kein Kind. Ich dachte, ich bin so häßlich. Wenn ich heute Fotos von mir sehe von damals, frage ich mich, wieso habe ich mich so häßlich gefühlt? Mutti sagte mal, es macht doch nichts, daß du nicht hübsch bist, dafür bist du doch so klug. Das hat nachgewirkt. Ich war ungewöhnlich. Aber ich war kein Vergnügen.«

Auf dem Tisch gebratene Leber mit Kartoffelbrei. Peggys Lieblingsgericht. Es gab kaum noch etwas zu kaufen, nicht für Juden. Für Peggy von ihrer Mutter gekocht.

»Links und rechts neben dem Teller sitzen Mutti und Pudl. Die starren mich an. Da war klar, es ist was Entsetzliches passiert. Ich rannte raus, lehnte an der Wand und betete: Bitte laß mich tot umfallen. Mein Vater kam, schrie: Ich schlag dich tot. Feuerhaken. Mutti warf sich dazwischen. Ein Foto von mir, das mochte er so gern, wie das lebt, hatte er gesagt, das hat er langsam zerrissen. Jetzt bist du tot. Diese Sache mit dem Mann ging etwa drei Jahre. Ich habe den Mann ja drangehalten. Ich war ein kleines Mädchen. Ich habe ihn auf meinem Gewissen, ich war diesem Mann überlegen. Ein einfacher, lieber Familienmensch, der alle ernährte mit seiner Fabrikarbeit, ein guter, guter Mann mit diesem kleinen Laster. Ich habe es ihr nicht erzählen können. Das finde ich traurig. Ich habe sie immer für viel naiver gehalten als mich selbst. Ich war fast allen Erwachsenen überlegen. So habe ich mich gefühlt und verhalten. Sie habe ich nur immer schonen wollen. Mutti war so zauberhaft, so lieb und so harmlos, so unverdorben. Ich habe mich nie als unverdorben empfunden, auch als Kind nicht. Und die meisten Erwachsenen fand ich restlos verlogen. Wenn ich mit ihr zusammen war und Mutti Unrecht geschah, fühlte ich mich schuldig, weil ich es nicht verhindert hatte. Ich fand, ich mußte sie beschützen, und das ging nicht. Da habe ich mir geschworen, wenn ich erwachsen bin, dann aber, dann geht's los. Als der Mann vor Gericht kam, hab ich geheult, ich mußte gegen ihn aussagen, als kleines Mädchen vor Gericht, fünf Jahre Zuchthaus, und alles war kaputt für die ganze Familie, und ich hab mich immer schuldig gefühlt. Das Schuldgefühl hat mich nicht mehr losgelassen. In London, in Schweden, immer.«

Ziemlich bald danach kam die Gestapo. Ziemlich bald danach wurde Peggy mit Bübchen von ihrer Mutter in den Zug nach Schweden gesetzt.

»Die kamen früh morgens um halb fünf. Ich wußte sofort, was das ist. Die wollten nur Pudl mitnehmen. Bübchen war weg, zum Aufpäppeln in Bad Kreuznach.«

Oktober 1938. Alle aus Polen gebürtigen Juden werden aus Deutschland deportiert. Ihr Vater, Simon Parnass, ist in Tarnopol geboren.

»Er zeigte den Polizisten, wieviel Orden er als Soldat bekommen hatte. Die hatte er alle in so einem Kistchen. Das interessierte die einen Dreck, und ich habe mich geschämt, daß er mit den Orden kam. Mutti bestand darauf, mit ihm verhaftet zu werden. Sie hat gesagt: Ich will mit. Ich bin seine Frau. Ich will mit. Ich will mit. Und da hat sie dermaßen drauf gepocht, daß die gesagt haben: Na gut. Und so kam ich auch mit. Er ist die Hauptperson in ihrem Leben. Wenn sie ihn so geliebt hat, wenn er ihr so viel bedeutete, ich finde es richtig, wie sie gehandelt hat. Andere haben mich später gefragt: Das muß dich doch verbittert haben? Nein.«

Im Schrittempo auf offenem Lastwagen durch Hamburgs Straßen. Immer wieder hält der Lastwagen vor einem Haus. Juden müssen aufsteigen. Alte Leute, junge Leute, kleine Kinder. Polizisten treiben sie an. Auf der Straße gehen andere Leute zur Arbeit.

»Es war in einer großen Turnhalle, ich wüßte gern, wo genau das war. Viele, viele Juden. Tante Bertie brachte Koffer mit Wäsche, verabschiedete sich von Pudl mit einem langen Kuß. Dieser Kuß hat mich noch mehr verstört als die Verhaftung. Was fällt denn der ein? Und Mutti stand daneben. Dieser Kuß stört mich bis heute.«

Simon Parnass, der Spieler, der Charmeur, er schaffte es, seine Frau und seine Tochter vor dieser Deportation zu bewahren. Ein fremder Mann nahm Peggy an die Hand. Zu dem solle sie Papa sagen, sagte der Vater. Sie tat es. Draußen nahm ein Gestapomann sie auf den Arm. »Ich hatte Angst, auf ihn runterzukotzen, mich zu verraten.« Der fremde Mann setzte sie in eine Straßenbahn. Er nannte ihr eine Station. Da solle sie aussteigen und ins Jüdische Waisenhaus gehen.

»Ich blieb dort zwei, drei Tage. Ich fand das alles nicht sonderbar. Daß ich ins Waisenhaus fahren sollte und nicht zu Tante Bertie oder Oma Ella? Ich fand nichts sonderbar. Dann kam Mutti mich holen. Pudl hatte das organisiert, wie bei mir. Sie ist mit einem Mann rausgegangen, als wäre das ihr Mann. Nun waren wir also wieder zu Hause. Mutti verrückt vor Angst und Sehnsucht. Es kamen Briefe von ihm. In einem stand ganz viel über ein 13jähriges Mädchen, das so lieb und schön und klug gewesen sei. Im Zug. Das mußte Mutti lesen. Er schreibt ihr auch noch davon. Das Mädchen starb im Zug. Hat mich nicht getröstet.«

Es kommt der Tag, an dem Hertha Parnass mit ihrer Tochter und ihrem Sohn zum Hamburger Hauptbahnhof geht. Der

Zug nach Stockholm steht bereit. Kindertransport nach Schweden. Peggy Parnass: »Februar 1939.«

Im Hochsommer kehrte Simon Parnass auf Schleichwegen zurück nach Hamburg, um Hertha zu holen. Er wollte mit ihr eine Hühnerfarm aufmachen in Polen. Er dachte, das ist die Rettung. Sie waren in Warschau, dann im Warschauer Ghetto.

»Einer kam zurück, ein deutscher Soldat von der Front, ein Nachbar, das ist mir später erzählt worden, der hatte Mutti dort betteln gesehen, an einer Straßenecke zum Ghetto. Irgendwann nach Schweden drei Postkarten an einem Tag. Nur ganz wenig stand darauf in großen Buchstaben: seid brav, seid lieb, seid gehorsam, wir lieben euch. Da wußte ich, das bedeutet nichts Gutes. Sie schrieb dauernd nach Schweden, daß wir dankbar sein sollten und nett zu den Leuten. Ich habe ihr geschrieben, solange es ging. Natürlich nichts, was sie beunruhigt hätte. Im Sommer wurden sie abgeholt. Da war ich schon bei der fünften Familie, glaube ich. Ich war bei zwölf Pflegefamilien. Elf jüdische Familien, eine nichtjüdische. Alle scheußlich, und ich war scheußlich. Es dauerte sechs Jahre. In den Pflegefamilien haben mir viele ihre Sexabenteuer aufgedrängt. Ich wollte es ja auch wissen. Und ich kriegte es zu wissen. Nicht schön. Es hat mich geekelt, aber ich wollte mehr wissen, mehr. Es gab Naziparteien, Nazigruppen damals in Schweden, die fühlten sich sehr geschmeichelt, weil sie dem deutschen Ideal so nahe kamen. Ich habe die alle gehaßt in Schweden, einige waren wohl auch nett, weiß ich nicht. Ich habe sie alle gehaßt, weil sie nicht Mutti waren. Irgendwann im Sommer. Die letzte Familie. Keine Juden. Frühstück auf der Terrasse mit dem Mann. Ein Brief von Tante Bertie aus Hamburg für mich. Sie schrieb: Jetzt wäre deine Mutti soundso alt geworden. 29. Juni, ihr Geburtstag. Da höre ich ihn sagen: Was machst du denn für ein blödes Gesicht? Ich sagte: Meine Eltern sind gestorben. Da sagte er: Freu dich doch. Zwei Juden weniger.«

Hertha Parnass, geborene Emanuel, geboren und aufgewachsen in Hamburg, ist mit ihrem Ehemann Simon Parnass, genannt Pudl, in das deutsche Vernichtungslager Treblinka deportiert worden.

»Ich habe immer gedacht, daß sie nach Auschwitz deportiert wurden. Treblinka, sagt man mir, war viel schlimmer als Auschwitz. Wie bitte? Was kann da schlimmer sein? Ja, Auschwitz, da hatte man ja Chancen, da konnte man eine Zeitlang noch arbeiten, aber Treblinka, sofort ins Gas. All die Jahre, als ich dachte, Auschwitz, hatte ich die Vorstellung, man hat sie auseinandergerissen. In Treblinka war die Chance groß, daß sie beieinander waren, daß sie sich in der Gaskammer noch umklammern konnten, umschlungen bis zuletzt.

Ich bin wie sie. Darum kann ich das so gut verstehen, daß sie mit ihm ging. Andere haben gesagt: Aber hör mal, da hat sie euch aufgegeben für den Mann. – Ja. Natürlich. Ich habe lange erst mal gar nicht geliebt, sondern dachte, wie das in Schweden so war, Sexualität gehört dazu wie Essen und Trinken, bedeutungslos, aber nett. Und als ich entdeckte, daß ich liebte, wurde es so bedeutsam, so ausschließlich, so reingestürzt. Auch nicht gut, tut auch dem anderen nicht gut. Bei mir war es Sucht, nicht Hörigkeit. Sucht. Liebessucht. Daß ich immer alles wissen will, ist ganz kalt vom Kopf her, und das andere ist das Gefühl zu sterben, wenn es aufhört. Das Ende von allem. Äußerlich, glaube ich, wirke ich immer relativ ruhig, ich spreche langsam und leise. Innerlich die ganze Zeit, all die Jahre, zerspringe ich, ich zerspringe und zerspringe. Gewütet habe ich nur in meinen Liebesverhältnissen. Die armen, die nichts dafür können. Von Frauen will ich Mütterlichkeit. Egal, wie alt die sind. Ich weiß nicht, ob die das merken.«

*Ach, doch, ich glaub schon.*

»Wirke ich bedürftig?«

*Du hast etwas von einem Vögelchen, man möchte es wärmen. Das ist eine starke Kraft, die von Dir ausgeht. Es ist die Nähe zum Katastrophischen.*

»Es gab nur Haß in mir. Darum habe ich mich in die Liebesgeschichten hineingestürzt. Ich brauchte Ablenkung, gründliche Ablenkung. Ich habe gezielt gewartet, bis ich 18 war, damit ich selbst die Verantwortung hatte. Sonst wäre es früher gewesen. Als Entjungferer hatte ich mir einen Medizinstudenten ausgesucht, ich dachte, der kann das. Er war hübsch. Belanglos, hat weh getan, völlig belanglos. Nicht belanglos war Kims Vater für mich. Ein schwarzlockiger, schwarzäugiger Schwede mit gebogener großer Nase. Er sah aus wie aus der Bibel geschnitten. Mein Schönheitsideal. Wir waren heimlich zusammen. Schön und schwierig. Ich hatte kein Dach überm Kopf, keine Wohnung, kein Geld, kein gar nichts. Aber sehr schwanger. Ich mußte akzeptieren, daß Kim zu schwedischen Pflegeeltern kam. Ich habe ihn geliebt und geliebt, aber für ihn war ich eine Fremde. Ich war Peggy. Wie für jedes Kind.«

*Er hat zu der andern Frau Mama gesagt?*

»Ja.«

*In Deinem Beisein.*

»Weiß ich nicht. Sie war seine Mutter. Als wir wieder zusammenlebten, hab ich es ihm erklärt, wie toll er es hat, viel besser als die anderen Kinder: zwei Mütter. Viele haben nicht mal eine. Du hast zwei. Wenn er nach Schweden fuhr, war er meiner. Mit dicken, langen Locken. Kam er von dort zu mir zurück, hatte er ganz kurze Haare. Er war ständig zerrissen. Alles falsch. Ich bereue das. Die Eltern seines Vaters hätten ihn genommen, aber ich hätte ihn nicht mehr sehen dürfen. Ich war für die eine Abenteurerin. Sie wußten, daß ich Jüdin bin, darum wollten sie nichts mit mir zu tun haben. Alles furchtbar. Kimmi hätte ein wunderschönes Leben in Schweden gehabt in einer wunderschönen Familie, nur ich hätte verzichten müssen. Das habe ich ihm alles vermasselt. Kimmi hatte mich kennengelernt als die Fröhliche. Wir beide gegen den Rest der Welt. Ich bin seine Mutter, aber ich war keine Mutter. Mein Leben, meine Ansprüche, mein Verhalten. Ich war oft krank. Die Diagnose war immer: psychische und physische Total-Erschöpfung. Dreieinhalb Monate Krankenhaus. Danach fit, gestählt, gleich wieder ins Gericht, bis zum nächsten Zusammenbruch. Die Gerichtsreportagen, die Prozesse haben mich abgelenkt von der eigenen Misere. Ich habe meinen Sohn zu mir genommen, als er das erste Mal einen kritischen Gedanken äußerte, nämlich über die Sonntagsschule in Schweden, in die er gehen mußte. Er sagte zu mir, an den Kram glaube er nicht. Und da habe ich gedacht, das ist meiner.«

*Haben die ihm nicht gesagt, daß er jüdisch ist?*

Das habe ich sie nicht gefragt.

*Hast Du es ihm denn gesagt?*

Ja, aber er wußte ja, daß wir keinen Glauben haben. Daß wir Juden sind – natürlich. Klar. Ja, ja. Ich durfte ja auch nicht sagen, daß ich seine Mutter bin. Das war furchtbar. Sie hatte gedroht, daß sie sich umbringt, wenn ich kommen wollte. Das war alles schrecklich. Daran will ich nicht denken. Ich weiß überhaupt nicht mehr, was schön war. Fällt mir im Moment nichts ein. Doch. Mutti war schön. Ihre Kleider weich und schön, sie war weich, ihre Haut war weich, ihr Mund war weich, ihr Gesichtsausdruck war weich, ihre Augen waren weich, ihre Hände waren weich, es war alles weich und ihre Kleider waren weich. Weite Ärmel, Arme rundlich, lange Kleider. Sie mochte ihre Beine nicht. Sie sagte immer, die sehen so furchtbar aus, sie hat immer gesagt: Ich hab Beine wie Ofenrohre. Ich hab nichts gesehen. Sie war sehr klein. Ich bin 1,55, sie war 1,48, das wurde mir gesagt, Flora ist 1,45 als Widerstandskämpferin. Ich habe es als Kind gesehen, daß sie sehr klein ist, weil die anderen daneben so groß waren, Riesen, Brocken.«

*Hast Du Deinem Sohn die Geschichte von Deinen Eltern erzählt?*

Weiß ich nicht. Mir fällt nur gerade was ein, ständig wollte ich die Mütter von anderen Leuten kennenlernen. Ich kannte immer furchtbar viele Leute, ich war so lustig und lachte von morgens bis abends, sie kamen zu mir, blieben über Nacht zu Dutzenden in allen Ecken meiner Wohnung, und ich habe die nach ihren Müttern gefragt. Einer hat mal zu mir gesagt, du hast dich nur mit mir eingelassen, um billig an eine Mutter ranzukommen. Da hatte er recht. Die Mutter wohnte nur leider nicht in Hamburg.

Kimmi und ich haben den gleichen Humor. Wenn wir im Kino waren früher, als er schon Freundinnen hatte, da haben er und ich als einzige gelacht an derselben Stelle, dann hat er sich immer tröstend zu seiner Freundin gewandt, sie getätschelt und sich entschuldigt, daß er mit mir gelacht hat. Und bei seinen Eltern in Schweden das gleiche. Er war fünf und er kannte mich ja gar nicht. Gelacht, gelacht, geschrien vor Lachen. Da wollten wir erklären, warum wir so lachten, und da sagte seine Mutter: Nur Verrückte lachen bei Tisch.«

*Und hast Du ihm die Geschichte Deiner Eltern erzählt?*

Ich weiß nicht, wieviel ich ihm erzählt habe. Einmal hat er mich angeschrien, als ich fragte, weiß die oder der, daß wir Juden sind? Wir? Was heißt wir? Was habe ich damit zu tun? Und die jüdische Gemeinde hier in Hamburg, die haben auch schuld. Er durfte nicht zu den Kinderfesten. Da hab ich angerufen. Er hat das Telefongespräch mit angehört. Die haben zu mir gesagt, wieso, der ist doch gar kein Jude. Was? Natürlich ist er Jude. Wenn ich Jüdin bin? Selbstverständlich ist er Jude. Nein, er ist kein Jude. Er ist nicht beschnitten. Doch, er ist beschnitten. Dann ist er nicht zur richtigen Zeit beschnitten. Doch, ist er auch. Ja wo ist er denn beschnitten? Ziehen Sie ihm doch die Hose runter, dann können Sie es sehen. Da sagte die zu mir: Sie Sau! Ich sagte, mein Sohn ist in Stockholm beschnitten worden. Aber wohl nicht beim Rabbiner. Nein, im Krankenhaus. Das war denen nicht gut genug. Es gibt doch hier kaum jüdische Kinder. Seid doch froh. Nein. Rigoros nein. Und die schwedische Kirche, in Hamburg, die waren stolz auf ihn. Wenn ich krank war, besuchten mich Leute von der schwedischen Kirche, aber nicht von der jüdischen Gemeinde. Ich hatte Kim gesagt, wir sind Freidenker und müssen nicht an all diesen Scheiß glauben. Und jetzt, schrie er, willst du auf einmal Jude sein. – Natürlich bin ich Jude.«

*Bist Du mütterlich?*

Zu meinem Bruder war ich mütterlich. Ich verwechsle die beiden noch heute. Ich fühle mich für Gady verantwortlich. Immer noch. Ich bin für ihn da. Bei Kim fühle ich mich schuldig. Bei Gady nicht. Bei Kim fühle ich mich unendlich schuldig von morgens bis abends, das ist so intensiv wie das mit Mutti. Ich dachte, ich mache alles besser als alle anderen. Wir sind ebenbürtig, da gibt es kein Gefälle, er wird ernst genommen, er soll alles wissen über mich, keine Geheimnisse, er ist mein Partner. Das arme Kind. Wie damals bei Mutti.

Er ist Therapeut für verhaltensgestörte Kinder. Wir sprechen über nichts, was mit Gefühlen zu tun hat. Kim hat meine Gefühle immer mitgekriegt. Er zeigte mir seine Gefühle nicht. Ich hatte etwas gesucht, um ihm eine Freude zu machen, freust du dich gar nicht? Du zeigst überhaupt keine Freude. Nö, dafür zeige ich dir ja auch nie, wenn ich traurig bin. Er war ein zärtliches Kind. Wenn seine Mutter in Schweden ihn fragte, in meinem Beisein, was möchtest du? Ein Küßchen, ein Küßchen. Von ihr. Liebesbedürfnis. Und ich habe ihn schrecklich überfordert. Es ist so. So ist die Geschichte. Kim ist durch mich kaputt und ich bin kaputt durch das, was … und Gady auch. Ich habe mich immer gewundert, zumal hier in Deutschland, daß nicht alle schreiend durch die Straßen laufen. Alle, alle müßten verrückt sein. War jetzt in einem Dokumentarfilm. Witwe eines Nazis. Schöne Frau, vornehm, nicht vermatscht und vergammelt, sondern edel gealtert. Eine Frau, neben der ich mir vorkomme wie Matsch, wie Gesocks.«

Am Abend liest Peggy Parnass in Hamburg, im Malersaal des Deutschen Schauspielhauses. Vor mir Leute an der Kasse. Ein Mann sagt: »Einmal Peggy, bitte. Erste Reihe.« Die Plätze seien nicht numeriert, sagt die Frau an der Kasse.

»Ich habe Angst, die Leute kommen zu mir in die Lesung und hinterher hoffen sie, mich nie wiedersehen zu müssen. Ich habe Angst, für die bin ich die wandelnde Anklage, ihr schlechtes Gewissen.«

Auf der Bühne ein bequemer Sessel, ein Tischchen, eine Leselampe, darüber schwebt ein kleiner Kronleuchter und gibt gedämpftes Licht. Jeder Platz ist besetzt, einige sitzen auf der Treppe. Sie liest vor. Ihre Texte. Sie erzählt. Kaum zu unterscheiden, wann sie liest und wann sie erzählt. Sie erzählt von Tante Flora und Onkel Rudi, ein Traumpaar. Von ihrem Vater erzählt sie. Hinter ihr sind ihre Eltern zu sehen, ein Foto in Lebensgröße auf die Wand projiziert: Hertha, jung, über eine Handarbeit gebeugt, sieht verliebt auf ihren Mann, Simon liest ihr aus der Zeitung vor.

Schön und jung und zart sitzt sie da, Peggy Parnass, alterslos. Das Publikum ist ihr ganz hingegeben. Sie liest vor, über eine Zeitungsseite gebeugt, ein Artikel, den sie geschrieben hat.

Was das Elternpaar hinter ihr auf dem Foto ausdrückt, was sich zwischen Hertha und Simon zeigt, hat sich in diesem Moment in der Tochter zusammengefunden.

## Jalda Rebling

*ist Schauspielerin und Sängerin, sie wurde 1951 in Amsterdam geboren und wuchs in der DDR auf. Sie hat eine ältere Schwester, die zur Generation der Überlebenden gehört. Jalda Rebling studierte Schauspiel in Berlin und trat ab 1979 gemeinsam mit ihren Eltern auf, auch in New York und Jerusalem. Seitdem beschäftigt sie sich mit den frühen europäisch-jüdischen Kulturen und setzt damit auf ihre Weise die Arbeit ihrer Mutter fort. Schon in der DDR war Jalda Rebling als Interpretin jiddischer und sephardischer Lieder bekannt. Heute ist sie Ensemblemitglied des Hackeschen Hof-Theaters Berlin und dort Protagonistin verschiedener Produktionen Jiddischen Lied-Theaters. Mehrere CDs mit jiddischen, sephardischen, mittelalterlich-aschkenasischen und hebräischen Liedern liegen vor. Jalda Rebling hat drei Söhne, sie lebt in Berlin und gehört zum egalitären Minjan in der Synagoge Oranienburger Straße.*

## Als holländische Jüdin in der DDR

Berlin, DDR 1979, Maxim-Gorki-Theater: Auf der Bühne Mutter, Vater und eine Tochter. Der Abend ist Anne Frank gewidmet, sie wäre fünfzig geworden. Anne Frank kennen alle. Das Ehepaar auf der Bühne kennen auch alle im DDR-Publikum, das Künstlerpaar Lin Jaldati und Eberhard Rebling. Sie singt jiddische Lieder und ist Ausdruckstänzerin. Er ist Pianist und Musikwissenschaftler. Sie ist holländische Jüdin, und er ist deutscher Kommunist.

Jalda Rebling: »Meine Mutter sang, ich las aus Annes Tagebuch, mein Vater trug Zeitdokumente vor, und beide erzählten persönliche Geschichten, Eberhard vom Widerstand in Holland, Lin von ihrer Begegnung mit Anne Frank im KZ, Chanukka in Bergen-Belsen. Anne hatte ein Stück Brot geklaut, sie rösteten Kartoffelschalen und machten sich ein kleines Fest. Auf der Bühne saß Lin an einem Tisch und sprach zum Publikum. Ich saß bei ihr. Ich habe gehofft, daß sie es schafft weiterzuerzählen, und ich habe gehofft, daß es endlich vorbei ist, dieses Erzählen, verbunden mit dem Verschweigen. Ich habe völlig verkrampft dagesessen. Danach war ich dran. Ich trat vor den Tisch und hatte Mama im Rücken. *Stiller, stiller* sang ich, ein Wiegenlied aus dem Wilnaer Ghetto. Dieser Anne-Frank-Abend erlebte mehr als hundert Aufführungen, vor allem außerhalb der DDR, in New York, in Jerusalem. 1982 kam meine Schwester mit ihrer Geige dazu. In Amsterdam gab es für Lin ein triumphales Comeback. Sie ist bekannt geworden mit Partisanenliedern, Kampf, geballte Faust. Lieder, die keine Hoffnung lassen, sang sie selten.« Lieder von der Angst, vom Tod sang bei diesen Konzerten Jalda. »Da hab ich für Lin emotional etwas getan, was sie nicht konnte«, glaubt die Tochter wie in Ehrfurcht vor der Überlebensgeschichte ihrer Mutter.

»Mir stand der Schmerz nicht zu. Mir stand die Angst nicht zu.« Nur als künstlerischer Ausdruck. »Meine Musikerkollegen haben mich irgendwann gefragt: Warum wird deine Stimme so piepsig, wenn du neben deiner Mutter auf der Bühne stehst? Es war auch wunderbar. Ich habe viel von Lin gelernt.« Acht Jahre traten sie zusammen auf.

»Meine Mutter heißt eigentlich Rebekka Brilleslijper, zu deutsch Brillenschleifer. Ein Teil ihrer holländischen Familie waren friesische Juden, groß und blond. Die dachten, sie seien nicht gemeint. Von denen ist bis auf eine Tante keiner wiedergekommen. Ein Zweig der Brilleslijpers kam aus dem Böhmischen. Meine Mutter wurde mit ihren Eltern, ihrer Schwester Jannie und ihrem Bruder Jacob deportiert. Im letzten Zug von Westerbork nach Auschwitz. Vergangenes Jahr war ich in Westerbork mit meiner Tante Jannie, Lins Schwester. Eine Gedenkfeier. Den Ort habe ich wiedererkannt, ohne jemals zuvor da gewesen zu sein. Ich bin noch in Amsterdam 1951 geboren, 1952 kamen meine Eltern in die DDR. Aufgewachsen bin ich in Eichwalde bei Berlin. Erste Adresse, klar. Meine Eltern waren Widerstandskämpfer, wir hatten keine materiellen Probleme.«

Am 6. September 1944 wurde die Familie Brilleslijper nach Auschwitz deportiert. Derselbe Zug, in dem die Familie Frank war. »Die hatten sich in Westerbork kennengelernt. Als sie in Auschwitz ausstiegen, kamen Lins Eltern sofort in die Gaskammer. Von der Befreiung in Bergen-Belsen erinnerte sie nichts. Am 27. Mai 1945 waren Lin und Jannie wieder in Holland.«

Zwischen diesen faktischen Angaben liegen die Erzählungen vom Überleben. »Hollywoodreif«, nennt Jalda Rebling sie, »lauter Wunder«. Geschichten, in denen die Eltern stark waren, »damit bin ich groß geworden«. Sie kann alle nacherzählen. Atemlos. Wie im Blindflug. Darunter ahnt die Tochter, worüber nie geredet wurde.

»Mein Vater ist nicht jüdisch. Er ging nach Holland, das bis zum 10. Mai 1940 ein freies Land war. 1937 kam er in eine Kommune in der Bankastraat in Den Haag, junge Intellektuelle und Künstler, heute sind ihre Namen teilweise berühmt. In diesem Haus lernten sich Lin und Eberhard kennen und verliebten sich ineinander. Damals tanzte Lin in der *Bouwmeesterrevue,* eine renommierte Truppe. Gemeinsam haben sie noch vor Kriegsbeginn die ersten Konzerte jiddischer Lieder und Tänze gestaltet.

Viele dieser Kommunebewohner gingen 1940 in den Widerstand, auch Lin, ihre Schwester Jannie und Eberhard. Sie mußten untertauchen. Im August 1941 wurde meine ältere Schwester Kathinka geboren. Januar 1943 mieteten sie unter falschem Namen ein Haus, genannt *Het hooge Nest.* Dort lebten neben Lin und Eberhard die Schwester Jannie mit ihrer Familie, Lins Eltern und der Bruder Jacob. Für viele Menschen war dieses Haus ein kurzzeitiger Zufluchtsort, den sie ausgerüstet mit gefälschten Papieren wieder verließen.«

Am 6. September 1944 wurden sie verhaftet. Jannie verhalf auf dem Weg zur Gestapo Eberhard zur Flucht. Sie selbst wurde dafür von der Gestapo schwer mißhandelt. Er entkam aus dem Wagen. Die kleine Kathinka war von einer Widerstandskämpferin zu einer holländischen Familie gebracht worden. »Das ist so eine der wunderbaren Geschichten. Eberhard konnte Lin ins Lager eine verschlüsselte Botschaft schicken, den Text eines jiddischen Liedes: Wos bistu Katinke brojgess. Er dichtete um: Si is baj di fun't hof. So wußte Lin, ihr Kind war in Sicherheit, und da es Eberhards Handschrift war, mußte er also frei sein.«

Die dreijährige Tochter, weggerissen von den Eltern, blieb fast ein Jahr bei Fremden. Die wurden vertraut. »Die Familie dort war Mama, und dann gab es noch ›meine Mama‹. Und nachher war Mama nicht mehr Mama, sondern meine Mama war wiedergekommen und war Mama. Lin wog achtundzwanzig Kilo. Sie konnte gar keine Mutter sein. Sie hat ein Jahr geschlafen. Von den Ärzten war sie aufgegeben. Daß die Mütter sich so verändert hatten, war für die Kinder ein Schock. Ich habe lange gebraucht, zu verstehen und zu akzeptieren, daß meine ältere Schwester auch Überlebende ist. Als ich geboren wurde, war sie noch nicht zehn, kümmerte sich um unsere Mutter, um mich, das schreiende Baby, und war die Beste in der Schule.«

Ihren ersten Abend auf deutschem Boden gaben Lin und Eberhard 1947 in Westberlin. »Es gibt einen Dankbrief von Heinz Galinski. Danach traten sie im Ostsektor auf, in der Jägerstraße im Kulturbund. Da saß die ostdeutsche Intelligenz. Anna Seghers sagte zu meiner Mutter: Du mußt die Trümmer in den Köpfen der Menschen … Und nach Eberhard haben sie sowieso geweint, er soll doch zurückkommen. Meine Eltern sind bekennende Kommunisten, und im Kalten Krieg bekamen sie in Holland keine Arbeit mehr.«

Daß Juden nach der Nazizeit sich für einen deutschen Staat entschieden, muß begründet werden. Die Gründe sind immer persönlich, auch wenn sie politisch sind. Jalda Rebling: »Die Lieder der jüdischen Arbeiterbewegung waren tief religiös, statt Meschiach die Idee von Gleichheit und Brüderlichkeit. Auch meine Mutter war in diesem Sinne eine tief religiöse Frau. Gegenüber einem BBC-Journalisten sagte sie: Sorry, I'm living in a German Democratic Republic, und die Leute in meiner Regierung waren wie ich im Konzentrationslager.

Meinen Eltern wurde eine Villa angeboten mit großem Garten. Auf dem Dachboden lagen noch die Nazifahnen. Mein Vater ging früh arbeiten und kam spät heim, er leitete eine Musikzeitschrift und war dann Rektor der Musikhochschule. Meine Schwester spielte Geige und ging auf eine besondere Schule.

Ich war tagsüber mit Mamas Depressionen allein. Mit achtzehn Jahren kam meine Schwester nach Moskau zum Musikstudium. Für mich katastrophal. Sie war weg. Ich war acht Jahre alt. Lin blieb im Bett oder kam nicht aus der Ecke raus, in der sie saß und las. Ich kam gar nicht auf die Idee, sie anzusprechen. Kurz bevor Papa nach Hause kam, stand sie auf, strich sich das Haar zurück und sagte: So, jetzt wollen wir noch was Leckeres kochen. Oder sie sagte morgens zu mir: Hast du Lust, in die Schule zu gehen? Du bist heute krank, wir gehen beide einkaufen.

Unterwegs musterte sie die Leute und sprach vor sich hin: Von dem möchte ich nicht wissen, was er früher gemacht hat. Trägt das Parteiabzeichen der SED. Da war früher das andere. Alles auf holländisch. Wir sprachen zu Hause nur Holländisch. Deutsch war für mich die Sprache von draußen.

Aber die Mama war auch die schöne, starke Frau, die Konzerte machte, bewundert wurde, durch die Welt reiste. Ich war oft allein als Kind unter den Erwachsenen. Zu uns kam viel Prominenz. In der Schule war ich zuständig für alles, was mit Shoa zu tun hatte. Das hieß nicht Shoa, das hieß: die deutschen Faschisten und ihre Judenverfolgungen.

Daß meine Mutter Jüdin war, wußte man in der DDR. Sie war eine bekannte Frau im ganzen Land, so klein wie ich, ein Meter einundfünfzig. Sie sang jiddische Lieder auf der Bühne, im Radio, im Fernsehen. Zu Hause kaum ein Wort über ihren Bruder Jacob. Der ist umgekommen. Als ich dann ein Kind im Bauch hatte, war völlig klar, das ist Jacob.

Papa hatte keine Familie, Mama hatte Familie. Als seine Eltern 1954 auf der Straße standen, wohnten sie bei uns. Angst, viel Angst hatte ich vor dem Mann, der mein Großvater war. Meine Großmutter gab mir Französischstunden und versteckte die Schokolade vor mir.«

Familie Rebling fuhr oft nach Amsterdam. Die Schwestern Lin und Jannie waren nach der Shoa eng verbunden. 1961 ließ Ulbricht die Mauer bauen, und die holländische Regierung aberkannte Lin Jaldati die Staatsbürgerschaft. »Wir trafen Tante Jannie in Prag. Diese Zeit war mehr als bedrohlich.« Doch Lin Jaldati holte sich ihren holländischen Paß zurück. Wieder eine filmreife Story, die hier nur angedeutet werden kann: Sie fuhr 1963 nach Amsterdam, provozierte als verstoßene holländische Jüdin öffentlich den Staat, kam ins Gefängnis und wurde mit holländischem Paß entlassen.

»Nach dem Krieg in Israel 1967 hatte Lin in der DDR faktisch Berufsverbot. Ich trug einen Davidstern um den Hals, den hatte Mama mir aus Amsterdam mitgebracht. Da kam so ein FDJ-Typ auf mich zu: Mach das ab. Das ist das Zeichen des Aggressors. Und ich zu ihm: Das ist meine Großmutter, die in Auschwitz ermordet wurde. Mir passierte nichts. Ich war Promikind. Lin sollte ein antiisraelisches Papier unterschreiben und weigerte sich.

Sie bekam einfach keine Aufträge mehr. Andere Juden haben unterschrieben. Doch sie sang *Höre Israel*, ein Lied, das Paul Dessau für sie schrieb, der wohnte nebenan. Text von Erich Fried: Mit nackten Füßen in der Wüste, wie kann ich noch zu Euch stehen, wo ihr jetzt zu Verfolgern werdet. Beim Festival des politischen Liedes in Berlin durfte sie einmal abends spät in einem Keller singen, und einmal in Jena im Studentenclub. Das war alles.

Im Ausland war sie die Vorzeigejüdin der DDR. Wenn ich das sage, erklärt mir mein Vater, Lin hätte in Holland nie die Möglichkeiten gehabt, die sie in der DDR hatte. Das ist meines Erachtens Unsinn.

Ab 1975 wurde das Klima besser, meine Mutter trat wieder regelmäßig auf. Es gab ein Interesse an jiddischer Kultur. Die ganze Klesmerei, die im Westen Anfang der neunziger Jahre begann, hatten wir in der DDR zehn Jahre früher.«

Jalda Rebling reiste mit eigenen Konzerten durch die DDR, »mit den Musikern Hans-Werner Apel und Stefan Maass, mit denen ich noch heute arbeite«. Sie traf auf Begeisterung und auf DDR-Neonazis. »Es saßen auch im Osten alte Nazis. Die mußten sich nur konform benehmen und die Schnauze halten.«

Lin Jaldati starb im August 1988. »Es gibt Berge von Noten, Texten, inzwischen ist das jiddische Liedarchiv meiner Mama bei mir, darunter einige jiddische Lieder, die kennt keiner! Heute singe ich diese Lieder. Inzwischen ja.«

Sammy Speier

*war Psychoanalytiker (Deutsche Psychoanalytische Vereinigung und IPA); er wurde 1944 in damals Palästina, seit 1948 Israel, geboren, als mittlerer von drei Brüdern. Er lebte in Frankfurt am Main und war Vater von zwei Töchtern und drei Söhnen. Veröffentlicht hat Sammy Speier zahlreiche Essays zum gesellschaftspolitischen Geschehen in Deutschland aus psychoanalytischer Sicht.*

*Er starb 2003 im neunundfünfzigsten Lebensjahr, zwei Jahre nach unserer Begegnung.*

## Sie war eine Überlebenskünstlerin

Wir treffen uns in seiner Praxis. Ein Frankfurter Mietshaus, zwei Zimmer, eine noch kleinere Küche. Der eine Raum ist ausgefüllt mit der Couch und dem Sessel des Psychoanalytikers. Das andere Zimmer wirkt verlassen und ist vollgestellt; wie die Requisitenkammer eines kleinen Theaters.

Gegenstände in stiller Unbenutztheit, mehrere Sessel zusammengeschoben, ein Arbeitstisch mit Computer, aufgeschichtet sind Bücher und Papier. An der Wand neben der Tür, schmuck und schimmernd ein schwarzes Klavier. Matt glänzen die Tasten. Im offenen Deckel lehnt aufgeschlagen Mozarts Klaviersonate in C-Dur: Dammmm damdaa dam dada dam.

»Ja. Ach. Nein, ich kann gar nicht spielen«, sagt Sammy Speier und legt die Hand mit abgewandtem Gesicht auf das zierliche Resonanzgebäude, als sei es eine Schulter. »Meine Mutter konnte sehr gut spielen. Sie wäre vielleicht Pianistin geworden. Ich versuch's. Ich übe ein bißchen.«

Rosa Speier, geborene Wolfsohn, kam in Riga zur Welt, als Jüngste von vielen Geschwistern. Zu Hause sprach man Deutsch, wie die meisten Juden in Riga. Rosas Mutter, eine geborene Mendelssohn, starb, als die Tochter sechs Jahre alt war. Sechs Jahre danach starb der Vater. So reiste die verwaiste Rosa zu ihren großen Geschwistern im Zug von Riga nach Berlin.

Der Erste Weltkrieg war noch nicht beendet, jüdisch-deutsche Soldaten lagen an der Front für Kaiser und Vaterland. Deutschlands Hauptstadt würde in den kommenden Jahren zu einer der populärsten europäischen Metropolen werden. Die Crème jüdisch-deutscher Wissenschaft war in Berlin versammelt, dazu Schriftsteller, Musiker, Schnorrer, Journalisten, Theater- und Filmleute, Kaufleute, Banker und die arme Mischpoche aus den Schtetln Osteuropas.

Hierher kam Rosa Wolfsohn, noch Schulmädchen, und blieb vierzehn Jahre. Sie wurde Modeberaterin, sie studierte Klavier am Konservatorium, sie war begabt, sie würde vielleicht Pianistin werden, und sie war zu einer Berlinerin geworden. In Deutschland hätten die Juden keine Zukunft, warnte sie ein Rabbiner. Aber in Palästina. Doch bevor Rosa Wolfsohn 1931 die beschwerliche Reise antrat, ging sie noch rasch in die Charité, um sich ihren gesunden Blinddarm herausnehmen zu lassen. In der Wüste würde es gewiß keinen Arzt geben, wenn man ihn brauchte.

Sammy Speier: »Auf den Fotos von damals ist sie eine attraktive junge Frau, klein, schick. Kennengelernt haben sich meine Eltern in Tel Aviv, in der jeckischen Clique. Mein Vater ist in Frankfurt geboren und floh 1936. Er hat das erste Jahr in Tel Aviv unter Pappkartons gelebt, ein Obdachloser. Wie meine Mutter war auch er der Jüngste, gerade Anfang Zwanzig, und er kam allein.

Später wohnten wir in Tel Aviv zu fünft in einer Zweizimmerwohnung, meine Eltern und wir drei Söhne. Ich bin 1944 in Palästina geboren, ich bin der Mittlere, zwei Jahre jünger als der ältere und drei Jahre älter als der jüngere Bruder. Zu Hause war es eng, aber wir Kinder hatten die Straße und gutes Wetter.

Tel Aviv war damals eine geruhsame Stadt mit schönen Häusern im Bauhausstil. Meine Mutter war patent, und sie war irgendwie auch deutsch. Sie turnte mit uns Kindern. Turnen, das war nicht israelisch. Die deutschen Juden konnten Fahrrad fahren und sie konnten schwimmen. Das konnten die Juden aus Polen und Rußland nicht. Mit uns Kindern ging meine Mutter jeden Tag eine Stunde ans Meer, Sonne tanken, so sagte sie, aber keine Sekunde länger als eine Stunde. Tomaten essen ist gesund. Zitronensaft trinken gegen Erkältung. Alles aufessen.

Für mich ist das deutsch. Unser Kinderarzt sagte zu meiner Mutter: Dein Sohn ist kein Schwein, der muß nicht alles essen. Ich war sehr dünn als Kind. Meine Mutter, ich habe natürlich Ima zu ihr gesagt, nicht Mutter, also, meine Ima sagte immer: Man sieht jede Rippe.

Als mein jüngster Bruder im Kindergarten war, arbeitete sie halbtags im Schuhgeschäft. Davor war sie im Haus, für die Familie, eben diese Rolle der Frau. Ich glaube nicht, daß sie vor der Ehe im Kibbuz lebte. Ich weiß es nicht genau, aber ich denke nicht. Sie war zwar politisch engagiert, aber so sehr wohl auch nicht. Sie war eine modebewußte Frau, Berlin war Kulturzentrum gewesen, und in Israel hatte sie damals nur zwei Kleidungsstücke, einen Kittel für tagsüber, einen Kittel für abends.

Die Häuser waren damals nicht abgeschlossen. Es gab keine Einbrüche. Die Leute besaßen ja kaum etwas. Nachts hörte man Nachbarn im Schlaf schreien oder herumlaufen, wohl KZ-Überlebende. Am Tage war die Weite, das Meer, die Sonne.

Als mein Bruder geboren wurde, hatte meine Mutter viel Milch, und jeden Tag kam von Jaffa ein Araber herüber, der bekam von ihr Milch für sein Kind. Es wurde uns Kindern damit etwas gezeigt, nicht demonstrativ.

Zum Beispiel haben wir an Jom Kippur gegessen, obwohl man fasten soll, aber meine Eltern achteten darauf, daß die Rolläden heruntergelassen waren, um die Nachbarn nicht zu provozieren und zu kränken. Den Kindern Werte vermitteln. Es hat für mich als junger Mensch nicht immer gepaßt. Aber im nachhinein bin ich dankbar dafür. Einerseits war meine Mutter sehr beschützend, die jüdische Mamme, die ständig Angst um ihre Kinder hat. Doch in Tel Aviv durfte ich alles, in Deutschland war Schluß damit. In Tel Aviv konnte ich Rollschuh fahren, Fahrrad fahren, Blumen austragen, um Geld zu verdienen. Ich war auf der Straße, bis es dunkel wurde – und freie Auswahl von Freundschaft.

Hier in Frankfurt waren es dann die Kinder der Nazis. Hier war Angst. Meine Eltern waren in Israel viel weniger depressiv gewesen. Es war ein Fehler wegzugehen. In Deutschland waren die Freunde meiner Eltern ausschließlich Juden. Ich dagegen halte es nur unter Juden schlecht aus. Ich habe ein großes Bedürfnis, nicht im Ghetto zu leben, und ich habe sehr gute nichtjüdische Freunde.

Meine Eltern kamen zurück nach Deutschland wie viele Juden, nämlich auf dem Weg nach Amerika. Sie wollten hier nicht bleiben. In Deutschland bekam man zehntausend Mark Startgeld. In Amerika hätten wir mit Null anfangen müssen. Das war ein gewichtiger Grund.

Es gab Probleme in Israel für meinen Vater, beruflich, Streit, Bedrohung. Ein Grund war auch, deutsche Juden hatten es in Israel nicht leicht, sie wurden verhöhnt. Ich war sehr stolz auf meinen Vater, weil er kein jeckisches Hebräisch sprach. Aber meiner Mutter hörte man es an. Es gab ewig Witze über die Jeckes, über ihre Aussprache, ihre deutsche Art. Jeckes sind wie die Deutschen, nur eben sind sie Juden.

Wir sind 1958 gegangen. Heimlich. Ich war vierzehn, mein Freund kam ausgerechnet an dem Morgen, an dem wir abreisten, um sich mit mir im Gymnasium anzumelden. Ich durfte ihm nichts von unserer Abreise sagen. Offiziell machten wir einen Ausflug nach Europa. Die Leute haben es natürlich gerochen. Für mich war es eine Zwangsemigration, darin war eine Wiederholung. Es war mit Scham verbunden. Auswandern aus Israel! Ich war böse auf meine Eltern.

Zunächst lebten wir in Frankfurt in einer Pension, mein Vater suchte eine Wohnung. Nochmal eine Existenz aufbauen, schnell Geld machen in Deutschland, dann nach Amerika. Mein

Vater kaufte sich in ein Geschäft ein, eine Schnellreinigung für Hemden. Er wurde reingelegt, wahrscheinlich von einem alten Nazi. Dann stieg er bei seinem Cousin ein, der machte einen Schnellimbiß auf.

Was mir so wichtig war in Israel, ich kam nach Hause, meine Mutter war da, es roch gut nach Essen, das ist hier für mich in Frankfurt verlorengegangen. Oase hieß der Schnellimbiß. Meine Mutter ist hinter dieser Theke verschwunden. Es waren immer viele Gäste da, um die sie sich kümmerte. Deutsche Gäste. Sie war schnell, sie war fix, sie scherzte mit den Leuten. Meine Ima war im Imbiß eine Kanone. Ich fuhr von der Schule mit dem Rad hin und aß dort. Es kamen auch Unterweltler, Schlägertypen, die mochten diese patente, robuste, kleine Mutter, die geben konnte. In dieser Rolle fühlte sie sich wohl. Es war ihre Fähigkeit, wieder anzuknüpfen, sicher mit einem Stück Verleugnung, aber doch anzuknüpfen. Der gefürchtetste Schläger von Frankfurt, genannt Bubi, der verehrte sie, und es war klar, wenn der kam, dann Gnade Gott demjenigen, der sich Rosa Speier gegenüber nicht gut benahm.

Die Angst war abends und in der Dunkelheit. Wir bekamen nachts anonyme Anrufe: ›Ihr Saujuden, geht zurück nach Israel.‹ Ich ging nachts immer ans Telephon. Nicht meine Eltern. Ihren Söhnen sagten sie: Fangt nichts mit Christinnen an. Ich habe gemeutert: Dann hättet ihr mich nicht herbringen sollen. Sie hatten Schuldgefühle uns gegenüber.

Den Schnellimbiß habe ich bei meiner Mutter nie als einen gesellschaftlichen Abstieg erlebt. Sie war eine Überlebenskünstlerin. Bei meinem Vater habe ich die Verletzung gespürt, nicht studiert zu haben, kein Akademiker geworden zu sein. Er war aus gutem Hause, Frankfurter Bildungsbürgertum. Für meine Mutter war es anders. Was meine Mutter gern machte, da lebte sie auf. Das hat sie mir vermittelt.

Als mein Vater mit siebenundfünfzig Jahren starb, war ich einundzwanzig. Das hat mein Leben verdammt mitbestimmt, sein Tod zu dem Zeitpunkt damals und die Umstände seines Todes. Er war ins Krankenhaus gegangen wegen einer Bruchoperation. Er hatte sich verhoben, wahrscheinlich beim Schleppen von Getränkekisten im Schnellimbiß. Um Geld zu verdienen, hat der Professor meinem Vater noch den Blinddarm rausgenommen. Es kam zum Darmstillstand. Dieser Chirurg hat ihn umgebracht. Nie eine Operation in Deutschland, hatten sich meine Eltern immer geschworen.

Zusammen mit meinem älteren Bruder mußte ich in den Schnellimbiß einsteigen. Mein Studium legte ich für ein Jahr auf Eis. Ich war damals in der linken Szene. Morgens besetzte ich die Uni, abends ab sieben Uhr stand ich hinter der Theke. Der Imbiß war Tag und Nacht geöffnet. Später, in meiner Ausbildung zum Psychoanalytiker, gab es Momente, da habe ich mir sagen können: Ihr kriegt mich nicht klein. Ich kann Würstchen verkaufen, ich kann Schaschlik anrühren, ich kann Bier zapfen. Ich wäre heute Millionär, wenn ich das weitergemacht hätte, anstatt Analytiker zu werden.

Mein Vater war gestorben, und mein älterer Bruder und ich, wir schickten meine Mutter nach Israel, ihr Jüngster war da gerade in der Armee. Wir wollten sie schützen vor der Beerdigung hier. Vielleicht haben wir uns schützen wollen vor ihrem Weinen. In Israel hatte sie Freunde, sie war entspannter als hier.

Nach sechs Monaten kam sie zurück und ging wieder in den Schnellimbiß. Sie hätte da noch mit achtzig gestanden. Mein älterer Bruder hörte nicht auf, neben ihr zu arbeiten, und da sie fand, er sollte weiterstudieren, hat sie dann verkauft. Das konnte sie auf einmal. Was zuvor nur ihr Mann gemacht hatte. Sie verhandelte mit der Bank, sie machte den Führerschein.

Ein viertel Jahrhundert hat sie noch gelebt. Gut hat sie gelebt. Meine Mutter ist siebenundachtzig Jahre alt geworden. Das ist schon ein schönes Alter. Sie ist gependelt zwischen Tel Aviv und Frankfurt. Sie hat gern Karten gespielt. Sie fühlte sich als Zentrum der Familie. Berlin bleibt Berlin, den Spruch gab es immer von ihr. Sie ist 1936 noch einmal nach Berlin gereist, um ihren Bruder und ihre Schwester nach Palästina zu holen. Die sagten: Rosi, wir sind nicht so wie du. Wir können nicht in der Wüste leben. – Wir wissen nichts von ihnen, sie sind ›verschollen‹.

Wenn es ihr schlechtging, fragte ich, Ima, was ist? Sie sagte immer: Frag nicht. So habe ich nicht gefragt. Es war ja nicht eingetreten für sie, das Furchtbare. Sie war rechtzeitig gegangen. Lastende Schuldgefühle. Später wuchs die Angst in mir, sie stirbt, wenn ich sie frage. Ich wollte gern mit ihr nach Riga fahren. Wollte sie nicht.

Merkwürdig, ihre künstlerische Seite, die hat sie gar nicht gezeigt. Sie war wohl wirklich begabt. Als ich anfing, als Erwachsener Klavier zu spielen, fühlte ich, damit tue ich ihr weh. Als hätte ich eine wunde Stelle berührt.

Wie kann man sich mit solchen Eltern konfrontieren, ohne zum Täter zu werden? Ein Kollege, ein Psychoanalytiker, nichtjüdisch, schrieb mir mal zu einem Text von mir, es fehle die Aggression gegen die Eltern. Das hängt mir bis heute an, daß der das so einfach hat schreiben können! Ich spiele Klavier, ich höre auf. Vor drei Monaten habe ich wieder begonnen. Ich möchte es in Besitz nehmen, auch als ein Stück Fortführung in der Kontinuität mit ihr. Ich habe sie nie Klavier spielen hören.«

Stefanie Zweig

*ist Schriftstellerin und lebt mit ihren zwei Katzen in Frankfurt am Main. Nach dem Abitur entschied sie sich, Journalistin zu werden. Sie wurde Feuilletonredakteurin der Frankfurter »Abendpost« und war 25 Jahre die Kulturchefin der »Abendpost«-Nachtausgabe. In dieser Zeit schrieb sie sieben Jugendbücher, darunter das mehrfach prämierte Buch »Ein Mund voll Erde«. 1993 wurde ihr die Medaille des Verdienstordens der Bundesrepublik Deutschland verliehen. Stefanie Zweig wurde 1932 im damals oberschlesischen Leobschütz geboren. Sie war fünf Jahre alt, als die Eltern 1938 mit ihr nach Kenia (Ostafrika) flohen. Ihr Vater, von Beruf Rechtsanwalt und Notar, war als Jude von der deutschen Anwaltskammer »gelöscht« worden. Owuor, ein Kenianer, und der gute Geist der einsamen Farm Ol' Joro Orok, die ihre Eltern in Kenia zu verwalten hatten, eröffnete dem kleinen Mädchen die sinnliche Welt Afrikas. Sie besuchte in Kenia die Nakuru School, ein englisches Internat. 1946 wurde ihr Bruder geboren. Ein Jahr später, Stefanie Zweig war fünfzehn Jahre alt, kehrte die Familie nach Deutschland zurück, vor allem dem Vater zuliebe. Ihr autobiographischer Roman »Nirgendwo in Afrika« (1995) wurde ein Bestseller und ist inzwischen verfilmt worden. Im Fortsetzungsband »Irgendwo in Deutschland« werden die Nachkriegsjahre in Frankfurt geschildert. Ihre folgenden Romane »... doch die Träume bleiben in Afrika« und »Karibu heißt willkommen« spielen wieder in Afrika.*

## Sie sagte, sie sei die Schönste gewesen

Als wir uns am Telefon für ein Gespräch über ihre Mutter verabreden, sagt Stefanie Zweig: »Merkwürdig, die Leute, die meine Bücher über meine Familie gelesen haben, sind ganz angetan von meiner Mutter. Dabei habe ich sie gezeigt, wie sie war.«

Jettel, wie Stefanie Zweigs Vater seine Frau Lotte liebevoll nannte, war ein verwöhntes Kind, eine lebenslustige junge Frau, die 1938 auf die Farm nach Afrika keinen Eisschrank mitbrachte, wie ihr Mann sie inständig bat, sondern ein todschickes Abendkleid. Lotte war eine launische, eine eigenwillige Frau und eine lebenstüchtige Frau, praktisch, naiv, nicht auf den Mund gefallen und sinnlich, für Afrika nicht die schlechtesten Voraussetzungen. Ihre Zuflucht Kenia, die Farm, den Busch, die Menschen dort wollte Jettel nicht verlassen, schon gar nicht, um in das »verfluchte Deutschland« zurückzukehren, in dem ihre Mutter und ihre ältere Schwester deportiert und ermordet worden waren.

Aber ihr Mann hatte trotz allem Sehnsucht nach Deutschland, und vor allem Sehnsucht nach Rehabilitierung. Gleich nach Kriegsende schickte er ein Gesuch an das hessische Justizministerium, in dem er bekundete, am Wiederaufbau einer freien Justiz mitwirken zu wollen. Man bot ihm die Position eines Amtsrichters an, samt Wohnung. Und Jettel sagte: »Ich dachte, die deutschen Städte sind alle kaputtgebombt. Wo nehmen die denn die Wohnungen für ihre Richter her?«

Die jüdischen Rückwanderer, so lautete die offizielle Bezeichnung, sollten in Deutschland bevorzugt behandelt werden, ihnen schlugen Neid und Mißgunst entgegen, der alte Antisemitismus; ganz ähnlich erging es in den ersten Jahren auch der Familie Zweig. Mit dem Tod des Vaters 1959 endet das Buch

*Irgendwo in Deutschland,* der zweite Teil des Familienromans. Stefanie Zweig erzählt:

»Meine Mutter war die Generation Frauen, die nicht gewöhnt war, allein zu leben. Sie konnte keinen Scheck ausstellen, sie war gewöhnt, umsorgt zu werden, sie war gewöhnt, sich mitzuteilen. Um ihretwillen gab ich meine Stellung in Düsseldorf auf und ging zurück nach Frankfurt. Das stand für mich fest, als mein Vater starb. Sie kam gar nicht dazu, diesen Wunsch zu äußern. Mein Bruder war dreizehn Jahre alt. Ich wollte nicht, daß sie mit ihm allein blieb. Also zog ich wieder in mein Zimmer, das ich mein ganzes Leben lang gehabt habe, und da schlafe ich bis heute drin. Am Schrank innen steht noch vom Einzug geschrieben: Tochterzimmer. Ich war jetzt eine junge Frau, und mein Lebenspartner wohnte damals in Düsseldorf; er zog dann nach Wiesbaden. Meine Mutter war nach dem Tod meines Vaters wie alle Witwen, sie dachte, sie hätte die beste Ehe der Welt geführt und erzählte es jedem. Ich konnte ihr nicht den Mann ersetzen, aber es war jemand da, bei dem sie ihre Klagen los wurde. Nicht immer einfach für eine Vatertochter wie mich.

Ich arbeitete bei der Frankfurter *Abendpost,* mußte um zwei Uhr mittags in der Redaktion sein und kam nachts um drei Uhr nach Hause. Sie warf mir vor, daß sie zur Zeit ihres Mannes nie allein habe frühstücken müssen. Der Sohn war in der Schule, und ich schlief natürlich früh um sieben noch. Ich war so erschöpft von der langen Arbeit. Sie meinte es nicht böse, mußte aber darüber klagen. Ich hörte gar nicht hin, habe mir sehr früh angewöhnt, nicht jedes Wort zu registrieren.

Meine Mutter hatte viele Bekannte. Sie hatte dienstags ein Kränzchen und mittwochs ein Kränzchen. Alles Frauen aus der jüdischen Gemeinde, und viele waren Witwen. Überlebende und Rückkehrer. Vor ihrem Kränzchen sang sie mein Loblied: Die Steffi ist so tüchtig. Das war Schlagwort. Ich hatte das Gefühl, sie könnte es mir ja auch mal so sagen. Wenn ich heute einkaufen gehe, sprechen mich wildfremde Leute an. Sie sind doch die Frau Zweig? Wir kannten noch die Mutti. So eine feine Frau! Sie war ungeheuer beliebt. In meinem Buch schildere ich meine Mutter als kapriziöse Frau, die sie war, aber auch als eine Frau, die keine Kompromisse gemacht hat, und gerade das gefällt den Menschen. Sie ließ sich in ihrer Ehe absolut nichts gefallen, wobei die meisten Differenzen zwischen meinen Eltern nicht tiefgehend waren und glatt hätten beigelegt werden können, wenn meine Mutter nachgegeben hätte. Das tat sie aber nicht.

Sie war eine schöne Frau und von ihrer Mutter sehr verwöhnt, das merkte man auch. Die lebten in Breslau, eine Großstadt mit einer großen jüdischen Gemeinde. Die Familie war nicht orthodox, sie waren assimiliert und blieben in die Tradition eingebunden. Meine Mutter war zwölf Jahre, als ihr Vater starb. Sie war die mittlere von drei Töchtern und der Liebling ihrer Mutter. Sie erzählte, ihre Mutter habe sie als Vertraute ausersehen. Mein Vater studierte in Breslau. Er war gern dort im Haus, seine Mutter war früh gestorben, und seine Schwiegermutter muß eine attraktive Frau gewesen sein. Sie war mit vierunddreißig Jahren Witwe geworden. Wenn sie zusammen Karten spielten, *Sechsundsechzig* hieß das, sagte die Mutter meiner Mutter zu meinem Vater: Laß die Lotte gewinnen. Das wurde bei jedem Krach zwischen meinen Eltern aufgewärmt. Und ich habe als Kind immer überlegt, was ist sechsundsechzig?

Meine Mutter hieß Lotte, aber mein Vater nannte sie Jettel, und darum heißt sie auch in meinem Buch so. Ihre ältere Schwester ist deportiert worden und umgekommen, wie ihre Mutter auch. Die jüngere Schwester konnte nach Amerika auswandern. Meine Mutter hat immer betont, sie habe sich mit ihrer älteren Schwester sehr gut verstanden. Und mein Vater sagte dann: Natürlich, weil sie tot ist. Als ihre jüngere Schwester uns später in Frankfurt besuchte, setzten die beiden den Krach von vor der Emigration fort. Daß meine Mutter von einer immensen Unlogik war, hat mich schon als Kind sehr gestört. Zum Beispiel, ich hatte eine Tasse zerbrochen, und sie sagte: Das hast du nur gemacht, um mich zu ärgern. Daraus machte sie ein Drama. Wenn wir mal kein Dienstmädchen hatten, auf Dienstmädchen legte sie besonderen Wert, dann hörte man meine Mutter in der Küche abwaschen und vor sich hin singen: Aschenputtel, warum weinest du so sehr? Weinest du von dessentwegen, weil du mußt die Treppe fegen? Sie kochte nicht gern, weil sie überhaupt träge war. Jeden Samstag gab es Buletten. Wir nannten es Fleischbrotl auf schlesisch. Mir schmeckte es immer gut bei ihr. Mein Vater war furchtbar mäkelig am Essen. Ich koche nur gern für die Steffi, sagte sie, die ist mit allem zufrieden.

Mein Vater war gegen neun in der Kanzlei und kam stets mittags zum Essen nach Hause. Abends machte meine Mutter jedem einen Teller Brote, da konnte man Wünsche äußern. Mein Vater bekam zwei Scheiben mit Wurst und eine mit Käse, und ich bekam drei mit Tomaten. Bis zu den Fernsehzeiten las mein Vater manchmal vor. Wir hatten einen Lesezirkel. Da hat sich die ganze Familie drauf gefreut. Wir stürzten uns auf die Magazine. Aus Büchern wurde nicht vorgelesen. Die las man selbst. Meine Mutter hat gern gelesen. Zu ihrer Zeit gab es schon junge Mädchen, die Abitur machten, aber nicht viele. Meine Mutter ist auf eine Schule für Höhere Töchter gegangen. Für meinen Vater war es die Dummenschule. Ich habe das nachgeplappert als Kind und zu meiner Mutter gesagt: Du bist nur auf die Dummenschule gegangen. Sie konnte sich verteidigen: Wir haben wenigstens Englisch gelernt auf der Dummenschule. Mein Vater war Altsprachler und konnte kein Englisch, er mußte es beim britischen Militär mühsam lernen. Ich fand, sie sprachen beide mit einem schrecklichen Akzent.

Afrika gefiel mir. Ich kam dort mit dem Leben klar. Mein Vater sehnte sich nach Deutschland zurück und meine Mutter nach einem Leben, das es in der Form gar nicht mehr gab. Was für mich schwer war, meine Zeit im Internat, darüber habe ich mit den Eltern nicht gesprochen. Ich wollte es ihnen nicht noch schwerer machen. Mein Vater war ein entwurzelter Mann, dem hätte ich keine Probleme zugemutet, die er nicht hätte lösen können. Verstanden hätten sie es schon, wenn ich ihnen gesagt hätte: die Lehrerin ist antisemitisch, die Mädchen sind antisemitisch, ich bin deutsch und jüdisch, das ist eine ganz entsetzliche Kombination auf einer englischen Schule im Krieg.

Mein Vater wollte nach 1945 zurück nach Deutschland, meine Mutter nicht. Als sich für ihn beruflich die Gelegenheit bot, habe ich sofort gesagt, ich bin dafür. Er brauchte die Liebe, die ich ihm gab. Ich wäre lieber geblieben. Aber er wollte mit seiner Tochter im Gleichklang sein. Ich liebte meinen Vater sehr. Es war eine Liebesbeziehung. Aber gerade weil es eine Liebesbeziehung war, ist es nicht ständig zum Ausdruck gekommen. In späteren Jahren war ich sogar sehr vorsichtig, daß meine Mutter nicht eifersüchtig wurde. Wenn sie ein neues Kleid brauchte, sagte er: Du bist alt, da kaufe ich lieber der Steffi eines. Das habe ich nicht zugelassen. Mein Vater hatte eine sehr innige Beziehung zu mir. Nicht umsonst habe ich ihm *Nirgendwo in Afrika* gewidmet, das erste Buch. Doch ich habe meiner Mutter nichts verübelt. Nicht ihren Egoismus und nicht ihre Dominanz. Ich wußte, sie kann gar nicht anders. Ich habe sehr früh durch die Emigration gelernt, das Leben so zu nehmen und Kompromisse zu machen.

Als ich älter wurde, habe ich durchaus begriffen, daß es nicht nur ein Vergnügen sein konnte, mit meinem Vater verheiratet zu sein. Wenn ich mit meiner Mutter alleine war, verstanden wir uns sehr gut. Es ist typisch für sie, als ich geboren wurde, wollte sie einen Sohn, als mein Bruder geboren wurde, wollte sie durchaus eine Tochter, und zwar mit der Begründung, ein Mädchen werde schneller erwachsen. Sie fühlte sich zu alt für das Baby, drückte mir meinen Bruder in den Arm und sagte: Da. Du hast ihn dir ja gewünscht. Als hätte ich ein uneheliches Balg nach Hause gebracht. Ich war für meinen kleinen Bruder ein Erwachsener. Einmal, es schellte an der Haustür, mein Bruder war gerade drei Jahre alt, da stand jemand und fragte ihn: Wo ist denn deine Mutter? Er antwortete: In der Schule.

Mein Vater war eifersüchtig auf jedes männliche Wesen, das daherkam. Wenn jemand anrief und fragte, ob seine Tochter dasei, schrie er ins Telefon: Nein! Ich stand neben ihm. Meine Mutter sagte zu ihm: Die Steffi muß ihr eigenes Leben leben! Als mein Vater dann gestorben war, hat sie geschrien: Der Papa wollte auch nicht, daß du mit diesem Mann zusammen bist. In ihrer Not klammerte sie sich an mich. Mein Vater klammerte nicht. Es war seine Idee, daß ich nach Düsseldorf ging, allerdings um mich von einem Mann wegzubringen, den ich hier, in Frankfurt, kennengelernt hatte. Das war ihm so fürchterlich! Damals hat man nicht widersprochen. So habe ich es getan. Sehr ungern.

Als ich ein junges Mädchen war, gab es in ganz Frankfurt keinen Menschen jüdischen Glaubens, der in meinem Alter war. Ich war eine Generation, die es gar nicht gab. Die jungen Männer waren entweder tot oder nicht aus der Emigration zurückgekommen. Die Generation, die dann kam, wurde erst nach 1946 geboren. Es ist kein Zufall, daß ich einen Partner hatte, der dreißig Jahre älter war als ich. Wir liebten uns, aber ich wäre nie eine Mischehe eingegangen. Im Andenken an meinen

Vater. Mein Freund war in der Naziterminologie ein Halbjude. Mein Vater hätte es nicht gewollt. Meine Mutter störte später an meinem Freund, daß ich am Wochenende nach Wiesbaden fuhr und sie niemanden zum Wochenende hatte. Dann ist sie demonstrativ auf den Friedhof gegangen. Nach dem Motto: Du gehst zu einem Mann, und ich kann nur noch auf den Friedhof. Das fand ich unangenehm. Es handelte sich ja bloß um eine Nacht. Ich mußte sonntags wieder arbeiten. Vier Jahre nach dem Tod meines Vaters starb meine Mutter.

Meine Eltern hatten sich beim Tanzen kennengelernt, in der Studententanzstunde. Ich bin unmusikalisch. Für mich war jede Form von Tanz oder Ball eine Qual. Auf Tanzstunde jedoch bestanden meine Eltern. Sie dachten, ich amüsiere mich prächtig. Mir war nur wichtig, daß der Quatsch aufhörte. Du bleibst eine alte Jungfer, behauptete mein Vater, und meine Mutter sagte, sie sei auf jedem Ball die Schönste gewesen. Das war ich gewohnt zu hören. Ich hielt sie ja auch für die Schönste.

Wenn ich jetzt alte Fotos ansehe, erkenne ich, daß ich durchaus attraktiv war, aber auf die Idee bin ich damals nicht gekommen. Mein Vater sagte immer zu mir: Du wirst nicht die Butter aufs Brot verdienen, du bist zu schüchtern. Er hat leider nicht mehr erlebt, daß aus mir etwas geworden ist.«

Joram Bejarano

*ist Komponist und Musiker, er wurde 1953 in Israel geboren, seine Schwester Edna ist eineinhalb Jahre älter als er. Seine Mutter, Esther Bejarano, ist eine bekannte Sängerin und Zeitzeugin, alle drei gehen zusammen auf Tournee mit jiddischen Liedern und mit internationalen Liedern für Frieden, den es ohne Kampf nicht geben kann. Joram spielt Baß, Percussion und Gitarre, Edna kommt vom Rock, Pop, Jazz, und Esther ist Koloratursopran. Sie nennen sich »Esther und Edna Bejarano & Coincidence«. »Lider fars leben« heißt die CD der Bejaranos, die Joram Bejarano in seinem »Bonus Musikstudio« aufgenommen und produziert hat. Joram Bejarano ist verheiratet und hat einen Sohn, er lebt mit seiner Familie in Hamburg.*

## Leicht egozentrisch und schwer in Ordnung

Gedacht hatte ich daran, Esther Bejarano um ein Gespräch zu bitten, ich wollte sie nach ihrer Mutter fragen. Esther Bejarano ist 1924 geboren. Ihre Eltern starben einen gewaltsamen Tod in der Nazizeit. Sie, die Tochter, wird damals ein Mädchen von dreizehn oder fünfzehn Jahren gewesen sein. Es ist schwer, vielleicht unmöglich, sich den Alltag der Kindheitstage zu vergegenwärtigen, die Freuden, vor allem aber die Auseinandersetzungen mit einer Mutter, die von Nazis ermordet wurde. Ich wählte eine Telefonnummer, die mir gegeben worden war als die Telefonnummer von Esther Bejarano. Ein Band lief. Ich hinterließ eine Nachricht. Joram Bejarano rief mich an. »Sie haben bei mir angerufen«, sagte er, »ich kann Ihnen die Telefonnummer meiner Mutter geben, aber warum wollen Sie nicht mit mir sprechen, mit dem Sohn dieser Mutter?« Ich besuchte ihn in seinem Musikstudio.

Joram Bejarano ist Komponist. »Ich arbeite überwiegend für Werbespots.« Zum Beispiel Musik für Kinderwurst und kleine Pizzas. Außerdem war er Versicherungskaufmann, Spezialgebiet: Rückversicherung, Interessengebiet: Katastrophen. Seine Mutter, Esther Bejarano, hat im Mädchenorchester in Auschwitz Akkordeon gespielt. Um ihr Leben.

Seit über sieben Jahren tritt Joram Bejarano gemeinsam mit seiner Mutter und seiner Schwester auf: Konzerte mit jüdischen und antifaschistischen Liedern. »Ich wollte gar nicht. Ich mochte die politische Aussage, aber nicht diese eher folkloristische Musik.« Er spielt den Baß bei *Esther und Edna Bejarano & Coincidence,* macht die Organisation, richtet vor den Auftritten die Bühne ein und achtet darauf, daß es allen gutgeht, besonders seiner Mutter.

Joram Bejarano: »Man ist als Familie in der Zusammenarbeit oft zu nahe. Einmal gab es einen Riesenkrach. Der typische Tourneekoller. Meine Mutter hatte was gesehen, was so nicht war. Daran entzündete es sich. Meine Mutter ist leicht egozentrisch. Ich würde das gar nicht nur negativ besetzen.

Sie bekleidet als Zeitzeugin mehr oder weniger fast ein Amt. Ich wußte jahrelang nicht genau, worin ihre Tätigkeit bestand. Später konnte ich es mir vorstellen, weil sie natürlich, wenn wir auftraten, dem Publikum auch dafür zur Verfügung stand.

Uns, ihren Kindern, hatte meine Mutter erklärt, daß alle Gefangenen von den Nazis eine Nummer bekommen haben, so eine Nummer, wie sie eine am Unterarm hat. Das Ausmaß haben wir natürlich nicht verstanden. Bis heute nicht. Wenn sie bei Auftritten dem Publikum erzählt, erfahre ich plötzlich etwas, was ich noch nie gehört habe, ist ihr auf einmal eingefallen, eine kleine Geschichte. Und ich denke dann: Das auch noch.«

Joram Bejarano ist in Israel geboren. 1960 kam die Familie nach Deutschland. Er war siebeneinhalb und seine Schwester Edna neun Jahre alt. Die Kinder lernten die fremde Sprache, die Sprache der Mutter: Deutsch. Esther Bejarano, durch die Zeit im Konzentrationslager gesundheitlich geschädigt, konnte die Hitze in Israel nicht gut vertragen. Nissim Bejarano, der Vater, 1925 in Britisch-Palästina geboren, wollte nicht mehr in den Krieg ziehen. »Mein Vater ist immer Kommunist gewesen. In Israel ist das was anderes als hier, es ist die friedensfördernde Seite. Er hatte resigniert, weil er empfand, daß dort ein faschistoider Staat entstand. Er hatte arabische Freunde. Meine Mutter hatte Wiedergutmachung zu erhalten. Das war ein lächerlicher Betrag, irgendwie dreißigtausend Mark. In Israel hätte davon der Staat noch Steuern einbehalten.

Wir waren zweieinhalb Monate unterwegs. Zuerst in Italien, dann in der Schweiz, letztlich Hamburg. Deutschland.

Die Entscheidung war für meine Mutter schwer. Es waren

aber in Berlin noch Verwandte und Freunde. Hamburg war Zwischenstation, und hier sind wir geblieben. Der damalige Kantor war Schüler meines Großvaters gewesen, des Vaters meiner Mutter. Er half uns.

Auf der Straße, ich ging an der Hand meiner Mutter, wurde ich beglotzt. Ich sah nicht unbedingt ausländisch aus. Es lag nicht an mir. Hier drehen sich alle Menschen um, wenn man schon aneinander vorbeigegangen ist. Das kannte ich aus Israel nicht. In Israel wurde man einfach angesprochen.

Meine Mutter ging in Israel während ihrer Militärzeit mit einem Chor auf Tournee. Mein Vater war Baßbariton in diesem Chor. Sie war einundzwanzig Jahre alt, und er war ein Jahr jünger. Sie behauptet, er habe immer falsch gesungen. Sie hat sich ausbilden lassen in Israel, klassischer Gesang, Lieder und Arien. In Auschwitz hat sie im Orchester Akkordeon gespielt. Sie konnte Klavier.

Meine Mutter kommt aus einem sehr musikalischen Elternhaus. Ihr Vater war Oberkantor in Ulm und Saarbrücken. In Auschwitz mußte sie behaupten, daß sie Akkordeon spielen kann, um in das Orchester hineinzukommen. Die Orchesterleiterin half ihr. Sie mußten spielen, wenn auf der Rampe selektiert wurde.

Nach ihrer Militärzeit in Israel war sie Flötenlehrerin. Ich bin rausgeflogen bei ihr. Ich war sechs Jahre und kam in ihre Klasse und habe mich unmöglich benommen, weil meine Mutter die Chefin war.«

Seine Mutter habe lange Zeit nicht darüber reden können, was sie als Mädchen im Konzentrationslager gesehen und erlebt und überlebt hat. »Meine Mutter hat erzählt, aber nicht in Details. In Umrissen. Sie war im KZ gewesen. Es wurde erklärt, was ein KZ ist, die Geschichte wurde erklärt, das Dritte Reich und auch wer aus der Familie umgekommen ist. Eine Schwester und ein Bruder überlebten. Aber die Eltern nicht und auch nicht zwei Schwestern.

Ich frage nicht. Es reicht ja die Tatsache. Ich habe nicht gefragt. Nie habe ich gefragt. Wenn meine Mutter hier Behördengänge erledigen mußte, war sie in Angst. Ich habe nie darüber nachgedacht, warum. Als Kind nicht. Es kam ja Stück für Stück, und man nimmt es als Kind, wie es kommt. War sie dann wieder zu Hause, war es schon passiert. Sie kam von wo. Diese roten Flecken an ihrem Hals. Wir waren mal in Ravensbrück zusammen, eine Gedenkveranstaltung, und wir haben gespielt. Da habe ich sie gefragt: Wo war denn deine Baracke? Und sie hat es mir zeigen können.

Meine Mutter, was ist meine Mutter für ein Mensch? Als erstes fällt mir dazu ein: schwer in Ordnung. Sie ist sehr ehrlich. Sie strahlt Liebe aus. Man kann sich auf sie verlassen. Mein Vater ist vor zwei Jahren gestorben an Parkinson, vier Jahre Pflege. Das war eine schwere Zeit, die uns noch näher gebracht hat, meine Mutter und mich. Sie ist weiter aufgetreten. Auf keinen Fall kam in Frage, ihn wegzugeben.

Die hatten zeit ihres Lebens immer eine gute Ehe. Meine Schwester und ich, wir haben ganz schön gepowert, um sie davon zu überzeugen, daß Hilfskräfte sein mußten. Mein Vater stand nachts auf und wollte sich ein Knäcke machen. Es ging um ihre physische Entlastung. Sie wollte nichts aus der Hand geben, die Pfleger könnten das sowieso nicht richtig machen. Ein Pfleger war wunderbar. Dem war das dann zuviel. Er ist nur noch freitags zum Putzen gekommen. Zuviel mit ihr. Er konnte nicht dagegen an. Er konnte seine Pflegearbeit nicht einfach durchziehen. Er ist von meiner Mutter in die Familie aufgenommen worden. Nur so kann sie ein Vertrauensverhältnis aufbauen. Und meine Mutter kocht sehr gut. Ich habe mich auch nie verweigert.«

Die Konzerte der Gruppe *Esther und Edna Bejarano & Coincidence* sind immer Erfolge. Musik ist ein gutes Medium, die schweren Geschichten zu erzählen. »Sie kann nicht mehr drei Konzerte hintereinander verkraften. Das hat sie mir jetzt gesagt. Mit ihrem Sopran konnte sie mal hinauf bis zum dreigestrichenen g! Meine Mutter ist heute sechsundsiebzig Jahre alt. Und Zugfahrten müssen direkt gehen, wenn umsteigen, dann so relaxt, daß keine Panik entsteht. Das kommt uns allen zugute.

Sie empfindet das Zugfahren nicht unbedingt als anstrengend. Ich kann das weniger gut. Ich bin ein ganz schlechter Distanzbewältiger. Ich will ans Ziel. Die Zeit dazwischen ist schwer. Vielleicht lesen? Aber wenn man zusammen reist, dann wird sich unterhalten, und man kann sich nicht auf ein Buch konzentrieren.

Manchmal habe ich mich schon abgesetzt im Zug. Es sind ja noch meine Schwester und die anderen Musiker da. Es sei denn, meine Mutter liest auch, dann ist eigentlich Ruhe. Wenn sie nicht liest, mag sie erzählen, und sie erzählt interessant. Aber bei einer sechsstündigen Fahrt. Sie hält das gut durch, und sie genießt das auch, glaube ich.«

In Deutschland betrieben Joram Bejaranos Eltern zunächst eine Wäscherei. Wenn Esther und Nissim Bejarano abends erschöpft nach Hause kamen, hatten ihre Kinder Edna und Joram Stullen geschmiert und Tee gekocht. Besseren Verdienst erhofften sie sich durch eine Diskothek in Uetersen: das *Black Bird*. Die örtliche Jugend kam gern. Hier gab es die heißeste Musik. Die Umsätze waren phantastisch. Bis die neidische Konkurrenz in Umlauf brachte, daß die Betreiber Juden waren.

»Ausgerechnet Uetersen! Die Ecke ist heute noch schlimm. Meine Eltern wußten das. Aber sie wollten diesen Machenschaften trotzen. Wir haben mal in Schweden, in Malmö gespielt. Da kam eine Morddrohung gegen meine Mutter, telefonisch. Sie sagte: Ich spiele.

Sie regt sich oft auf. Dann kann sie schimpfen wie ein Rohrspatz. Aber einmal im Zug: Wir hatten Plätze reserviert. Da saß dort ein Mann. Der wurde frech zu meiner Mutter. Sie stand da und nahm es hin. Ich habe mich furchtbar aufgeregt. Sie konnte nichts sagen. Das hat mich angegriffen.

Dann geschah etwas. Meine Mutter hatte inzwischen eine Boutique eröffnet in Hamburg-Eimsbüttel, Schmuck und Textilien. Ein Aufmarsch von Neonazis kam durch ihre Straße. Sie ist vor ihren Laden getreten und hat es nicht aushalten können. Sie lief auf die Straße, wo diese Braunen marschierten und ihre Parolen grölten. Auf einmal waren junge Menschen da von der antifaschistischen Bewegung.

Später haben die sie bekniet, zu erzählen. Die kamen aus anderen Elternhäusern, in denen wurde auch geschwiegen, aus anderen Gründen. Bis zu diesem Zeitpunkt konnte meine Mutter nicht wirklich darüber sprechen. Aber durch die Arbeit mit diesen jungen Deutschen hat sie es geschafft.«

Die Gruppe *Esther und Edna Bejarano & Coincidence* tritt auch in Ostdeutschland auf. Joram Bejarano ist ungern dort. Viele Deutsche aus der ehemaligen DDR hätten die Nazizeit noch nicht verarbeitet oder wollten damit nichts zu tun haben. Esther und Nissim Bejarano waren von der DDR-Führung des öfteren eingeladen worden.

»Mein Vater war ja Kommunist. Sie haben sich da mit der Noblesse im Kulturbereich getroffen. Als meine Mutter Präsidentin des Auschwitz-Komitees war, begegnete sie da Leuten auf höchster Ebene. Man hätte sie gern in der DDR gehabt, aber meine Eltern wollten nicht privilegiert leben, während dort Freunde von ihnen das nicht konnten.

Ich bin als junger Musiker oft drüben gewesen, und es hat

mir wahnsinnig gestunken, wie sie mich an der Grenze behandelt haben. Mein israelischer Paß. Ich war schon immer ein DDR-Hasser. Und die devote Haltung der Leute im Land. Heute müssen wir in den neuen Bundesländern unter Polizeischutz spielen.«

Joram Bejarano will Auschwitz mit seiner Mutter besuchen. Schon dreimal ist etwas dazwischengekommen. Zweimal bei ihm, einmal bei ihr. »Wenn ich jetzt mit meiner Mutter nach Auschwitz fahre, kommt meine Frau mit. Ich nehme ein Flugzeug. Nicht mit dem Zug. Ich fliege nach Auschwitz. Das geht schnell. Und dort bekomme ich dann eine Privatführung von meiner Mutter. Wenn ich möchte. Aber ob ich möchte? Das weiß ich nicht. Sie ist für mich ja nicht nur eine Zeitzeugin. Sie ist meine Mamme.«

## Elżbieta Sternlicht

*ist Pianistin, geboren wurde sie 1943 in Nowosibirsk, sie blieb das einzige Kind ihrer Eltern. Aufgewachsen ist sie seit ihrem vierten Lebensjahr in Polen und erhielt ihre musikalische Ausbildung an der Musikhochschule in Warschau bei Zbigniew Drzewiecki. 1967 ging sie nach Paris, dort ermöglichte ihr ein Stipendium der französischen Regierung weitere Studien bei Vlado Perlemuter und Suzanne Roche (Klavier) sowie bei Jaqueline Dussol (Kammermusik) und Magda Tagliaferro (Interpretation). Sie beteiligte sich an zahlreichen internationalen Klavierwettbewerben. Seit 1977 lebt und arbeitet Elżbieta Sternlicht in Berlin als freischaffende Musikerin und als Dozentin an der Universität der Künste. Ausgehend von den klassischen Standardwerken widmet sie sich zunehmend den Klavierwerken des zwanzigsten Jahrhunderts sowie der europäischen, aber auch außereuropäischen Gegenwartsmusik. Ihr Interesse als Musikwissenschaftlerin und Pianistin gilt den in der Nazizeit als »Entartete Musik« bezeichneten Kompositionen. Eine ihrer Wiederentdeckungen liegt auf CD vor: »Józef Koffller–PianoWorks«. Workshops und Rundfunkaufnahmen führten sie durch Europa, nach Südamerika und Asien. Elżbieta Sternlicht hat vieles uraufgeführt, manches davon ist für sie komponiert worden. Ein weiterer Schwerpunkt ihrer musikalisch wissenschaftlichen Entdeckungsarbeit sind Werke von Komponistinnen; aufgenommen hat Elżbieta Sternlicht drei CDs mit Klavierkompositionen von Fanny Hensel, geborene Mendelssohn.*

## Eine Persönlichkeit mit Flügeln

Am Telefon in Paris sitzt Elżbieta Sternlicht, am anderen Ende der Leitung ihre Mutter Channa in Warszawa/Warschau. »Ich studierte damals in Paris. Wir sprachen über private Sachen, wie eben zwischen Mutter und Tochter.« Auf einmal sagt jemand in der Leitung: »Machen Sie schnell, das ist nicht interessant, ich habe keine Zeit, mir das mit anzuhören!« Da sprach die polnische Staatspolizei. Nachdem die Tochter 1967 mit einem Touristenvisum ausgereist und nicht zurückgekehrt war, wurden die Eltern abgehört.

»Wenn es Demonstrationen gab«, erzählt Elżbieta Sternlicht, »stand im Zeitungsbericht über sogenannte jüdische Ausschreitungen mein jüdischer Name, es sah so aus, als hätte ich an der Demonstration teilgenommen, obwohl ich doch in Paris war. Meine Eltern wurden schikaniert, es gab Hausdurchsuchungen.« Nach dem Sechs-Tage-Krieg in Israel wurde dem Ehepaar ganz einfach die Wohnung gekündigt.

»Meine Mutter konnte nicht mehr ausreisen und hatte Angst, mich nie wieder zu sehen.« Channa lud Freundinnen ihrer Tochter zu sich nach Hause ein und bat sie, das Klavier zu benutzen. »Sie war so gewöhnt, daß ich da war und immer Klavier spielte.«

Elżbieta Sternlicht ist heute Dozentin an der Berliner Universität der Künste. Als Pianistin spielt sie in Konzerten auch Werke, die Frauen komponiert haben, Komponistinnen vergangener Jahrhunderte und zeitgenössische Komponistinnen. Dieser Blick auf Frauen hat etwas mit ihrer Mutter zu tun.

Elżbieta Sternlicht: »Zu Hause weckte sie mich morgens. Sie kam ans Bett und sagte, du könntest schon endlich aufstehen! Wenn sie das fünfte Mal kam, war sie sauer. Sie machte mir Tee, ich nahm ein kleines Brot dazu. Bevor ich dann ans Klavier ging, brachte sie mir eine Tasse Kaffee. Kaffee war damals in Polen schwer zu organisieren, das war nicht etwas, was man so hinuntertrank. Meine Mutter war ein Kaffeemensch. Sie sagte, sie würde mittags nur essen, um danach Kaffee trinken zu können.

Wenn ich am Klavier saß, wollte sie nie etwas von mir. Sie war nicht so eine Affenmutter. Ich mußte nicht vorspielen für sie vor ihren Freunden. Meine Mutter war selbst auf ihre Sachen konzentriert. Sie hat lange als Journalistin gearbeitet, und nach der Befreiung in Polen hat sie für die Selbständigkeit von Frauen geschrieben.

Viele Frauen waren Witwen und ohne Beruf. Es gab überhaupt wenig Männer. Meine Mutter hat Kurse gemacht für Frauen. Sie hatte Abitur und war Lehrerin, durfte aber als Jüdin nicht unterrichten in Polen. Die Juden durften manches Studium nicht angehen.

In der Zeit nach dem Krieg waren die Erwachsenen sehr beschäftigt. Wir Kinder gingen allein durch die Stadt, ich mit sechs Jahren. Das war kein Problem. Schon meine Mutter war als Kind sehr selbständig gewesen. Sie war Waisenkind. Der Vater fiel im Ersten Weltkrieg, ihre Mutter wurde auf der Straße von einem Kosaken überfallen und getötet. Channa, meine Mutter, war vier Jahre alt, die Zweitjüngste von sieben Geschwistern. Sie hat nie mit einer Melancholie über ihr Leben gesprochen. Die Menschen haben akzeptiert, was war, anders als heute. Ein Bruder meiner Mutter war in einem Konzentrationslager bei Waldenburg und hat überlebt, der andere Bruder war in Rußland in einem Lager. Drei Geschwister sind gleich nach dem Tod der Eltern von einer Tante in die USA geholt worden. Die drei Brüder meines Vaters, er war der Jüngste, sind umgekommen, seine älteste Schwester hat die Zeit im Lager überlebt. Sein Vater ist vor dem Krieg gestorben, seine Mutter ist deportiert worden. Das ist normal für uns. Nichts Außergewöhnliches.

Nach dem Krieg suchten alle nach ihren Familien. Auf der Straße in Warschau wurde man ständig gefragt, ob man nicht die oder den kannte. Meine Schule war fünf Minuten von unserer Wohnung, aber ich mußte um die halbe Stadt laufen, um dort hinzukommen. Warschau war ein riesiges Trümmerfeld.

Meine Mutter ging gern ins Museum, den Haushalt machte sie nebenbei, das war nie wichtig. Ich kam aus der Schule, es war gerade kein Essen gekocht, sie kam aus einer Ausstellung und war so erfüllt davon und sprach zu mir darüber. Das waren die Werte. Das Tägliche war zu erledigen, aber nicht mit zuviel Bedeutung. Sie hat für sich und mich genäht. Wir waren keine reiche Familie. Es sollte geschmackvoll sein, zu kaufen war wenig, außerdem waren wir beide klein. Es paßte nichts für uns. Wenn sie für mich nähte, stritten wir uns furchtbar dabei, zum Beispiel über die Rocklänge. Das sieht schlecht aus an dir, sagte sie, und ich sagte: Ich will es trotzdem! Wir waren beide zwei, die selten nachgaben.

Sie begleitete mich 1967 nach Paris. Damals war sie so alt wie ich heute bin. Ich war vierundzwanzig. Sie konnte einen Monat bleiben. Es war sehr harmonisch zwischen uns. Wir wußten beide, daß wir uns für lange Zeit nicht wiedersehen würden. Ich ging auf eine Sprachschule, sie besuchte Freunde, um die zu bitten, mir in Paris behilflich zu sein. Sie gab mir einmal einen Rat, da staune ich noch jetzt. Ich hatte mehrere Freunde, und konnte mich nicht entscheiden. Sie sagte: Du kannst mit dem einen ins Kino gehen, mit dem anderen ins Konzert, mit dem dritten ins Schwimmbad, du mußt dich gar nicht so schnell entscheiden.

Aus dem jüdischen Waisenhaus ist meine Mutter als Mädchen von zwölf Jahren davongelaufen, zu einem Onkel nach

Lwów (Lemberg). Noch in der Schule lernte sie meinen Vater kennen, Max, er war auch Jude und genauso alt wie sie. Sie haben in Katowice gelebt, das halb polnisch, halb deutsch war, dort konnten sie zivilrechtlich heiraten. Sie waren beide nicht religiös, ihre Familien schon, aber die beiden jungen Menschen nicht mehr. Katowice war eine interessante Stadt, es gab mindestens zwei Völker, und ich glaube, daß die dort alle ganz friedlich miteinander gelebt haben. Mein Vater war als Bauingenieur vom Staat angefordert worden, meine Mutter arbeitete als Schneiderin und hat damit phantastisch prosperiert. Er verlor seine Arbeit in der allgemeinen Wirtschaftskrise, und ihr Geschäft blühte, sie war auch künstlerisch und machte Mode aus wenig; man hatte ja nichts.«

Das Ehepaar Sternlicht ging zurück nach Lwów, das über Nacht durch den Hitler-Stalin-Pakt russisch wurde. Als Deutschland den Vertrag brach und Rußland angriff, mußte Max Sternlicht zum russischen Militär und wurde über manche Umwege nach Nowosibirsk kommandiert, der größten Stadt Sibiriens.

Elżbieta Sternlicht: »Meine Mutter ist einen langen Weg zu ihm gegangen. Für jede Reise mußte man Genehmigungen haben, von Ort zu Ort bis nach Sibirien. Wenn die Menschen nicht freundlich zu meinen Eltern gewesen wären, sie hätten das erste Jahr in Nowosibirsk nicht überlebt. Dort ist es im Sommer zwei Monate heiß, alles wächst im Übermaß. Diesen Moment im Jahr muß man nutzen und aussäen, denn die Erde ist sehr fruchtbar, da sie zehn Monate unter Eis und Schnee ruht. Hat man diesen Zeitpunkt verpaßt, hat man für das ganze Jahr nichts zu essen. Meine Eltern lebten am Stadtrand, aber auch ihre Holzbaracke hatte zwei mal zwei Meter Land. Es wuchsen Gurken, Kohl, Kartoffeln, alles riesig und üppig. Sie aßen ständig Kartoffeln und Sauerkraut, was ja sehr gesund ist.

Dort bin ich 1943 geboren. Ich habe keine Erinnerung, keinen Geruch, kein Geräusch von Nowosibirsk in mir. Drei Jahre später gingen wir zurück nach Polen. Die Reise dauerte sechs Wochen. Ich vermute, ich war nicht ganz gewollt. Aber man konnte nicht abtreiben. Als meine Mutter mit mir schwanger war, wurde sie schwerkrank. Es gab kein Penicillin, und sie hatte Knochentuberkulose. Ich glaube, darum bekam sie nach mir kein weiteres Kind. Als wir dann wieder in Polen waren, mußte meine Mutter für ein halbes Jahr ins Krankenhaus. Ich war dreieinhalb, sie war nicht da, so war ich ständig in der Wohnung meines Onkels. Dieser Onkel war im Lager gewesen, er hatte sein Kind und seine erste Frau im KZ verloren. Er war Zahnarzt und bekam eine gute Wohnung, wo vorher ein deutscher Zahnarzt gewohnt hatte. Dort war ich tagsüber, und da stand ein Klavier, das wurde mein Spielzeug.

Als meine Mutter aus dem Krankenhaus zurückkam, konnte sie sich nicht viel bewegen, aber sie war ständig hinter mir her. Alles machte ich falsch. Nichts paßte ihr. Ich war ein äußerst lebendiges Kind. Für mich war wichtig, daß ich mich bewegen konnte. Meine Lebendigkeit war wie eine Energieladung. Wenn ich so nicht gewesen wäre, ich hätte die ersten Jahre nicht überlebt. Die Sterberate war enorm hoch. Man machte mich ein Jahr älter, um mich in der Schule in Warschau anzumelden. Erst später ist mir eingefallen, daß ich als Kind oft Migräne hatte. Vielleicht, weil sich alles um meine Mutter drehte, wenn sie krank war. Mich hat mal eine Freundin aus der Schulzeit erinnert, daß ich mit furchtbarer Migräne im Sanitätsraum lag, ich hatte sie angefleht, auf keinen Fall etwas meinen Eltern zu sagen.

Als sich ergab, daß ich als Kind mit dem Klavier so leicht umging, gefiel meiner Mutter das. Aber in der Pubertät wollte ich nicht mehr. Alle gingen ins Kino oder auf Parties, ich mußte

Klavier spielen. Sie sagte immer wieder zu mir: Du mußt die Prüfung machen! Meine Mutter und ich, wir hatten sehr viel Nähe miteinander, und diese Nähe machte auch die Konflikte zwischen uns. Sie hatte einen starken Charakter, aber ich habe ihr nicht nachgegeben. Und dazwischen mein Vater – zum Glück! Es war nicht einfach für ihn. Er hat meine Mutter sehr verehrt und geliebt. Er verstand sie besser als ich damals.

Ich habe diese Prüfung gemacht und mit siebzehn das Abitur. Mein Freund damals sagte zu mir, ich wäre verrückt, nicht auf die Hochschule zu gehen. Zugleich hatte ich Angst, daß ich es nicht schaffe. Von etwa vierzig Leuten wurden vier genommen. Also gut. Auf den Freund hört man besser in dem Alter als auf die Mutter. Sie meinte, ich hätte nicht genug Ellenbogen, um mich durchzusetzen. Als ich dann auf der Hochschule war, unterstützte sie mich wieder. Sie unterstützte mich immer – ein bißchen falsch, nämlich sie forderte von mir, statt mich zu fördern. Auch nach Paris begleitete mich meine Mutter, weil sie fürchtete, ich könnte mich nicht durchsetzen. Wenn man das spürt, ist das nicht unterstützend, sondern gerade das Gegenteil. Ich mußte mich erst gegen ihre Angst durchsetzen, und dann erst für mich selbst. Sie fragte immer: Schaffst du das? Schaffst du das? – Dann erschrak ich und traute mir selbst nicht mehr.«

Blickt man auf die Lebensgeschichte der Channa Sternlicht zurück, wäre die Frage »Schaffst du das?« bei ihr selbst angebracht gewesen: Würde sie, Channa, es schaffen, nach dem Tod des Vaters, nach dem gewaltsamen Tod der Mutter im Waisenhaus zurechtzukommen? Sie schaffte es. Würde Channa es schaffen, von der Tante aus Amerika ausgewählt und in eine bessere Zukunft mitgenommen zu werden? Nein, die Tante nahm nicht Channa, sondern zwei ihrer Brüder mit und die kleinste Schwester.

Später versuchte sie, aus dem Waisenhaus fortzulaufen und schaffte es. Channa schaffte vieles in ihrem Leben, und viel Ungeheuerliches passierte. Polen wurde von den Deutschen überfallen. Der Krieg kam auch nach Rußland. Diskriminierungen und Demütigungen als Jüdin erlebte sie zu allen Zeiten. Jetzt begann ihre heranwachsende Tochter Elżbieta ihre Chancen im Leben wahrzunehmen. Die Mutter möchte der Tochter eigentlich nichts verderben. Schaffst du das? Es hört sich an, als sei die Mutter mit ihrem Hoffen ganz bei der Tochter. Aber die Tochter verliert sich.

Elżbieta Sternlicht: »Es war etwas Depressives dabei. Mir verdarb sie den Moment der Kraft, daß ich mir selbst nicht traute. Angstvoll fing ich an, mir diese Frage auch zu stellen: Schaffst du das? Ich habe lange gebraucht, das abzubauen, nie ganz. Heute habe ich kaum noch Migräne, aber ich hatte sie schon sehr lange.«

Die Eltern verließen Polen 1971 und gingen nach Berlin, die Mutter brauchte medizinische Versorgung. Elżbieta Sternlicht kam sechs Jahre später nach, sie verließ Paris, um mit ihren Eltern zu sein, die versuchten, sich in Deutschland einzuleben. »Lange hatte ich mich in Paris fremd gefühlt, jetzt war ich zu Hause dort. Nun ausgerechnet Deutschland, aber sie brauchten mich.« Nach dem Tod der Mutter 1982 blieb die Tochter dem Vater verbunden.

»Meine Mutter war ein bißchen schüchtern, wie ich selbst, doch man konnte sie nicht übersehen, obwohl sie noch kleiner war, als ich bin. Meine Freunde waren beeindruckt von ihr. Sie war eine Persönlichkeit mit Flügeln. Damals in Paris gingen wir beide in ein feines Restaurant. Obwohl das Geld knapp war, sagte sie: Ach, komm! Sie genoß die Ästhetik. Das zu können, da verdanke ich ihr viel.«

Nathan Peter Levinson

*ist Rabbiner, er lebt in Jerusalem und auf Mallorca. Geboren wurde er 1921 in Berlin und blieb das einzige Kind seiner Mutter. Er war zwanzig Jahre alt, als seine Eltern mit ihm 1941 aus Deutschland flohen, in die USA. Levinson studierte am Hebrew Union College, dem ältesten Rabbinerseminar Amerikas. 1950 schickte ihn Leo Baeck nach Berlin, er sollte das liberale Rabbinat wiederaufbauen. Levinson war Militärrabbiner der US-Luftwaffe in Japan und Ramstein, 1964 wurde er Landesrabbiner für Baden, Hamburg und Schleswig-Holstein. Er ist Initiator und Professor der Hochschule für jüdische Studien in Heidelberg und Mitglied der deutschen Rabbinerkonferenz. Levinson ist Vater einer Tochter und Großvater einer Enkelin. Seine Autobiographie trägt den Titel »Ein Ort ist, mit wem du bist«.*

## Daß ich Rabbiner wurde, war ihr Wunsch

Er kommt durch die Drehtür des Hotels, schlank, groß, lächelnd, in der Haltung beim Gehen zurückgelehnt. Scheue Würde. Er ist zu Besuch in Deutschland. Rabbiner Levinson wird bei der Bat Mizwa der Enkelin eines Freundes amtieren. Ich schlage vor, in sein Hotelzimmer zu gehen. Dort seien wir ungestört. Nach kurzem Zögern willigt er ein. Doch die Zimmertür öffnet sich nicht für uns. Der Lochkartenschlüssel funktioniert nicht. Er probiert es langsam, ich probiere es schnell. Ohne Erfolg. Wir gehen ins Restaurant. Das Restaurant ist leer. Sehr gut für uns. Das Gespräch beginnt er: »Ich habe nicht viel zu erzählen, na gut, vielleicht holen Sie etwas aus mir heraus.«

*Sie sind geboren und aufgewachsen in Berlin. Ihre Mutter war sehr jung bei Ihrer Geburt, einundzwanzig Jahre alt. Sie schreiben in Ihrer Autobiographie, sie sei nach Ihrer Geburt in eine Depression gefallen.*

»Das gibt es oft bei Frauen mit Neugeborenen.«

*Hat Sie Ihnen davon erzählt?*

»Sie nicht, mein Vater. Nach ihrem Tod.«

*Sie kamen in ein Heim.*

»Ja, nicht sehr lange.«

*Gab es da niemanden in der Familie?*

»Da weiß ich keine Einzelheiten. Später studierte ich Psychoanalyse und war ziemlich beeindruckt zu erkennen, daß sich so frühzeitige Trennung auf die Seele auswirkt. Eine gewisse Scheu vor Menschen habe ich immer gehabt, wahrscheinlich ist das auf diese Zeit zurückzuführen.«

*Sind Sie das einzige Kind?*

»Bin das einzige Kind, ja.«

*Und Ihre Mutter?*

»Die war auch Einzelkind. Ihre Eltern waren schon tot, als ich geboren wurde. Es gab eine Stiefmutter, die mochte sie nicht.

Meine Mutter war Sängerin. Hertha Lewinski, geborene Bieber. Sie sang in Synagogen im Chor, auch in der Oranienburger Straße, und bei kleinen Veranstaltungen, keine großen Dinge. Mein Vater war eine Weile Vorsitzender der Ortsgruppe jüdischer Frontsoldaten aus dem Ersten Weltkrieg, beispielsweise bei einer Feier dort hat sie gesungen.«

*Was denn?*

»Das *Largo* von Händel.«

*Hat sie sich selbst begleitet am Klavier?*

»Ja, hat sie.«

*Sie muß begabt gewesen sein.*

»Da muß man nicht so begabt für sein. Sie nahm bei einer Sängerin weiter Stunden, die kam in unser Haus. Sie hat ihr ganzes Leben lang gesungen. Ich sollte auch singen, wenigstens Klavier spielen. Sie versuchte, es mir beizubringen. Das war hoffnungslos. Ich habe das nicht begriffen und auch nicht gewollt. Aber ich verdanke meiner Mutter doch mein Interesse an jüdischen Dingen, weil sie im Chor in Synagogen sang. Da bin ich mit ihr gegangen, und was da geschah, faszinierte mich als kleiner Junge.«

*In Ihrer Autobiographie schreiben Sie von einem schwarzen Kittel Ihrer Mutter, den Sie als Junge oft angezogen haben. Ich habe das wie eine Metapher empfunden, ein Schutz oder ein Rückzug in etwas von der Mutter.*

»Was hätte ich sonst anziehen sollen, um den Talar eines Kantors oder Rabbiners nachzumachen?«

*Was war das für ein schwarzer Kittel?*

»Bürokittel.«

*In welchem Büro war sie denn?*

»Bei meinem Vater, da hat sie ausgeholfen. Ich nehme an zum Staubwischen.«

*Sie hat im Büro Staub gewischt?*

»Ich weiß nicht, ich kann's mir jedenfalls vorstellen. Zu Hause hatte sie immer Haushaltshilfen. Ich habe noch eine Baskenmütze aufgesetzt und mir ein Bäffchen dazu aus Papier geschnitten. Was anderes als ihr Kittel stand ja gar nicht zur Verfügung. Da sehe ich keinen großen Symbolgehalt drin.«

*Was war das für ein Büro?*

»Mein Vater war Handelsvertreter für Trikotagen. Vorher hatte er viel Geld verloren, nämlich praktisch die Mitgift meiner Mutter.«

*Warum können Sie so wenig sagen zu Ihrer Mutter?*

»Weiß nicht. Haben Sie den Eindruck, mein Vater spielte eine größere Rolle für mich als meine Mutter?«

*Im Gegenteil. Daß es so schwer zu benennen ist, kann ein Hinweis auf ihre große Bedeutung für Sie sein. Sie schreiben, sie habe Regie geführt im Hintergrund. Woran haben Sie das gemerkt?*

»Offensichtlich hatte ich den Eindruck, daß meine Mutter sich durchsetzte, obwohl sie es niemals zeigte, wie eine kluge Frau das eben tut. Mein Vater war eher weich. Sie nahm mich mit, wenn sie ihre Eltern auf dem Friedhof Weißensee besuchte, oft. Dadurch habe ich eine Beziehung zu Friedhöfen bekommen als ruhige Orte der Beschaulichkeit. Das verdanke ich meiner Mutter. Sie lud Kinder ein von Freunden, denen es finanziell nicht gutging, um ihnen mal eine anständige Mahlzeit zu geben. Da hatte sie einen Knaben, den lud sie jede Woche ein.«

*Was für ein Paar waren Ihre Eltern?*

»Ich glaube, die Mutter hing sehr an dem Vater, das war wahrscheinlich auch der Grund, warum ich so wenig davon abbekam, denn zuerst kam mein Vater, dann kam ich nach einer Weile, aber zuerst kam nur der Vater. Das war schon ein gutes Paar. Mein Vater war eher jähzornig. Mir wurde mit ihm gedroht als Kind, damit ich gehorchte. Er hatte ein lautes Organ, wenn er sich aufregte. Meine Mutter war besonnen.«

*Ihre Eltern konnten sozusagen in letzter Minute mit Ihnen 1941 aus Deutschland fliehen. Eine lange Reise über Rußland, Korea, Japan in die USA.*

»Ohne meine Mutter wären wir nie aus Berlin weggegangen. Sie hat darauf gedrungen, daß wir gehen. Mein Vater wollte nicht raus. Später in meinem Leben hat sie eine wichtige Rolle gespielt. Daß ich in den USA ins Rabbinerseminar kam, war ihre Initiative oder ihre Hartnäckigkeit. Sie hat die verschiedensten Institutionen abgeklappert, um mich ins Rabbinerstudium zu bringen. Ich wäre gar nicht auf die Idee gekommen. Hat sie ja auch geschafft.«

*Sie haben am Hebrew Union College studiert, dem ältesten Rabbinerseminar Amerikas. Aus Lewinski wurde Levinson. Vielleicht war es Ihrer Mutter wichtig, Sie noch einmal besonders gut in die Welt zu bringen. In Ihrem Buch schildern Sie die schwere Anfangszeit in Amerika, der Vater lief Reklame auf der Straße, Sie arbeiteten in einer Kantine. Wo war Ihre Mutter?*

»Die hat auch gearbeitet, in irgendeiner Fabrik, weiß nicht, was sie gemacht hat. Bevor ich dann aufs College ging, habe ich die beiden praktisch ernährt. Ich arbeitete in einer Textilfabrik. Mein Vater lernte Bücherrevisor, hat das auch ausgeführt einige Jahre und sich ernähren können, mehr schlecht als recht.«

*Hat Ihre Mutter in den USA auch gesungen?*

»Ja, im Chor, wenn sie konnte, hat sie gesungen, auch schön gesungen, mich machten nur die ewigen Tonleitern nervös. Sie hatte noch in Berlin eine feste Anstellung im Kulturbund. Sie war Altistin.«

*Hat Ihre Mutter für Sie gesungen?*

»Nein, sie hat ja genug so gesungen, in jeder freien Minute, und dann mußte ich immer zuhören, das heißt, ich habe gern zugehört. Ich mußte nicht, aber ich konnte es gar nicht vermeiden.«

*Wie fand Ihr Vater das Singen seiner Frau?*

»Er war stolz, glaube ich. Ja, was kann ich Ihnen noch über meine Mutter erzählen, was wesentlich wäre?«

Ich sage zu ihm, das Unwesentliche interessiere mich viel mehr. Er lacht. Wir sind beide hilflos. Als hätte die depressive Sprachlosigkeit seiner Mutter – aus der Zeit der ersten, der abgewandten Begegnung zwischen ihm und ihr nach seiner Geburt – sich nun über uns gelegt.

*Ich empfinde, Ihre Mutter kann hier jeden Moment verlorengehen, und ich muß dafür sorgen, daß es nicht passiert.*

»Sie haben recht. Ich überlege gerade, weshalb sich da so wenig bei mir zeigt. Ich glaube, ich fühlte mich allein gelassen. Mein Vater war die Hauptperson. Dinge sind ja geschehen, die ich wissen müßte. Meine Großmutter, die Mutter meines Vaters, die war eine starke Persönlichkeit.«

*In Ihrem Buch spielen Frauen sehr wohl eine Rolle, andere Frauen. Ihre Großmutter, die Mutter Ihres Vaters. Sie waren zweimal verheiratet, Ihre zweite Frau, Pnina Navè Levinson, war eine feministische Frau, Sie sind Vater einer Tochter …*

»… ja, und ich habe eine Enkeltochter. Ich wollte eigentlich Analytiker werden, war bei Alexander Mitscherlich in Analyse, da hätte ich noch das Psychologiestudium fertig machen müssen, dazu hatte ich keine Zeit mehr. Ich war viele Jahre interessiert an den Dingen, habe auch eine große psychologische Bibliothek.«

*In Ihrem Buch gibt es ein Foto, das zeigt Ihre Mutter und Ihren Vater sitzend, und Sie im Matrosenanzug stehen dazwischen. Wem sehen Sie ähnlich?*

»Ich glaube, mehr der Mutter als dem Vater. Ich glaube jedenfalls.«

*Deutlich! Sehr! Sind Sie ihr auch sonst ähnlich?*

»Ich kann singen. Nicht so gut wie sie. Bariton. Ich singe gern, das habe ich von der Mutter. Ich habe nicht ihre Energie geerbt. Meine Mutter hat Tränen geweint, als ich in Amerika Tellerwäscher war. Ihr kostbarer Sohn, der doch Rabbiner werden sollte! Woran ich mich erinnere, ist die Energie, mit der sie mein Studium in die Wege geleitet hat. Das war ihre Ambition.«

*War sie fromm?*

»Nein, aber sie war an jüdischen liturgischen Dingen interessiert. Auch der Vater war nicht fromm. Sie hielt kein koscheres Haus, schon ihre Eltern nicht mehr. Sie hat es mir zuliebe gemacht, als ich einiges einführte.«

*Haben Sie Ihre Freundinnen mit nach Hause gebracht?*

»Ich habe nie Frauen mit nach Hause gebracht oder meiner Mutter von Freundschaften erzählt, wenn ich welche hatte. Ich erinnere mich, daß meine Mutter mal voller Stolz sagte, ihr Sohn arbeite immer nur, der gehe nicht aus, der interessiere sich nicht für Frauen. Das war für sie eine gute Sache. Für mich nicht. Es kann ihr Einfluß gewesen sein, daß meine Frau mich … meine Mutter … jetzt habe ich … interessanter Versprecher. Das hat natürlich was zu bedeuten. Sie hat mich abgeschirmt vor Frauen, sie hat es jedenfalls nicht gefördert.«

*Gab* es *mal Krach zwischen Mutter und Sohn? Schreierei?*

»Meine Mutter pflegte nicht zu schreien. Ich habe das mehr gefühlt, was sie nicht wollte, als das es verbalisiert wurde. In der Textilfabrik, wo ich gestrickt habe, war ein Mädchen in der Tagesschicht, die gefiel mir, ich wollte mich mit ihr verabreden, was ich nicht getan habe. Daß meine Mutter das nicht mochte, fühlte ich. Ihr Einfluß war doch ziemlich groß. Ich habe mich nicht durchgesetzt.«

*Und Ihr Vater hat Ihnen nicht geholfen.*

»Der war meistens nicht da, und er hat mir auch nicht geholfen. Habe ich doch eine engere Beziehung zur Mutter gehabt?«

*Waren Sie vielleicht auch die Entlastung für den Vater? Mit der Schattenseite der Frau hat sich der Sohn beschäftigen müssen?*

»Möglicherweise.«

*In dem Leben Ihrer Mutter wird es Zusammenhänge geben, über die wir nichts wissen. Sie hat ihre Mutter früh verloren, war dann allein mit dem Vater, der sich der Stiefmutter zuwandte.*

»Sie hat nie darüber gesprochen mit mir. Bei der Beerdigung meiner Mutter in Amerika habe ich das *Largo* von Händel spielen lassen, weil sie das immer gesungen hat.«

*Wo waren Sie, als Ihre Mutter starb?*

»Ich war in einer Gemeinde und wurde herausgerufen. Ich war noch im Studium. Sie hat miterlebt, daß gelingen würde, was sie eingefädelt hatte, meine Ausbildung. Das war ihr eine Genugtuung. Ich habe in ihrem letzten Lebensjahr noch geheiratet. Ich hatte eine Studentenbude im Seminar, wo man keine Frau mitnehmen konnte, durfte, sollte. Ich entschied mich, zu Hause zu heiraten. Meine Mutter erlaubte nicht, daß meine Frau blieb. Wir wurden getraut, dann verschwand sie, meine Frau. Das wurde mit der Krankheit meiner Mutter begründet. Sie hatte Krebs. Sie ist, glaube ich, achtundvierzig Jahre alt geworden. Meine erste Frau starb auch sehr jung. Mein Vater hat nicht wieder geheiratet. Die beiden waren wirklich ein gutes Paar.«

Als wir uns voneinander verabschieden, begleitet mich Nathan Peter Levinson hinaus ins Foyer des Hotels. Auf dem Weg zur Tür sehe ich mich nach ihm um. Er ist vorsorglich für diesen Moment stehengeblieben und lächelt und steht auch noch beim zweiten Zurücksehen da und winkt, die Hand ganz leicht angehoben.

## Lilith Schlesinger-Baader

*ist Psychotherapeutin, 1927 in Wien geboren, die älteste von zwei Töchtern, war die ersten vier Jahre ihres Lebens die einzige. Am 11. März 1938 erlebte die Elfjährige an der Hand ihrer Großmutter auf dem Ring in Wien den Einmarsch der Deutschen, ein Wald roter Hakenkreuzfahnen, brausender Applaus der Wiener. Am 12. März 1938 wurden ihre Eltern und ihre Großmutter von der SA abgeholt, die beiden Schwestern blieben zurück. Monate später Flucht der Familie nach Belgien. Völlige Verelendung. Nach der Befreiung Mitglied der Haganah, Heirat in Israel, drei Söhne, Arbeit in einer Ambulanz, dann in Jerusalem in der Psychiatrie. Später ging Lilith Schlesinger mit Mann und Kindern nach Berlin. Dort kam die Scheidung. Sie wurde Dolmetscherin, machte die Begabtenprüfung, studierte, reiste nach Fernost. Lilith Schlesinger-Baader ist wieder verheiratet und lebt in Berlin.*

## Ein erotisches Verhältnis zu Zahlen

Lilith Schlesinger-Baader öffnet weit das Fenster. Fünfzehn Stockwerke über dem Grunewald. Von hier oben ist die Aussicht überwältigend. Die Hände auf der scharfen Kante des Stahlrahmens stehe ich wie in der Luft und beuge mich vor. »Paß auf«, sagt sie. »Das ist tief.«

Ich wollte ihr zeigen, daß ich mich nicht fürchte, aber die Angst ist da, vor ihrer Geschichte wie vor jeder, deren Untergrund die Shoa ist. Sie trägt ein schönes Kleid und schönen Schmuck. Lilith Schlesinger gehört zu den Frauen, die im Alter den Übermut der Jugend in ihr Gesicht zurückbringen, wie etwas heimlich Bewahrtes. Wem sie denn ähnlich sei? – »Na, ich hoffe doch meinem Vater!«

Ihre Mutter, Irene Porjes, geborene Steiner, ging nach der Befreiung 1948 mit Liliths jüngerer Schwester in die USA, wurde Buchhalterin in New York bei *Macy's* und kam nach ihrer Pensionierung 1955 nach Israel zu Lilith, ihrer erstgeborenen Tochter und deren drei Söhnen. Israel war ein Land, in dem damals Vollwaisen und Halbwaisen in der Mehrheit waren. Wer hatte schon eine Großmutter? Im Kibbuz Tsor'a, vis-à-vis von Beth Schemesch, zwischen Tel Aviv und Jerusalem, gab es nur eine Savta, eine Oma, die bei der Baumwollernte half und in der Kibbuzzeitung Schlagzeilen machte.

Es drohte wieder ein israelisch-arabischer Krieg, und Amerika evakuierte alle amerikanischen Juden. Auch der Jeep, der Irene Porjes zum Flughafen nach Tel Aviv und in Sicherheit bringen sollte, stand bereit.

Lilith Schlesinger: »Sie hatte schon gepackt, hatte sich verabschiedet von den Kindern und steigt auf einmal aus. Mit Tränen sagte sie zu meinem ältesten Sohn, wenn du hierbleibst, bleibe ich auch hier. – Sie war eine gute Großmutter. Ich war voll berufstätig, und sie hat den Kindern alles gegeben, was ich ihnen nicht geben konnte, auch, was ich bei ihr als Kind nicht gefunden habe.«

Der Kibbuz sei noch heute ihre Mischpacha, sagt Lilith Schlesinger. Sie verließ ihn nach sechs Jahren. »Mein Mann wollte nach Hause, nach Berlin, und ich hatte das Gefühl, ich muß mit, ich darf den Kindern nicht den Vater nehmen. Meine Mutter blieb. Sie sagte: Nach Deutschland? Nie! Sie arbeitete in Jerusalem als Buchhalterin, mit über sechzig Jahren, und fühlte sich verlassen von mir. Zwei, drei Jahre später kam sie doch nach, sie hatte Sehnsucht nach ihren Enkeln. Wir wohnten in Berlin in einer engen Neubauwohnung. Eigentlich war da kein Platz für eine sechste Person. Meine Mutter sagte: Kaufen wir Stockbetten, ich schlaf oben, und der Danny schläft unten. Sie hatte nicht mal ihr eigenes Zimmer, doch sie war zufrieden und die Kinder auch.«

Irene Porjes führte den Haushalt ihrer Tochter, während Lilith Schlesinger neun Stunden täglich als Dolmetscherin in Berlin bei der französischen Militärbehörde arbeitete.

»Meine Mutter verstand sich gut mit meinem Mann, besser als ich. Sie sagte: Endlich ein Sohn! Später, nach meiner Scheidung, wollte ich nicht, daß sie bei mir wohnte, was eine große Kränkung für sie war. Sie hatte den Schlüssel meiner Wohnung. Einmal kam sie überraschend, ich war auf dem Balkon mit einem männlichen Gast. Oh, du hast Besuch? Bleibt der länger? Ist der Jude? Da wußten wir beide, es geht nicht. Früher rief sie dreimal am Tag an. Sie gab mir meinen Schlüssel zurück und zog ins Altersheim; wenn ich dann anrief, sagte sie: Du, ich habe keine Zeit, ich gehe gerade weg mit Freundinnen.«

Als Irene Porjes, geborene Steiner, im Jahre 1900 auf die Welt kam, war ihre ältere Schwester gerade gestorben. »So war sie die Älteste und trug bald die Verantwortung für alle, später auch finanziell.« Sie hatte sieben jüngere Geschwister, drei Schwestern und vier Brüder. »Sie schaffte es, ein Jahr auf die kaufmännische Schule zu gehen und ließ sich zur Buchhalterin ausbilden. Als sie mir das kleine Einmaleins beibringen wollte, verzweifelte sie; mir leuchtete das nicht ein. Nach ihrem normalen Arbeitstag machte sie die Hausarbeit bei ihren Eltern, sogar noch, als sie schon verheiratet war. Die waren nicht sehr lebenstüchtig. Sie sorgte für alle. Mein Vater wußte davon.«

Das Ehepaar Porjes lernte sich in Wien kennen, in dem jüdischen Club *Lumpacie-Vagabundus*. Beide Familien waren aus Ungarn in die Hauptstadt der k.u.k. Monarchie gekommen. Irene heiratete mit sechsundzwanzig Jahren einen Mann, der zu ihr gegensätzlicher nicht hätte sein können.

Lilith Schlesinger: »Mein Vater sang, pfiff, tanzte wie wild, alles, was ich auch in mir habe, und meine Mutter dezent, zurückgezogen, strenge Moralvorstellungen, später dann verbittert. Sie machte ihm die Buchführung für seine Geschäfte. Zu Zahlen hatte sie eine erotische Beziehung. Mein Vater war als Junge aus der Schule weggelaufen und wurde zu einem erfolgreichen Geschäftsmann. Er war nie da, auch wenn er da war. Ich habe viele Streitigkeiten mitgehört, im Kinderzimmer nachts, aus dem großen Elternschlafzimmer nebenan. Innerlich habe ich Partei für meinen Vater ergriffen. Es gab ein Bild in mir von ihm als Stehgeiger, der er gar nicht war.«

Daneben gibt es bewahrte Erlebnisbilder von einer strengen Mutter: Lilly, wie Lilith damals hieß, will nicht essen. Die Mutter zwingt ihre Tochter, die spuckt es wieder aus. »Einmal zwingt sie mich, das Ausgespuckte zu essen.« Erinnerung an die Hände der Mutter: fahrig, tapsig, trockene Berührung. Lilly, drei Jahre alt an der Hand der Mutter in Wien vor einer riesigen Reklametafel. »Ein Tritton, ein Holzroller, den will ich haben.« Ein Menschenauflauf um die junge Frau und die verzweifelt schreiende kleine Lilly. Die Mutter droht der Tochter, sie dem Polizisten dort zu übergeben, »wenn du nicht stante pede mitkommst«.

Die Mutter ist hingefallen, auf dem Bahnsteig. Sie schickt Lilly weg vor der Geburt des zweiten Kindes. Sie ist gestürzt auf ihren hochschwangeren Bauch, weil Lilly sie am Rockzipfel festgehalten hat.

Dagegen phantasmatisch strahlend der Vater. Von ihm geliebt werden, lernt die Tochter, heißt: nie wie die Mutter sein.

Am 12. März 1938, einen Tag nach dem Anschluß Österreichs, werden Irene Porjes, ihr Mann und ihre Schwiegermutter von der Gestapo in Wien verhaftet. Lilly, elf Jahre alt, und ihre vier Jahre jüngere Schwester bringt das Dienstmädchen zu Verwandten. Lilly ist Klassenbeste und nun »das Judenbalg«, das nicht mehr zur Schule darf. Monate später sind die Eltern wieder da. Unter »freiwilliger Hingabe ihres Gesamtvermögens« müssen sie »innerhalb von achtundvierzig Stunden das Großdeutsche Reich« verlassen.

Am 6. Oktober fährt das Ehepaar Porjes mit den zwei Töchtern und der Großmutter nach Aachen, ohne Gepäck, von dort zu Fuß illegal nach Belgien, nach Brüssel, dort liegen sie irgendwann irgendwo in einem Kellerraum auf Stroh.

Die Eltern scheinen zunächst wie paralysiert, Lilly bastelt und verkauft Strohblumen, geht betteln, sucht im Abfall der Märkte nach Eßbarem und erfindet nachts für sich und ihre Schwester Geschichten von einer Bettelprinzessin. »Die Demütigung, die heiß in mir brannte, wurde davon etwas gelindert.« Vieles aus dieser Zeit sperrt sich dem Erzählen, auch, daß zwischen Entrechtung, Hunger, Qual und Todesangst die Normalität weiterlebte: Aus einer schlechten Ehe wurde keine gute.

Im Winter 1939/40 werden in Belgien jüdische Männer aus Deutschland in Abschiebehaft genommen. Lillys Vater entkommt aus dem Internierungslager. Er kann als blinder Passagier auf einem Frachter nach England fliehen, wo sein Bruder bereits lebt. Seine Familie will er nachholen, sobald es geht. Mutter und Ehefrau geben ihm den letzten Schmuck mit. Sie kennen ihn beide, seinen Charme wie seinen Egoismus. Er wird es schaffen. Zurück bleibt das Frauenpaar mit den beiden Töchtern. Irene Porjes geht putzen, ihre Schwiegermutter organisiert den ärmlichen Haushalt, Lilly vermißt den heißgeliebten Vater.

»Er kam dann irgendwann mal nach Brüssel, nach der Befreiung, und hat meine Mutter gebeten, ihm die Scheidung zu geben. Er hatte sich noch in Wien 1938 mit einer seiner Freundinnen verabredet für London. Die war nur elf Jahre älter als ich. Mir hat der Gedanke oft Kraft gegeben, du mußt durchhalten, dein Vater wartet auf dich. Dann diese Erkenntnis. Ein ganz wilder Schmerz in mir.«

*Man fragt sich, wie konnte er euch so ausliefern?*

»Man wußte ja nicht wirklich, was kommt, und er hatte es dort auch schwer.«

*Ihr wart extrem verarmt, als er ging.*

»Er ist in London als reicher Mann gestorben.«

*Habt Ihr, Deine Mutter und Du, über ihn gesprochen?*

»Von ihrer Seite immer sehr gehässig, und ich wollte es mir nicht anhören.«

Sommer 1942, Gestellungsbefehl der NS-Organisation Todt für Lilly. Sie ist vierzehn Jahre alt und soll angeblich zum Arbeitseinsatz an den Westwall. »Jetzt hast du Gelegenheit, den Deutschen zu beweisen, daß wir Juden fleißig und arbeitsam sind«, sagt die Mutter und besorgt ihr einen Rucksack und eine feste Jacke. Lilly weiß, das wäre ihr Tod, sie geht nicht hin und macht sich von nun an verantwortlich für das Überleben ihrer Mutter, Großmutter und Schwester.

Sie müssen sich verstecken, können nie lange an einem Ort bleiben. Unterschlupf sucht und findet Lilly. »Muß das sein, muß das sein?«, habe die Mutter immer wieder gefragt. »Sie verstand die Situation nicht.«

Das erinnerte Bild der Mutter aus diesen Jahren zeigt Irene Porjes als einsame, verdeckt aggressive Frau, zynisch, sarkastisch, bitter. Lebenskraft kommt von der Großmutter, die der Enkelin vermittelt: Was ich will, das kann ich. »Später mal habe ich zu meiner Mutter gesagt, du hattest Glück, daß die Omama bei uns war. Meine Mutter sah mich an mit so einem taxierenden Gesichtsausdruck. Ihre Schwiegermutter hatte einen eisernen Willen und Durchsetzungsfähigkeit. Ich habe sie als gütig erlebt und weise. Vielleicht war das für meine Mutter als Schwiegertochter nicht so.«

Zur größten Sorge und Belastung wird Lilly die kleine Schwester, die sie jeden Tag woanders unterstellt, absetzt, warten läßt, abholt. Meistens in Hauseingängen. Nach einer Razzia kann Lilly ihre Schwester Inge dank der Hilfe eines Pfarrers in ein Klosterinternat einschleusen. Sie selbst taucht unter, verschwindet im Wald in den Ardennen, vereinsamt, verwildert, hungert und findet Kontakt zum Widerstand, gehört nun zur Résistance.

In Brüssel weiß Irene Porjes davon nichts. Ihre Töchter sind verschwunden, vielleicht schon tot. Unter falschem Namen arbeitet sie mit ihrer Schwiegermutter in Haushalten, bei Familien, zu denen Lilly sie gebracht hatte. So finden sie einander wieder nach der Befreiung. Lilly holt ihre Schwester aus dem Kloster. Nur der Vater taucht nicht auf. Seine Tochter findet ihn mit Hilfe des britischen Militärsuchdienstes. Nichts ist mehr, wie es war. Auch das Bild des Vaters, des sehnsuchtsvoll geliebten Stehgeigers, ist zerbrochen.

Lilith Schlesinger: »Eines Nachts hörte ich im Radio den

Aufruf des neu gegründeten Staates Israel: Junge Juden, wo immer ihr seid, eilt uns zu Hilfe! Dieses Land kann auch eures sein.« Jüdische Kinder, die von ihren Eltern vor deren Deportation versteckt worden waren, brachte sie als inzwischen vereidigtes Mitglied der Haganah illegal nach Israel in Kibbuzim.

Mit zweiundachtzig Jahren stirbt Irene Porjes auf den Tag genau wie ihr geschiedener Mann acht Jahre zuvor am 29. November.

Lilith Schlesinger: »Monatelanges Hinsiechen. Sie wurde mir immer wichtiger. Ich habe mich hinter sie gesetzt und sie in meine Arme genommen und gehalten. So war es nie zuvor zwischen uns gewesen.«

Damals, noch in Wien, hatte Irene Porjes ihrer kleinen Tochter Lilly ins Stammbuch geschrieben: »Ermatte nie in deinen Pflichten, Geduld und Mut kann viel verrichten.« In deutscher Schrift, erinnert Lilith Schlesinger. »Damals habe ich sie dafür gehaßt, aber ich habe mich daran gehalten.«

Peter Finkelgruen

*ist Autor, er wurde 1942 in Shanghai geboren und blieb Einzelkind, er ging in Prag und Haifa zur Schule und kam 1959 in die Bundesrepublik, wo er in Freiburg, Köln und Bonn Politische Wissenschaften studierte, 1963 ging er zur Deutschen Welle, und zwischen 1981 und Ende 1988 war er Israel-Korrespondent. Peter Finkelgruen hat einen Sohn und einen Enkelsohn. Mit seiner Frau lebt er in Köln. Sein Buch »Haus Deutschland« ist die Dokumentation der Suche nach dem Mörder seines Großvaters. »Unterwegs als sicherer Ort« ist der Film zum autobiographischen Buch »Erlkönigs Reich«. Peter Finkelgruen arbeitet an einem weiteren Roman.*

## Die Mutter der Mutter als Mutter

Zu Beginn sehen wir auf zwei Liebespaare: Die junge Ernestine, Sudetendeutsche, liebt den Juden Hans aus Bamberg, den Sohn ihres Lehrherrn. Und ihr Lehrherr, der Kaufmann Martin Finkelgrün, liebt Ernestines Mutter, die verwitwete Anna Bartl. Das ist schon eine ungewöhnliche Verflechtung, aber es kommt noch verflochtener.

Es wird um zwei Söhne gehen, um einen geliebten Sohn und um einen verleugneten Sohn. Der geliebte Sohn ist Peter, das Kind von Hans und Ernestine, er ist Annas Enkelsohn – nach der Naziterminologie ist Peter Halbjude, kein Jude nach jüdischem Gesetz, da seine Mutter keine Jüdin ist. Peter wird nach dem Tod seiner Mutter von seiner Großmutter Anna großgezogen. Der verleugnete Sohn ist Karl, Annas Sohn, Peters Onkel und Bruder seiner Mutter Ernestine. Karl wurde als Dreijähriger von seiner Mutter Anna in die Familie ihres verstorbenen Mannes gegeben. Aus Karl wird ein SS-Mann. Alles das ist auf dem Weg durch diese Geschichte mit sich zu nehmen.

Ernestine und Hans fliehen nach Shanghai. Anna und Martin werden von der Gestapo verhaftet und nach Theresienstadt deportiert. Bei der Ankunft im Lager wird Martin von dem SS-Mann Anton Malloth erschlagen. (1989 wird ein Zeuge das an Eides Statt versichern.) Anna wird als politischer Häftling nach Ravensbrück deportiert, nach Majdanek, nach Auschwitz.

In Shanghai, im Ghetto der Langnasen, Juden wie Nichtjuden, stirbt im Sommer 1943 Hans Finkelgrün, sein Sohn Peter ist kaum achtzehn Monate alt. In dem Krankenhaus, das die Chinesen noch heute »Haus für tote Juden« nennen, war Ernestine Finkelgrün 1942 entbunden worden. Die Eltern ließen ihren Sohn vorsorglich unbeschnitten und obendrein taufen.

Peter Finkelgruen: »Ich war acht, als Esti, meine Mutter,

starb. Als wir 1946 in Prag ankamen, hatte sie Lungenentzündung. Sie lebte noch fast vier Jahre von mir getrennt im Krankenhaus. Meine Großmutter Anna ist mit mir 1951 nach Israel gegangen. Dort war die Schwester meines Vaters in einem Kibbuz.«

*Sie hatten zwei Mütter.*

»Ja. Und daß meine Mutter Esti einen Bruder hatte, habe ich von Anna erst erfahren, als ich schon erwachsen war. Bis dahin glaubte ich, es gäbe nur noch Anna und mich.«

Verwirrende Positionen. Wer ist was und was für wen? Peter Finkelgruen war nun emotional Sohn der Frau, die den Vater seines Vaters geliebt hatte, und die auch die Mutter seiner Mutter war. Er nahm unwissentlich bei Anna den Platz ein, der dem verleugneten und verlorenen Sohn Karl gehörte.

In den vergangenen Jahren ist Peter Finkelgruen den Spuren seiner beiden Mütter nachgegangen. Auf der Suche nach verborgenem Wissen und verborgenen Taten fand er den Mörder seines Großvaters, den er vor Gericht brachte. Seelenarbeit in dem Verlangen nach Entwirrung. Anton Malloth wurde 2001 in München verurteilt, jahrelang hatten deutsche Staatsanwälte sich geweigert, gegen ihn Anklage zu erheben.

Zurück nach Shanghai 1941: Auf der Nanking Road eröffneten Hans und Ernestine Finkelgrün einen kleinen Laden, Handschuhe und Lederwaren. So hatte Esti es im Kaufhaus Finkelgrün in Bamberg gelernt. 1943 muß das Ehepaar ins Ghetto. Dort blieb Esti auch nach dem Tod ihres Mannes bis zur Befreiung. Wo sonst hätte sie mit ihrem jüdischen Jungen bleiben können?

Peter Finkelgruen: »Im Ghetto lebte sie eine Weile mit einer anderen Frau zusammen, eine lesbische Beziehung. Esti und Eti. Texte auf den Rückseiten von Fotos – das ist eindeutig. Ich hatte diese Frau total verdrängt. Heute ist manches in mir zurückgekommen, wir drei in einem kleinen Zimmer, Gerüche, Laute, fette, große Ratten. Ich habe eine wahnsinnige Rattenphobie.«

Nach der Befreiung erreicht Esti im Ghetto die Nachricht, ihre Mutter habe Auschwitz überlebt und sei nach Prag zurückgekehrt. Es ist das erste, was die Tochter nach Jahren von ihrer Mutter hört. Auf einem russischen Frachter fährt sie mit ihrem Sohn von Shanghai nach Wladiwostok, weiter mit der Transsibirischen Eisenbahn und schließlich bis nach Prag. Am Bahnhof steht Anna, eine schwere Frau in einem dicken Mantel. »Meine Mutter daneben ganz schmal.«

Mutter und Tochter, beide ohne Mann, zwischen ihnen ihr jüdischer Junge. Esti schreibt vom Krankenbett aus an die Schwester ihres toten Mannes. Dora war 1936 mit der zionistischen Jugendorganisation nach Palästina gegangen und nannte sich inzwischen Rachel. »Ich nehme an, Du, mein liebes Dorchen, bist mit Deinem Los zufrieden und hast Deine neue Heimat gefunden und hast Dir alles das erhalten, was Dir die Kraft gibt, diesen Kampf mit Deinem Volke durchzukämpfen ...« Ein Jahr später an Dorchen diese dringliche Bitte: »... Euch Peterle nochmals ans Herz legen. Es ist mein ausdrücklicher Wunsch, daß er dann zu Euch soll.«

*Erinnern Sie sich an den Tod Ihrer Mutter?*

»Nein. An die Beerdigung. Im März 1951 kam Anna mit mir in Haifa an. Jubel und Tanz unter den Passagieren. Nicht bei uns. Ein Gewimmel am Pier.«

*War Rachel da?*

»Wir verpaßten uns. Großmutter in ihrem Pelzmantel, ich im Wintermantel. Es war heiß. Im Taxi sind wir mit den Koffern in den Mittagsstunden im Kibbuz angekommen, stiegen aus und waren in der Wüste.«

Tante Rachel war schwanger, hatte mit ihrem Mann Israel

(vormals Gerhard) zwei Kinder in Peters Alter und sah sich auf einmal konfrontiert mit der Rivalin ihrer jüdischen Mutter, der nichtjüdischen Geliebten ihres ermordeten Vaters, mit Anna, der Deutschen, auf deren Unterarm die KZ-Nummer war. Dazu der kleine Peter, getauft und unbeschnitten, der Sohn ihres toten Bruders. Wie das nun alles integrieren in den zionistischen Kibbuz? Anna wußte alles besser und fand alles schrecklich: Kommunismus, Kolchose, Kinderhaus.

*Gemeinsame Waschräume. Alle Männer und Jungen beschnitten, alle müssen auf diesen kleinen Jungen gesehen haben.*

»Das war heftig. Das war massiv. Bis hin zu … Ich bin beschimpft worden als Goj. Später hatte ich dann die Sprachen zur Verfügung, je nachdem, ich konnte Deutsch, Englisch, Hebräisch, Tschechisch.«

*Sie konnten sich verändern, je nachdem.*

»Ich konnte in jeder dieser Sprachen ziemlich akzentfrei reden.«

*Und die nichtjüdische deutsche Großmutter mit der Auschwitznummer auf dem Unterarm.*

»Nichts stimmte! Ich sollte einen israelischen Namen bekommen und beschnitten werden. Aber mein deutscher Name gehörte zu mir wie zu Anna die Nummer und ihr verkrüppelter Daumen.« Das häßliche, zerquetschte Teil an Annas Hand. Immer wieder wollte Peter die Geschichte hören. Dem kleinen Mädchen hatte ihr Großvater einmal zur Strafe mit einem Hammer den Daumen plattgeschlagen. »Wir sind nach einem halben Jahr aus dem Kibbuz raus.«

*Eine verschworene Notgemeinschaft, Enkel und Großmutter. Anna war Anfang sechzig und Sie waren zehn, elf Jahre alt.*

»Sie baute außerhalb vom Kibbuz, mehr oder weniger auf

freiem Feld ein vier mal fünf Meter großes Häuschen, dreißig Meter vom Strand, zwischen dem Meer und dem Karmel liegend, an zwei Wasserbrunnen. Ein Araber half ihr. Vom Kibbuz bekamen wir ein Darlehen. Dann ging mein großes Staunen über diese Frau los, was sie alles konnte und wußte. Sie hat angebaut, Kleintiere gezüchtet, Hühner, Enten. Kaninchen waren besonders lohnend, weil nicht koscher und teuer zu verkaufen.«

*Sie beschreiben eine Idylle mit Meeresblick. Es hat aber doch etwas vom Hexenhaus am Dorfrand.*

»Genau, da lebte die Alte mit ihrem Enkel. Auf dem Karmel war ein kleines arabisches Dorf, sonst war da nichts. Großmutter fing an, mir von Theresienstadt und von Auschwitz zu erzählen.«

*War sie mütterlich?*

»Schon. Materiell fürsorglich, essen, kleiden, aber keine zärtliche Hinwendung zum Kind. Das Kind hatte Bedürfnisse zu erfüllen, die sie hatte: Du mußt die Stütze meines Alters werden.«

Auch Anna, 1891 auf einem Bauernhof in Siebenbürgen geboren, war Waise gewesen. Das hatte sie mit Peter gemeinsam. Den Tschechoslowaken nahm die Siebenbürger Sächsin, wie sie sich nannte, übel, daß die dem österreichischen Kaiser im Ersten Weltkrieg in den Rücken gefallen waren. Soldat dieses Kaisers war nämlich Annas geliebter Bruder gewesen. Peter Finkelgruen glaubt: »Der hieß bestimmt auch Karl.«

*In Ihnen waren für Anna ihre verlorenen Männer präsent. Sie hätten auch das Kind von ihr und Martin sein können, Sie waren es in der verschobenen Generation.*

»Und noch schlimmer, ich war auch das Kind, von dem ich nichts wußte: Karl. Anna bekam mich in einem Alter, in dem etwa ihr Sohn war, als sie ihn weggab.«

*Hatte sie je wieder Kontakt zu ihm?*

»Auffällig war, es gab keine Fotos von Karl. Ich fand ausgerechnet im Notizbuch meines Vaters die Adresse und den Mädchennamen der Frau, die Karl geheiratet hat. Das ist das einzige, was ich von Karl entdeckt habe. Er wird in keinem Brief erwähnt. Nichts. Ich weiß nicht, ob meine Mutter mit ihrem Bruder Kontakt hatte. Zuerst war Karl in der Wehrmacht. Erst später kam er zur SS.«

*Sie müssen in Israel einsam mit Anna gewesen sein.*

»Ich habe zuerst mit Begeisterung mitgearbeitet auf der kleinen Farm. Dann wurde es auch öde. Ich ging auf eine Missionsschule in Haifa. Der Unterricht war französisch und arabisch. Ich verstand noch weniger als in Iwrit. Ich wurde krank, bin tageweise abgehauen, kannte Haifa von oben bis unten. Ich ging in Antiquariate statt zur Schule. *Jerry-Cotton-Hefte,* Zeitschriften wie *stern* und *kristall,* nach und nach deutsche Bücher. Was die deutschen Juden so mitgebracht hatten. Man kaufte die Bücher und verkaufte sie wieder an denselben Laden für einen geringeren Betrag. So funktionierte das Ausleihen. Dann kam ich in ein schottisches Internat. Der anglikanische Pfarrer dort war eine Lichtgestalt für mich, eine Art Vaterersatz. Alle Jungen mochten ihn, und alle mit problematischem Hintergrund. Auf der Schule gab es Christen, Mohammedaner, Juden, was man heute eine integrierte Gesamtschule nennen würde.«

*Wo ist Ihr Jüdisches?*

»Ich war tendenziell eher israelisch, nicht jüdisch. Das war für mich kein Thema.«

*Oder kein Wort?*

»Auch kein Wort. Unter den Schülern war man selbstverständlich israelisch und damit jüdisch. Die meisten wußten, sie würden ins Ausland gehen. Ich sah Anna über Monate nicht. So kam ich bis zum Abitur, Hauptfach Deutsch.«

*Wie sind Sie nach Deutschland gekommen?*

»1959. Ich wollte in England studieren. Anna wurde zunehmend kränker. Sie wollte nach Deutschland. Ich wollte nicht zweieinhalb Jahre ins Militär. Anna war achtundsechzig Jahre alt und ich siebzehn. Ich wählte Freiburg aus und schrieb an die Universität. Berlin, Nürnberg, München waren Städtenamen, mit denen ich Nazizeit assoziierte. Für Anna beantragte ich eine Einreise- und Aufenthaltsgenehmigung als mein Vormund. Wir zogen später nach Köln, dort wurde mein englisches Abitur anerkannt. Anna bekam eine Rente, Gesundheitsschadensrente als Verfolgte, und ich bekam eine Waisenrente. Davon haben wir gelebt. Wir wohnten zusammen bis zu meiner Heirat 1963. Vor der Geburt meines Sohnes kam die Eröffnung: Karl. Wir saßen in der Küche. Meine Frau war schwanger. Ich war einundzwanzig Jahre alt. Anna drehte sich plötzlich um und sagte zu mir: Ich habe meine Familie gefunden. Das weißt du gar nicht. Ich hatte einen Sohn. Karl. – Das war die Rache.«

*Das muß Sie wie ein Hammerschlag getroffen haben.*

»Sie fühlte sich verlassen von mir. Ich habe noch mit ihr gegessen. Sie erzählte, ihr Sohn sei als SS-Mann von den Tschechen erschossen worden. Er habe Frau und Kinder hinterlassen. Zu denen ist sie dann doch nicht gezogen. Sondern nach Lugano. Da wollte sie hin, gutes Klima, gute Gegend. Das stünde ihr nun zu. Sie mietete sich eine Wohnung und ist dort drei Jahre später 1967 gestorben.«

Die Notgemeinschaft zwischen der alten Anna und ihrem Enkel war zerbrochen. Was bis dahin sie, in Schuldgefühle verstrickt, vor ihm verborgen hatte, konnte nun endlich zu sehen sein. Daß Peter Finkelgruen seinen Sohn nach seinem jüdischen Großvater Martin nannte, freute auch Anna Bartl.

## Ruth Radvanyi

*ist Ärztin, sie wurde 1928 in Berlin geboren und ist das zweite Kind der Schriftstellerin Anna Seghers. Sie hat einen zwei Jahre älteren Bruder. 1940, Ruth war zwölf Jahre alt, mußte sich Anna Seghers mit ihren Kindern im besetzten Paris verbergen. Ruths Vater, Laszlo Radvanyi, er nannte sich später Johann-Lorenz Schmidt, war interniert im Lager Le Vernet. 1941 verließ die Familie Radvanyi per Schiff Marseille. Sie wollten in die USA, mußten statt dessen aber ins mexikanische Exil. Ruth war fünfzehn Jahre alt, als ihre Mutter einen schweren Verkehrsunfall erlitt. 1946 kam Ruth Radvanyi, nach ihrem Abitur und einem Jahr als Hilfsschwester in Mexiko, allein per Schiff über die USA nach Paris. Dort begann sie ihr Medizinstudium. Ein Jahr später kehrte ihre Mutter nach Deutschland zurück, sie entschied sich für die DDR. 1954 beendete Ruth Radvanyi ihr Studium in Paris und ging zu ihren Eltern nach Berlin, sie arbeitete als Ärztin im Hufeland-Krankenhaus bis 1970, dazwischen ein Jahr in Stalinstadt (heute Eisenhüttenstadt) und zwei Jahre in Tansania. Ruth Radvanyi ist im Vorstand der Anna-Seghers-Stiftung, Mitglied der Anna-Seghers-Gesellschaft Berlin und Mainz e.V. und Mitherausgeberin des Buches »Anna Seghers. Eine Biographie in Bildern«. Sie lebt in Berlin-Pankow, ihre Tochter Anne wurde 1968 geboren.*

## Sie konnte so gut in die Leute sehen

Berlin-Pankow war zur DDR-Zeit eine Adresse der Intellektuellen, der Künstler. Ein besonderes Stadtviertel. Hier lebt die Ärztin Ruth Radvanyi, die neuerdings von Journalisten aus dem Westen besucht wird. Der Grund ist ihre Mutter beziehungsweise die Tatsache, daß Ruth Radvanyi die Tochter der Schriftstellerin Anna Seghers ist, die am 19. November 1900 in Mainz als Netty Reiling geboren wurde. Der junge Vater, das vermerkte damals der Standesbeamte auf der Geburtsurkunde, unterschrieb nicht, weil Schabbat war. Hedwig und Isidor Reiling, sie eine sozial engagierte Frau, er Kunsthändler, waren fromme Juden, und Netty war ihr einziges Kind.

Ruth Radvanyi: »Man sagt, daß ich in meiner Art zu sprechen und mich zu bewegen meiner Mutter ähnlich bin, allerdings meine Mutter war schön. Da bin ich eher meiner Oma Hedwig ähnlich. Außerdem war Anna Seghers extrem ordentlich, leider bin ich eher unordentlich. Ich habe ihr mal gesagt, du hast Glück, du mußt nicht regelmäßig pünktlich um sieben an der Arbeit sein. Zuletzt war ich ja im Krankenhaus die Chefin. Da sagte sie: Du irrst, ich bin um acht, halb neun am Schreibtisch. – Die Mutter war genau, ihre Sachen lagen gut.«

Auf alten Fotos in Paris, in Mexiko, auf internationalen Kongressen wirkt Anna Seghers zwischen ihren Schriftstellerkollegen Tolstoi, Pasternak, Feuchtwanger, Neruda sehr ernst und nahezu bieder, das Haar zu einem Knoten gestrafft, in hochgeschlossenem Kleid mit weißem Kragen. Wäre da nicht ab und an die Zigarette im Mundwinkel, hätte sie recht gut dem damaligen Bild der deutschen Frau entsprechen können.

Vierzehn Jahre, von 1933 bis 1947, lebte sie mit ihrem Mann, dem ungarischen Arbeitswissenschaftler Laszlo Radvanyi, und ihren beiden Kindern im Exil. Das FBI hielt die Seghers für den

Kopf der antifaschistischen Exilbewegung *Freies Deutschland.* Der »Communazi«, wie Anna Seghers in der amerikanischen Propagandasprache genannt wurde, verweigerten die USA 1941 die Einreise, veröffentlichten aber Seghers Roman aus Hitlerdeutschland *Das siebte Kreuz,* und zwar in hoher Auflage als Comic zur politischen Aufklärung ihrer Soldaten.

Ruth Radvanyi: »Wir waren arm. In Mexiko lebten wir anfangs von der Solidarität der anderen. Wo immer wir waren, sogar auf der Flucht quer durch Frankreich, steckte uns die Mutter in die Schule. Sie war der Meinung, das sei gut für unser Gemüt, wir waren untergebracht und lernten. Zuerst wohnten wir in der Nähe von Paris. Oft fuhr sie mit der Vorortbahn nach Paris und schrieb da in einem Café, den ganzen Tag. Das muß ihr wichtig gewesen sein, denn wir hatten ja nicht viel Geld.

In Mexiko ließ sie sich einen Käfig aufs Hausdach zimmern, dort oben arbeitete sie, und die Pflanzen sollten um sie hochranken. In der DDR schrieb sie gern auf ihrem kleinen Balkon. Wenn sie arbeitete, lief sie manchmal mit einem Gürtel zwischen ihren Fingern herum und murmelte vor sich hin; das nannten wir Kinder Dichterbändel. Mein Bruder sagt, wir durften sie nicht stören. Sie war nicht gluckenhaft. Sie hat uns wenig reingeredet. Nachträglich denke ich, sie hätte mehr reinreden sollen.«

Anna Seghers war oft fort, sie reiste als recherchierende Schriftstellerin; die engagierte Kommunistin wurde oft eingeladen zu internationalen Kongressen und Treffen.

Ruth Radvanyi: »Ja, sicher. Sie war unsere Mutter, wir waren geborgen dadurch, daß sie lebte. Wir waren in ihrem Kopf, und sie war in unserem Kopf. Geboren bin ich 1928 in Berlin-Charlottenburg, in dem Jahr bekam die Mutter den Kleist-Preis, nannte sich fortan Anna Seghers, ist in die KPD eingetreten, hat den Bund proletarisch-revolutionärer Schriftsteller mitgegründet, und sie war schwanger mit mir. Peter, meinen Bruder, gab es schon. Wie hat die Mutter das alles in einem Jahr geschafft? Das ist so, wenn man jung ist. Aber sie hatte Gaja, die führte den Haushalt. Als wir fliehen mußten, ist Gaja nachgekommen, und als 1938 Gajas Vater starb, ist sie wieder ins Dorf zurück nach Deutschland. Ich habe herzzerreißend geweint, als sie wegging.

Ich weiß das alles, weil ich im vergangenen Jahr eine Ausstellung über meine Mutter gemacht habe, zur hundertsten Wiederkehr ihres Geburtsjahres. Jetzt, wo die Mutter längst tot ist, geht der Rummel auch im Westen los. Die Akademie der Künste gestaltete nicht wie erwartet eine Ausstellung. Also machten wir selbst eine. Der Bürgermeister des Stadtbezirkes Lichtenberg stellte einen Raum in seinem Rathaus zur Verfügung. Aus seinem Fenster hing ein knallgelbes Tuch, darauf stand: Meine Mutter Anna Seghers – eine Schriftstellerin durchschreitet das 20. Jahrhundert.

Als Hitler die Macht ergriff, hatte mein Bruder gerade Scharlach durchgemacht und war in einem Sanatorium. Ich war fünf und bei meiner Oma Hedwig in Mainz. Meine Mutter wurde verhaftet. Sie hatte durch ihre Heirat 1925 einen ungarischen Paß, der hat uns öfter das Leben gerettet. Die Mutter wurde schnell entlassen und ist anderntags durch die hintere Gartentür zum Bahnhof und in die Schweiz geflüchtet, wo mein Vater war. Von dort nach Frankreich. Sie hat aufgeschrieben, wie das war, als meine Oma, ihre Mutter, uns zu ihr brachte nach Strasbourg. Das war das letzte Mal, daß meine Mutter ihre Mutter sah.«

Freitag abend, 20. März 1942, Schabbat, 589 Jüdinnen und 411 Juden werden aus Mainz und Hessen nach Piaski bei Lublin deportiert. Eine von ihnen ist Hedwig Reiling, ihr Mann Isidor ist zwei Jahre zuvor gestorben.

»Oft war die Mutter furchtbar traurig. Sie konnte nicht weinen. Sie war in Sorge um ihre Mutter. Da habe ich ihr einen Brief geschrieben. Das war noch in Paris. Ich schrieb ihr als eine virtuelle Person. Liebe Tschibi, so nannte der Vater sie. Tschibi heißt Küken auf ungarisch. Sie sagte zu ihm Roch, und so sagten wir Kinder auch zu den Eltern. Ich schrieb also, liebe Tschibi, wir freuen uns sehr, dir zu erzählen, daß wir in einem wunderbaren Garten sind mit einem schönen Haus. Und da liefen ihr die Tränen.«

*Das klingt wie ein erträumter Brief von ihrer Mutter Hedwig.*

»Ich weiß nicht, ob ich mit dem Namen meiner Oma unterschrieben habe. Ich wollte ihr eine Freude machen und habe sie in meiner kindlichen Dummheit zum Weinen gebracht.«

*Ich vermute, Sie haben in Ihrer kindlichen Sensibilität gespürt, ohne es benennen zu können, wonach Ihre Mutter sich sehnte.*

»Kann sein. Es war selbstverständlich, daß die Mutter nach Deutschland zurückwollte, Deutschland war ihre Heimat, besonders sprachlich. Für mich war Deutschland kein Thema. Deutschland war Hitler. Ich habe keinen Moment daran gedacht, nach Westdeutschland zu gehen, da waren die alten Nazis. In die DDR wollte ich nicht, um nicht wieder bei meinen Eltern zu landen.

Ich weiß nicht, ob Sie die heutige Anna-Seghers-Gedenkstätte in Adlershof kennen? Dort wohnten meine Eltern. Als ich mit Rucksack und Koffer ankam, habe ich mich da auf eine Bank gesetzt und mir gesagt: Na ja, jetzt ist es passiert. Ich habe es nicht bereut. Ich hatte Heimweh nach Paris, dort hatte ich Medizin studiert. Aber es war schwierig in Frankreich für Fremde. Ich wollte arbeiten.

Die Eltern haben uns erzogen, daß wir uns nicht nur um uns

selbst kümmern, sondern auch um den Nachbarn, und auch um die Welt, wenn ich das so sagen darf. Natürlich ging mir das bald auf den Nerv. Aaahhh, die Tochter von Anna Seghers! Es war bloß in der DDR. Woanders war sie ja noch nicht so berühmt. Ich kann es heute noch nicht leiden. Vielleicht habe ich deshalb so mit Nachdruck gearbeitet.

Kindisch von mir, aber so ist es noch immer. U-Bahn Vineta-Straße, da ist ein kleines türkisches Restaurant, wenn ich von der Stadt komme, setze ich mich dort hin, trinke einen Tee oder esse etwas. Es kommt die Bedienung, eine türkische Frau, stellt sich neben mich und sagt auf einmal: Stimmt es, daß Ihre Tochter eine berühmte Schriftstellerin ist?«

Anna Seghers trifft 1947 in Berlin ein, Darmstadt ehrt sie mit dem Georg-Büchner-Preis, drei Jahre später beruft die DDR sie zum Gründungsmitglied der Deutschen Akademie der Künste. Sie erhält 1951 von der Sowjetunion den Stalin-Friedenspreis und in der DDR den Nationalpreis. Der volkseigene Betrieb Röhrenwerk Neuhaus/Rennweg wird 1952 in VEB Anna-Seghers-Röhrenwerk benannt. Und so geht das weiter: sowjetische Schriftstellerkongresse, Weltfriedenskongresse, 1975 Ehrenbürgerschaft von Berlin (Ost).

Anna Seghers war die Ikone der DDR, eine Galionsfigur. Alle kannten sie, auch ohne sie gelesen zu haben. »Deutsche, Jüdin, Kommunistin, Schriftstellerin, Frau, Mutter. Jedem dieser Worte denke man nach«, schrieb Christa Wolf 1992 über Anna Seghers.

Ruth Radvanyi: »Jüdin? In der DDR war das kein Thema. In der DDR bin ich vielleicht viermal als Jüdin angesprochen worden in über dreißig Jahren. Außerdem spielte es für mich keine Rolle. Meine Mutter erzählte manchmal von ihrer Kindheit und von Festen, die es gab. Nachdem die Mutter tot war, sahen wir ihre Korrespondenz durch und merkten, wie entsetzt sie war und deprimiert, als sie nach Deutschland zurückkam. Es war ja noch gar nicht die DDR, aber daß die Leute so verändert waren. Die Mutter konnte so gut in die Leute sehen. Das hätte sie doch vorher wissen können. Mir war nicht aufgefallen, daß die Mutter so deprimiert war. Sie hatte es für sich behalten. Man hätte miteinander sprechen sollen.«

*Worum wäre es denn da gegangen?*

»Ich sag mal von mir aus, von ihr weiß ich es nicht: Ihr im Westen, ihr sagt immer Hitler und Honecker sei dasselbe. Das ist Unsinn. Die Leute in der DDR haben Honecker nicht geliebt, aber es war dasselbe Volk, das Hitler geliebt hatte. Es gab Ausnahmen, klar. Die Mutter wollte aufbauen, und dann stieß sie auch auf diese Leute. Sie hat nicht das Paradies gesucht. Sie wußte, daß dieses Volk sich versündigt hatte. Deshalb kam sie zurück. Sie wollte auf die Menschen einwirken mit Worten und Geschriebenem. Aus dem Nachlaß der Mutter wurde deutlich, sie hat ihre Meinung gesagt, aber mit Zurückhaltung und nicht in den ausländischen Medien, dazu gehörte die BRD.«

*Einmal im Jahr kam Ihr Bruder Peter mit Frau und Kindern aus Paris zu Besuch in die DDR. Wie war das?*

»Dieses Privileg war der Mutter wichtig. Da gab es Ferienheime, wo man ihr über den Schriftstellerverband soundso viele Zimmer gab. Ihre französischen Schwiegertöchter, mein Bruder war zweimal verheiratet, mochten das nicht. Ich fand das ganz schön. In Altenhof beim Fehrbellinsee traf ich auf meinen Bruder mit seiner Familie. Wir wurden versorgt. Urlaub war ja sonst ein Problem für DDRler.

Wenn ich am Sonntag keinen Dienst im Krankenhaus hatte, bin ich mit meiner kleinen Tochter Anne, Kinderwagen, Freundin, alles reingepackt in den Wartburg und ab zur Mutter. Die hatte einen riesigen Eintopf gekocht und sagte, ich solle nicht alles aufessen. Meine Tochter war sehr aufsässig, aber nie hat sie was Böses über ihre Oma gesagt.

Einige Jahre nach dem Tod meines Vaters rief mich meine Mutter zu sich. Ob ich mich um ihren literarischen Nachlaß kümmern, ob ich ihr Erbe antreten wolle. Um Gottes willen, habe ich gesagt, ich arbeite doch. Ich werde eine Rente haben. Ich brauche dein Geld nicht.

Da hat sie ihren Nachlaß der Akademie der Künste der DDR vermacht. Das Geld hinterließ sie für junge Schriftsteller aus der DDR und Lateinamerika. Nach der Wende haben mein Bruder und ich daraus eine Stiftung gemacht, die das Geld und die Rechte verwaltet.«

Verborgen zwischen Bücherbergen steht eine Menora in Ruth Radvanyis Wohnzimmer. Anna Seghers ließ sich den siebenarmigen Leuchter gegen Ende ihres Lebens von einem ihrer Enkel aus Paris schenken. Für die Tochter Ruth Radvanyi ist die Menora eine Erinnerung, »nicht an den lieben Gott, sondern an meine Mutter«.

Anna Seghers starb 1983. Zwei Jahre zuvor hatte die Stadt Mainz sie zu ihrer Ehrenbürgerin ernannt.

## Dodi Reifenberg

*macht aus Plastiktüten Kunst und Mode, zum Beispiel Krawatten. Er wurde 1960 in Israel geboren und hat zwei jüngere Schwestern. Seit 1988 lebt Dodi Reifenberg in Berlin. Eigentlich heißt er Oded und nennt sich Dodi, weil außerhalb Israels die Leute annehmen, Oded sei ein Name für eine Frau. 1994 begegnete Dodi Reifenberg bei den Jüdischen Kulturtagen in Berlin dem französischen Komponisten Florian Mutschler. Sie verliebten sich ineinander und präsentierten der Öffentlichkeit 1997 ihre erste gemeinsame Arbeit »Die Reiserie«, und zwar in der kleinen Schalterhalle des Stuttgarter Hauptbahnhofs. Seit 1998 firmierten ihre gemeinsamen Projekte unter dem Namen »Dodi & Flori Reifenberg – Plastiktüten & Klangfarben seit 5757«. So kreierten sie die Armbanduhr Qohelet, ein Chronometer à la König Salomo, sowie Serienkunstobjekte und multimediale Spektakel, in denen bildende Kunst mit Musik, Mode, Design und High Tech in Einklang kommt. Flori Mutschler-Reifenberg, Dodi Reifenbergs Lebensgefährte, ist drei Wochen nach diesem Gespräch gestorben – Ende Oktober 2001, an einem Herzschlag beim Joggen an der Spree.*

## Zionistin und Kibbuznik mit Leidenschaft

»Das liest du nachher«, sagt Dodi Reifenberg und gibt mir, kaum daß ich an seinem Küchentisch sitze, einen kleinen Text, den seine Mutter in Iwrit geschrieben und eine Freundin von ihr ins Deutsche übersetzt hat. Vor ihm liegt ein Ausdruck aus seinem Computer, in hebräischen Buchstaben. »Ima« steht darüber. Er habe seine Mutter vor unserer Begegnung in Israel angerufen und sich »über die Zeit ihres Lebens« erzählen lassen, bevor es ihn gab. »Das lese ich dir jetzt vor.« Mein Blick fällt auf das, was ich nachher lesen soll:

Spät abends, mitten im Winter, klopft man an meine Tür. Der Regen stürmt. Eine Stimme ruft: Doktora! Doktora! – Ich öffne und sehe einen riesigen Beduinen in Galabiya und mit Kafiya. Er bedeutet mir stumm, daß ich ihm folgen soll. Der Regen schlägt mir ins Gesicht, kaum kann ich etwas erkennen. Dennoch bemerke ich hinter dem Mann eine kleine Gestalt, und im Näherkommen sehe ich eine Frau. Sie trägt ein Bündel Lumpen in ihren Händen, daraus das Weinen eines Säuglings zu hören ist.

Ich führe sie in unsere Klinik, dort finde ich im Lumpenbündel ein Baby, das gerade aus dem Familiensuppentopf im Beduinenzelt kommt, wo es hineingefallen war. Seine Haut ist voller Brandwunden, Karotten, Linsen und was sonst noch in der Suppe schwamm. Ich wickle das Kind in ein steriles Leintuch und telefoniere unseren Rettungsdienst herbei, der die Beduinenfamilie nach Beer Sheva ins Krankenhaus fährt. So geschehen im Kibbuz Zeelim im Westen des Negevs, wo ich damals wohnte und als Krankenpflegerin tätig war. Einige Tage später kommt …

Dodis Hand legt sich sanft über den Text: »Jetzt hör mir zu.« Ich lege das Blatt in meine Handtasche. Der Sohn hat sich für dieses Gespräch über seine Mutter vorbereitet, es ist, als säße sie mit uns am Tisch und spräche durch ihn mit mir. Er liest: »Ich bin – also – sie ist geboren im Kibbuz Kwuzat Yavne 1934 in der Mitte von heute Israel.«

Da kommt Flori herein, er ist Dodis Liebster und Lebensgefährte, er umkreist leichtfüßig den Tisch und setzt sich. Ob Flori ihn störe, unterbreche ich Dodi beim Vorlesen. »Überhaupt nicht«, lächelt Dodi, »er kennt meine Mutter.« Dennoch und gerade darum bitte ich ihn, uns erst noch allein zu lassen; Flori zieht sich zurück, so leise, wie er kam.

Dodi Reifenberg liest weiter vor, vom Vater seiner Mutter, der in Karlsruhe geboren wurde als Kind armer chassidischer Juden, die aus Polen gekommen waren. Als junger Mensch ging er 1930 mit der deutsch-zionistischen Jugendbewegung *Blauweiß* nach Palästina. Ausgerechnet dahin, darauf wären seine frommen Eltern nie gekommen. Nach Deutschland – ja. Aber wozu in die Wüste? Sie wurden 1938 nach Polen deportiert und ermordet. Die Mutter seiner Mutter wurde in Polen geboren, wuchs seit ihrem fünften Lebensjahr in Hamburg auf, wo ihr Vater Hebräisch unterrichtete, sie wurde Hamburgerin, sprach fließend Hebräisch, besuchte mit Erfolg die Kaufmannsschule, hatte eine gute Arbeit, verdiente gut, hatte eine schöne Wohnung und gab alles auf.

Dodi Reifenberg: »Sie war eine phantastische Frau, Juchewet, sehr idealistisch, ich erinnere sie, 1928 ging sie nach Palästina in einen Kibbuz, vorher hatte sie in der Nähe von Frankfurt Hühnerzucht gelernt, und 1934, sie war schwanger, holte sie ihre Eltern aus Hamburg raus, das hat sie geschafft, aber als das Schiff in Haifa einlief, starb Juchewets Mutter an Bord. Sie hieß Perle, und so gab Juchewet ihrer erstgeborenen Tochter den Namen Pnina, denn Pnina heißt Perle, meine Mutter.«

Pnina war 1934 im Kibbuz Kwuzat Yavne das erste Kind, geboren in Freiheit. Die Lebensbedingungen waren extrem hart. 1943, Pnina ging in die Kibbuzschule, stand die deutsche Wehrmacht unter NS-General Rommel in der Wüste. Im Kibbuz erklärten die Eltern den Kindern, sie würden kämpfen bis zuletzt, der Kibbuzlehrer sagte, die Deutschen seien schlimmer als die Inquisition, und arabische Politiker überlegten, ob sie mit den Nazis gegen die Engländer und Juden paktieren sollten.

»Kommen Sie aus Überzeugung, oder kommen Sie aus Deutschland?«, hieß bald ein geflügeltes Wort in Israel. Überlebende der Shoa kamen, neben Pnina saß eines Morgens Ruth in der Kibbuzschule, und nachts im Schlafsaal der Kibbuzkinder lag Ruth neben Pnina und flüsterte ihr zu, was sie im KZ gesehen hatte, was mit ihr gemacht worden war, was sie hatte tun müssen. Schlief Ruth ein, lag Pnina wach, überwältigt von Ängsten und inneren Bildern.

»Wenn Ruth dich ausgewählt hat als ihre Zuhörerin, mußt du ihr zuhören«, sagten die Erwachsenen. »Schließlich hat sie das alles überlebt und nicht du.« Die junge Pnina war im Kibbuz für viele Kinder die große Schwester. »Später hat meine Mutter ihre Nase immerzu in solche Bücher gesteckt, immerzu Holocaustliteratur, mit Ruth fing es für sie an, sie sind heute noch befreundet.«

Dodi Reifenberg wurde 1960 in Haifa geboren. »Meine Eltern lernten sich dort kennen, bei Freunden, meine Mutter war sehr beeindruckt von meinem Vater, er hatte viele Bücher, einen Plattenspieler, Bach, Beethoven, Berliner Juden, assimiliert, gebildet. Und sie war für ihn eine richtige Sabre, stark und leidenschaftlich. Ich war neun oder elf, da kam die Scheidung. Meine Mutter ging mit meinen zwei jüngeren Schwestern zurück in den Kibbuz. Ich blieb bei meinem Vater. Ich kannte von früher die Kibbuzfamilie, das war schön, aber ich hatte meine Freunde und meine Schule in Haifa. Mindestens einmal im Monat sahen wir uns am Wochenende im Kibbuz, meine Mutter, mein Vater und wir Kinder. Es war wunderbar. Für ein Wochenende. Wir weinten beim Abschied, wir konnten es nicht verstehen, aber die Trennung mußte sein.«

Als kleiner Junge tanzte Dodi nach jeder Musik. »Ich war sehr gelenkig, und meine Mutter war begeistert, sie ermutigte mich. Als sie fort war, hörte ich mit dem Tanzen schnell auf, mein Vater fand das nicht gut für seinen Sohn.«

*Ein Junge tanzt nicht.*

»Meine Mutter hat solche Kategorien nicht, vielleicht, weil sie im Kibbuz groß geworden ist. Sie wuchs als Kind frei auf. Wenn ich nicht aufessen mochte, sagte sie, gut, das nächste Mal nimmst du etwas weniger auf deinen Teller. Als meine Eltern heirateten, war klar, Pnina würde den Kibbuz verlassen, ein religiöser Kibbuz, dennoch war sie damit verbunden. Was meine Mutter an der Religion kritisierte, darüber konnte sie mit ihrem Mann reden, er gab ihr recht. Mein Vater ist nicht religiös, aber meine Mutter liebt die Tradition. Er war anders als die Männer im Kibbuz, weltoffen, das alte Europa, aus dem ihre Eltern vertrieben worden waren. Doch sie ist Zionistin und Kibbuznik mit Leidenschaft. Bei der Armee sollte sie zu den Fallschirmspringern als Krankenpflegerin. Beim letzten Training kam sie falsch auf mit dem Fuß, und der brach, so blieb sie am Boden. Meine Mutter ist rund, gesund, warm und rational, mein Vater ist empfindlich, ein Träumer. Was meine Eltern gegenseitig aneinander attraktiv fanden, das hat sie auseinandergebracht. Daß es nicht ging, war ein großer Schmerz für beide. Ich bin bei ihm geblieben, auch weil meine Mutter so stark ist und er überhaupt nicht.«

Dodi kam von der Schule nach Hause, auf der Straße rief ein

Mädchen »Homo« hinter ihm her, er war zehn, elf Jahre alt. Das war in der Zeit der Scheidung. »Homo! Damals war Homo ein Schimpfwort, heute ist Israel liberaler geworden.«

*Bist Du damit zu Deiner Mutter gegangen?*

»Natürlich nicht. Ich war beschämt. Als ich fünfzehn war, besuchte ich sie mit einem Freund im Kibbuz. Es gab nie ein Gespräch darüber, alles war so selbstverständlich. Sie hat es total normal akzeptiert.«

*Was?*

»Meine Schwulischkeit.«

*Das kann ja gar nicht angehen.*

»Wieso?«

*Es ist nicht selbstverständlich. Ihr habt nie darüber miteinander gesprochen?*

»Ich erinnere nichts.«

*Du heiratest nicht! Keine Enkelkinder!*

»Mein Vater wollte, daß ich heirate. Bei ihm war immer dieses Schweigen. Meine Mutter spricht nicht darüber, aber ohne dieses Schweigen. Meine Mutter hat mit mir über Drogen gesprochen. Es war nicht ein Glas Wein oder mal ein Joint, ich habe harte Sachen genommen, ich wollte meine Grenzen kennenlernen, aber ich wollte nicht Junkie werden, sondern Künstler, darum verließ ich Amsterdam und ging nach Berlin. Außerdem ist Deutschland ein Tabu, das hat mich gereizt. Ich kam ein Jahr vor dem Fall der Mauer.«

*Was sagt Deine Mutter dazu, daß Du hier lebst?*

»Sie mag Deutschland nicht. Sie wollte nie nach Deutschland kommen. Einmal kam sie, ganz kurz, vor sieben Jahren.«

*Bist Du ein Tabubrecher in der Familie?*

»Was soll ich meiner Mutter sagen? Guck mal, ich bin schwul? Dann wird sie sagen, ja, ich weiß.«

*Mag sein, sie will Dich akzeptieren, so wie Du bist, sie muß noch nicht einmal mit Dir darüber sprechen. Aber wieso kann sie nicht mit Dir darüber sprechen?*

»Ich war oft mit Freunden bei ihr, zum Wochenende, sie hat das Gästezimmer für uns gemacht. Manche Freunde mochte sie nicht, das hat sie mir signalisiert, andere hat sie geliebt.«

*Was konnte sie sagen? Heirate ihn, er ist ein so netter Mann, und ihr paßt so gut zusammen?*

»Damals hatte ich einen norwegischen Freund, nicht jüdisch, aber er sprach Hebräisch. Sie hat uns das Bett gemacht, wenn wir zu ihr kamen, das große Bett für uns beide. Über einen anderen Freund sagte sie, ein wunderbarer Mann, ich kann dich verstehen, aber der Altersunterschied, und er war immer wieder mit Frauen zusammen, und ich sagte, ich weiß, und ich weinte.«

*War das in ihrem Kibbuz?*

»Was?«

*Wo sie für euch das Doppelbett gemacht hat?*

»Nein, nicht im Kibbuz. Ihre drei Schwestern und ihr Bruder leben im Kibbuz. Ihr Vater, mein Großvater, hat mich akzeptiert, wie ich bin. Er hat nie direkt mit mir über meine Schwulischkeit gesprochen, aber indirekt, ich soll aufpassen wegen Aids. Einmal habe ich gesagt, vielleicht komme ich euch besuchen mit meinem Freund zu Pessach.«

*Schöne Idee.*

»Nicht wahr. Aber ich hätte damit den ganzen Kibbuz auf den Kopf gestellt. Und die Geschwister meiner Mutter hätten vielleicht zu ihr gesagt, mußt du uns im Kibbuz in diese unangenehme Ecke stellen? Mein Großvater sagte, komm sehr gern, aber, und dann hat er es auf dritte Personen geschoben, die möchten das nicht, irgendwie so. Jetzt fällt mir ein, ich habe ihr das damals von ihrem Vater erzählt, da hat meine Mutter zu mir gesagt, guck mal, ich kann mit ihm darüber auch nicht sprechen.«

*Darüber.*

»Darüber. – Das war das einzige Mal, daß meine Mutter und ich es richtig angesprochen haben.«

*Sind Deine Schwestern verheiratet?*

»Nein. Meine Mutter würde gern endlich Großmutter sein, ihre Schwestern sind schon Großmütter und sogar Urgroßmütter, das geht schnell, besonders bei den Orthodoxen. Ich wollte nie Kinder haben, aber ich freue mich«, sagt Dodi, »Flori hat Kinder«, und Flori setzt sich wieder zu uns und sagt: »Ich habe eine Tochter und einen Sohn. Sie besuchen uns in den Schulferien, dann leben wir hier zusammen, und Dodi kocht für uns alle.«

Wie schwer für Kinder die Trennung ihrer Eltern sei, sagt Dodi Reifenberg, erlebe er im Umgang mit Floris Kindern, »durch sie habe ich die Trennung meiner Eltern in mir wiedergefunden«.

Was wurde aus dem Beduinenbaby in Israel? Die Krankenpflegerin Pnina nahm die arabische Familie im Kibbuz auf, sie pflegte das Kind. Im Text heißt es:

Der Abschied fällt schwer, aber ist mit Freude vermischt, denn das Kind ist gesund. Wir sammeln warme Kleidung für sie, geben ihnen die Babywanne mit und Spielzeug. Die drei steigen auf ihren Esel und reiten davon. Am nächsten Tag, auf meinem Weg zur Kibbuzklinik, entdecke ich ein großes Schaf, gebunden an einen großen Baum. Es steht ganz ruhig da und grast, als ob es hier zu Hause sei, und ich verstehe, das ist ihr Dank, in aller Ruhe und Bescheidenheit.

Erica Fischer

*wurde 1943 in St. Albans, in England, geboren, wo ihre Eltern im Exil lebten. Sie wuchs mit ihrem vier Jahre jüngeren Bruder auf. Als ihre Eltern nach Wien zurückkehrten, war sie fünf Jahre alt. Nach dem Abitur studierte sie am Dolmetschinstitut der Universität Wien. Anfang der siebziger Jahre war sie Mitbegründerin des österreichischen Feminismus und viele Jahre aktiv in der Frauenbewegung. 1988 ging sie in die Bundesrepublik und lebt als freie Autorin und Buchübersetzerin seit Mitte der neunziger Jahre in Berlin. Ihre dokumentarische Erzählung »Aimée & Jaguar« (1994) wurde in dreizehn Sprachen übersetzt und verfilmt. »Die Liebe der Lena Goldnadel« sind jüdische Geschichten von der Liebe und vom Überleben. Zuletzt erschien: »Die Wertheims. Geschichte einer Familie« (zusammen mit Simone Ladwig-Winfers). Erica Fischer ist geschieden und hat keine Kinder.*

## Wie konnte diese Frau so hart werden?

Unten auf der Straße, nach einem fünfstündigen Gespräch mit Erica Fischer, fällt mir auf, daß sie mir nicht den Vornamen ihrer Mutter genannt hat. Vor allem habe ich vergessen, danach zu fragen. Ich könnte klingeln und mir durch die Sprechanlage den Namen ihrer Mutter nachträglich sagen lassen. »Wie hieß deine Mutter eigentlich?« Irgendwie peinlich. Ich tue es nicht, sondern nehme dieses Schamgefühl mit mir als Ausdruck für etwas, was nicht gegeben wurde, was ich nicht bekommen habe von der Tochter dieser Mutter.

Bevor wir uns trennten, zeigte mir Erica Fischer ein Foto ihrer Mutter, ein junges Mädchen aus den zwanziger Jahren, eine Jüdin aus Warschau, modisch gekleidet, das dunkle Haar als Pagenkopf, ein kräftiger Hals, aufgeworfene Lippen, ein selbstverliebter Ausdruck in den Augen. Erica Fischer: »Jenseits vom Jüdischen, der Verfolgung und der Emigration, hat meine Mutter als Frau ein Leben gelebt, das ihr nicht entsprach. Sie wäre geeigneter gewesen, ein Bohémienleben zu führen, keine Kinder zu haben, zu tanzen, in Kneipen zu sitzen, über Politik zu diskutieren. Sie war eine begabte Goldschmiedin. Wunderschönen Schmuck hat sie gemacht. Einige wenige Stücke habe ich. Durch die Emigration ist ihre Karriere abgebrochen worden. Sie wollte weder eine Hausfrau sein, noch wollte sie Kinder haben. Bei jedem Essen, das sie auf den Tisch stellte, sagte sie: Ich bin eine schlechte Köchin. Eigentlich hat es immer gut geschmeckt.

Meine jüdische Mutter hat im Grunde genommen meinem nichtjüdischen Vater das Leben gerettet. Er war arbeitslos, sie klapperte die Konsulate in Wien ab, bekam mit Hilfe der Quäker einen Job als Hausangestellte in England und holte ihn von dort nach, als Butler im selben Haushalt. Oktober 1938. Von da an wird die ganze Emigration als Witz erzählt. Mein Vater war kein Butler. Der hatte zwei linke Hände und stammte aus einem proletarischen Milieu. Meine Mutter machte ihm eine Zeichnung, wo welches Messer zu liegen hat und wo welche Gabel.

Ich wurde 1943 in England geboren, in St. Albans, hundert Kilometer von London entfernt. Meine Mutter stammt aus einer bürgerlichen, sozialistisch orientierten Familie. Ihr Vater war im Bankwesen. Er ist vor ihrer Geburt oder unmittelbar danach gestorben. Ihre Mutter hat wieder geheiratet. Sie war Hausfrau, hatte Abitur, sprach Deutsch, Französisch und Russisch, und es gab eine Bibliothek, mit Goethe; das hat meine Mutter immer betont. Mit siebzehn Jahren kam sie nach Wien, um an der Kunstgewerbeschule zu studieren. Sie hatte sehr früh Abitur gemacht und wollte weg aus der Familienenge, weg vom Antisemitismus in Polen. Mein Vater war ein engagierter Sozialdemokrat und ein wunderschöner Mann. Daß sie später nur ein Leben als Hausfrau führte, wäre nicht nötig gewesen. Sie hätte in der Wirtschaftswunderzeit reich werden können mit ihrem Schmuck. Doch da war sie schon versteinert. Mein politisch linker Vater in seiner biederen Art wollte auch nicht, daß seine Frau arbeitete. Eigentlich war meine Mutter eine total rebellische Person. Sehr kraftvoll. Auch in der Versteinerung.

Daß ihre Mutter, die Eltern, deportiert wurden, darüber hat sie eigentlich nicht gesprochen. Treblinka. Dieses Wort hat sie nie in den Mund genommen. Ich war immer der Meinung, es sei Auschwitz gewesen. Auschwitz ist einfach das KZ. Als ich anfing, mich mit meinem jüdischen Hintergrund zu beschäftigen, habe ich meine Mutter interviewt. Ich sprach von ihren Eltern, die in Auschwitz umgebracht worden seien. Sie sah mich entgeistert an und sagte: Meine Eltern sind doch in Treblinka umgekommen.

Knapp vor Kriegsbeginn ist ihre Mutter im August 1939 in London zu Besuch gewesen. Meine Eltern wußten, es kommt Krieg, und Polen wird eines der ersten Opfer sein.

Es gab eine Nacht, in der sie auf die Mutter einredeten, sie solle nicht zurückgehen. Sie ist zurückgegangen, ihre Familie war in Warschau. Meine Mutter hat immer von ihren Eltern gehört, man muß gut Polnisch sprechen und sich anpassen. Daß die größte Anpassung letztlich gar nichts hilft, hat sie nicht akzeptieren wollen, auch nicht danach. Ihre Eltern wurden umgebracht, obwohl sie angepaßt waren, obwohl sie antizionistisch waren. Obwohl sie angeblich gar nicht richtig jüdisch waren.

Ich habe meine Mutter gefragt: Hast du christliche Freunde gehabt? Sie sagte: Nein. Ich fragte: Warum? Sie sagte: Wahrscheinlich wollten die von uns nichts wissen. Zu dem Zeitpunkt begann ich mich betrogen zu fühlen um das Jüdische. Ich habe sie gefragt: Warum hast du uns nichts erzählt, meinem Bruder und mir? Sie sagte: Was hätte ich euch erzählen sollen? Religiös waren wir nicht.

Sie ist Kommunistin gewesen. Internationalismus zählte, doch die Namen, die sie nannte, von Freunden, das waren alles Juden. Sie gehörte in Warschau als junges Mädchen zu einem Club, wo marxistische Literatur gelesen wurde. Die waren verfeindet mit den organisierten Zionisten. Religion war Opium fürs Volk und Zionismus sowieso. Die Juden sollten sich integrieren. Israel war tabu. Sie hat gesehen, daß ich mit dem Davidstern am Hals herumlaufe, aber sie hat dazu nie etwas gesagt.

Es gibt in mir keine Erinnerung an körperliche Nähe mit meiner Mutter. Was ich weiß, hat sie mir erzählt. Ich hatte schon früh Asthma. Sie ist nächtelang mit mir spazierengegangen und hat mir Wiegenlieder gesungen auf polnisch. Eines kann ich noch. Es sind die einzigen Worte, die ich auf polnisch weiß. Aber es ist nicht wie eine Erinnerung. Ich habe bald gelernt, nicht mit ihr über Gefühle zu sprechen. Das rann an ihr ab. Sehr schmerzhaft für mich. Ich habe es gelassen.

Sie hat mir Kleider genäht, mich wunderschön angezogen. Das ist die einzige Berührung, an die ich mich erinnern kann, bei der Kleideranprobe – wie sie mich abtastete. Wärme war nie zwischen den Eltern. Wenn, dann ging es von meinem Vater aus, daß er so kumpelhaft seinen Arm um sie legte. Er hatte Freundinnen, und er hat ihr im Streit gesagt: Ich verdiene hier das Geld.

Technikerin, Ingenieurin oder Chemikerin sollte ich werden. Das war ihr Bild von mir. Gleichzeitig immer adrett angezogen. Als ich die Regel bekam, habe ich sie gefragt, was ich tun soll. Sie lehnte am Türstock und sagte mit larmoyanter Stimme: Du tust mir leid. Ich fragte: Warum? Sie sagte: Weil du jetzt eine Frau bist. Über Sexualität sagte sie: Manche Frauen brauchen das. Ich habe das nie gebraucht. – Ganz stolz, mit ihrer harten, kräftigen Stimme.

Wie konnte diese Frau so hart werden? Sie sei immer unmöglich gewesen, sagte mir ihre Schwägerin. Ein rebellisches Kind, furchtbar wild, sie habe nur mit Buben gespielt. Die Aussage war mir wichtig. Ich habe immer nach Erklärungen für meine Mutter gesucht. Treblinka. Wie ihre Eltern gestorben sind. Der bloße Gedanke ist so unerträglich, daß man ihn gar nicht denken kann. Dann ihr Leben als Frau. Doch diese Aussage, daß sie immer schon ein Teufel war, so hatte die Schwägerin zu mir gesagt, Teufel, das gibt mir eine zusätzliche Erklärung.

Als junge Frau war sie eine Schönheit, mit Hütchen schräg aufgesetzt, Muff und Pelzkragen. Sie war ziemlich klein, hohe Absätze, glänzende Seidenstrümpfe. Gesehen habe ich sie so nie. Nur auf Fotos. Als es mich noch nicht gab. Meine Eltern haben sich im Milchzug zwischen Wien und Salzburg kennengelernt in den zwanziger Jahren. In der illegalen Gewerkschaftszeitung schrieb mein Vater Artikel, die sie illustriert hat. Beide kamen ins Gefängnis.

Sie drei Monate, mein Vater neun. Dann wurde sie nach Polen abgeschoben. Mein Vater kam nach. In Warschau haben sie geheiratet, polnisch orthodox, dafür haben sie gezahlt. Für meine Mutter bedeutete das damals die österreichische Staatsbürgerschaft.

Als ich nach ihrem Tod ihre Wohnung auflöste, fand ich Mitschriften von ihr aus einem Buch von Betty Friedan, *Der Weiblichkeitswahn*, ein Buch aus den sechziger Jahren über die Situation von Hausfrauen. Da hatte ich noch keine Ahnung von Feminismus. Ich bin eine der Mütter der österreichischen Frauenbewegung geworden. Das fand sie gut. Ich habe in den siebziger Jahren die Frauenbuchhandlung *Frauenzimmer* in Wien mit gegründet. Sie machte in den siebziger Jahren einen Kurs in Teppichweben und hat für das *Frauenzimmer* ein grünes Frauenzeichen gewebt. Meine Mutter kam sehr gut an bei den Feministinnen. Viele hatten Nazimütter. Meine Mutter sah anders aus als die üblichen Mütter und trat selbstbewußt auf. Ich mußte mich nicht genieren. Sie hat nie was Falsches gesagt. Aber sie war nicht in der Lage, über sich selbst zu reflektieren. Sie konnte keine Kritik annehmen, die eine Weiterentwicklung ermöglicht hätte. Sie hat dann trotzig aufgetrumpft: Ich bin so. So war ich mit siebzehn, und so bin ich immer noch.

Ich habe ihr sozusagen alles apportiert, meine Artikel, meine Bücher. Ich habe mich schön gemacht für sie. Am ehesten noch lobte sie mich, wenn ich gut aussah. Das sieht gut aus, sagte sie. Ich sagte danke und wollte noch irgendein Wort verlieren, etwa, wo ich das Kleidungsstück gekauft hatte, da sagte sie schon: Mmh, ich kauf mir nix mehr, ich bin schon zu alt.

Es gab Haßausbrüche von mir gegen sie. Du hast mich nie gemocht, sagte sie, und: Du warst immer schon böse. – Meine Stimme ähnelt der meiner Mutter. Sie hatte eine schrecklich starke Stimme, wenn sie schrie. Ich glaube, daß ich vieles von meiner Mutter in mir habe, daß ich hart und brutal sein kann wie sie. Gegenüber Frauen. Ich kann Frauen verletzen.

Ihre Unzufriedenheit und Selbstentwertung hat bei mir eine Wut ausgelöst, die auch Liebe war. Ich hätte gewollt, daß sie aus ihrem Leben mehr macht. Sie ist mit sechsundachtzig, siebenundachtzig Jahren gestorben. Seit ihrem sechzigsten Lebensjahr hatte sie sich praktisch aufgegeben. Nach dem Tod ihres Mannes.

Mein Bruder blieb bei ihr. Meine Eifersucht auf ihn war nie groß, denn ich war immer froh, nicht an seiner Stelle zu sein. Noch mit sechsundzwanzig Jahren lebte ich zu Hause. Im Durchgangszimmer. Beide Eltern haben die Kinder festgehalten. Als ich auszog, war Grabesstimmung. Ich ging mit meinem Koffer raus, als hätte ich ein Verbrechen begangen.

Nach ihrem Tod hat er sich das Leben genommen, mein Bruder. Irgendwie war das klar, der ganzen väterlichen Verwandtschaft, und mir auch. Sogar die Mutter hat es gewußt. Er hat geschrieben, die einzige Aktivität in seinem Leben, die ihm bliebe, sei, sich das Leben zu nehmen. Sie wurden immer mehr zu einem Paar, meine Mutter und er. Die Besuche bei ihnen – da verspreche ich mich oft und sage, bei den Eltern – waren grauenhaft. Beiden war das Grauenhafte nicht bewußt.«

*Warum sind Deine Eltern zurückgekommen nach Österreich?*

»Gegen den Willen meiner Mutter, 1948. Sie hat erzählt, wie nach dem Anschluß viele Sozialdemokraten in Österreich plötzlich Nazis wurden. Erst die rote Fahne mit den drei weißen Pfeilen im weißen Kreis, und dann war es plötzlich ein Hakenkreuz. Sie wollte nicht zurück in das antisemitische Wien. Aber mein Vater hatte dort seine Familie.«

*Was ist mit dem Nichtjüdischen in Dir? Gibt es das überhaupt?*

»Doch, ich denke schon. Aber ob das nicht auch von meiner Mutter kommt? Weil sie eine solche Abwehr gegen alles Jüdische hatte. Ich identifiziere mich mit der jüdischen Seite. Ich habe immer Scham empfunden, daß ich so wenig weiß, ich dachte, daß ich nicht das Recht habe, mich Jüdin zu nennen, etwas, das einen adelt. Wenn man mich heute fragt, sage ich: Ja. Oder ich sage: Ja, meine Mutter war Jüdin.«

*Wann brauchst Du Deine Mutter, um Jüdin zu sein? Vor welchen Menschen?*

»Vor Juden. Wenn ich meiner Mutter für irgend etwas dankbar sein kann, dann dafür: Sie hat mir das Jüdische mitgegeben.«

Wladimir Kaminer

*ist freier Autor und veröffentlicht feuilletonistische Texte in Zeitungen und im SFB4 Radio MultiKulti, es sind Betrachtungen eines russischen Alltags-Kosmonauten in Deutschland. Geboren wurde er 1967 in Moskau. Er ist einziges Kind. Nach der Schule machte er eine Ausbildung zum Toningenieur für Theater und Rundfunk, anschließend studierte er Dramaturgie am Moskauer Theaterinstitut. Bis 1998 arbeitete er bei zahlreichen Theaterproduktionen mit, als Dramaturg, Regisseur und Schauspieler. Nach dem Erzählband »Russendisko« sowie der von ihm herausgegebenen Anthologie »Frische Goldjungs« schrieb Kaminer das Buch »Militärmusik«, es ist sein erster Roman. »Schönhauser Allee«, eine Sammlung von Kurzgeschichten, trägt im Titel den Namen der Straße, in der auch seine Mutter wohnt. Ein neuer Band mit Geschichten, »Ich mach mir Sorgen, Mama«, erschien 2004. Seit 1990 lebt Wladimir Kaminer mit seiner Frau in Berlin. Das Ehepaar hat eine Tochter und einen Sohn.*

## Meine Mutter ist wie ich

Seine Mutter heiße Janna, »wie Janna d'Arc«, beginnt Wladimir Kaminer unser Gespräch, und die Gedankenverbindung des Sohnes zu der französischen Heiligen und Heldin ist vielleicht beabsichtigt, jedenfalls ist sie amüsant und darum ernst zu nehmen.

*Haben Sie Geschwister?*

»Ich bin einziges Kind.«

*Wie kommt das?*

»Meine Eltern haben spät geheiratet, meine Mutter war eine nachdenkliche junge Frau, sie war schon sechsunddreißig bei meiner Geburt. Sie kommt wie ihre Mutter aus einer armen Familie, die Mutter ihrer Mutter war gläubig, die sprach jiddisch, die wohnten damals in Odessa; meine Großmutter Ewa war schon weltoffener, sie war wie andere sozialistische Bürger und hat früh geheiratet. Der Vater meiner Mutter hieß Kim, deshalb heißt meine Mutter Janna Kimowna. Sie wurde 1931 geboren, in Moskau, ich auch, ich bin 1967 dort geboren. Ihr Vater ist im Krieg 1941 umgekommen, als Soldat gehörte er zu einer Reiterdivision, die sind gegen Panzer geritten, von den Siegen hat er nichts gesehen. Im selben Jahr wurde Wanda geboren, die jüngere Schwester meiner Mutter, Ewa lebte allein mit ihren Töchtern in Moskau in einem Keller, sie hat hart gearbeitet, und meine Mutter paßte auf ihre kleine Schwester auf, macht sie noch heute. 1980 starb meine Oma, ich war dreizehn.«

*Erinnern Sie, wie das für Ihre Mutter war, der Tod ihrer eigenen Mutter?*

»Das wird ein so richtig trauriges Interview, merk ich. Ewa wollte immer, daß ihre beiden Töchter das taten, was sie richtig fand. Meine Mutter war schon eine junge Frau, als sie aus dem Keller rausging, sie wollte ein eigenes Leben führen, sie borgte sich von einem Onkel, den kaum jemand in der Familie kannte, viel Geld, damit zahlte sie eine erste Rate in eine Kooperative, sie konnte gut Englisch, machte technische Übersetzungen, sie hat dem Onkel alles zurückgezahlt und hatte ihre Wohnung. Eigentlich mochte meine Mutter sich nicht so durchschlagen, da kam mein Vater wie ein Sturm. Er hatte sich eine Karriere vorgenommen, für ihn war die Welt Scheiße, und er sagte sich, man muß so energisch wie möglich in dieser Scheiße herumschwimmen, um mit dem eigenen Willen etwas Besseres daraus zu machen. Mein Vater war in einer abscheulichen Umgebung groß geworden, sein Heimatstädtchen und die Leute dort, das ist vielleicht das Schlimmste, was ich gesehen habe, mittelalterlich, brutal, dort erzählten sich die Nachbarn, hast du schön gehört, die Frau vom Fleischer hat ihren Mann nachts mit Benzin übergossen und angezündet, und die alte Oma von nebenan hat ihrem Neffen was abgehackt und so fort.«

*Die Frauen dort in diesem Städtchen müssen am Ende ihrer Geduld gewesen sein.*

»Das waren alles Banditen, mein Vater nicht, er war drei Jahre in der Armee, er hat Wirtschaft studiert, der Betrieb, wo er Güterwaggons ausladen mußte, da wurde viel getrunken, er wurde in seinem Leben behindert, er konnte als Jude nicht in die Partei, dem Antisemitismus war er viel stärker ausgesetzt als meine Mutter oder ich in der Schule. Meine Mutter hat Maschinenbau studiert, sie ist Ingenieurin. Ihre Freundinnen arbeiteten ihr ganzes Leben lang in der Fabrik, meine Mutter ging da weg, sie unterrichtete in einer Berufsschule technisches Zeichnen. Mein Vater war damals ein gutaussehender Mann, er sagte, du hast eine Wohnung, ich habe einen Job, alles klar. 1966 haben sie geheiratet, meine Mutter kannte ihn kaum, 1967 wurde ich geboren.«

*Warum hat Ihre Mutter ihn geheiratet?*

»Sie war schon fünfunddreißig, sie hatte eine große Liebesbeziehung mit einem Mann, der leider schon verheiratet war. Ihre jüngere Schwester Wanda war anders, die rauchte in der Schule, die ging in Discos.«

*Ihre Mutter war zehn Jahre alt, als ihr Vater starb.*

»Ach, Sie wollen das psychoanalytisch erklären?«

*Haben Sie etwas gegen die Psychoanalyse?*

»Nein, nein, aber ich bin gegen Übertreibungen.«

*In einer Tochter, die ihren Vater früh verloren hat, gibt es vielleicht eine Sehnsucht nach einem Mann, den es für sie nicht geben kann.*

»Meine Mutter war als jüngere Frau ein bißchen so wie ich, ein zurückhaltender Mensch, immer Zweifel haben, nicht mißtrauisch, aber verträumt.«

*Daß* sie *damals aus dem Keller rausgegangen ist …*

»… ja, das war eine große Geste von ihr.«

*Eine wirkliche Tat.*

»Ja, ja, das passiert auch solchen Leuten. Ich bin ja auch nach Deutschland gefahren. Ich fuhr zuerst, und meine Mutter kam nach, sie ist seit 1991 hier.«

*Hat sie sich eingelebt in Berlin?*

»Ich finde schon. Sie hat alles, was man sich wünschen kann. Sie hat mit ihrem Ehemann Probleme, mit meinem Vater, die hatte sie immer schon. Mein Vater hat sich zu einer leidenden Persönlichkeit entwickelt, klagt viel und spricht über seine Leiden zu allen, aber er ist ein einsamer Mensch, und so spricht er über sich meistens zu meiner Mutter. Er ist unzufrieden. Meine Eltern sind geschieden, seitdem sie in Berlin sind, er hat seine kleine Wohnung, aber er ist die meiste Zeit bei ihr. Sie waren lange verheiratet, und sie sind immer noch zusammen, man kann nicht sagen, daß sie getrennt sind.«

*Als Sie der kleine Sohn Ihrer Mutter waren …*

»... er ist ja kein böser Mensch, damals war er zufriedener, er hatte Erfolg in seinem Leben, er hatte eine Frau, einen Sohn, er hat mich sehr geliebt.«

*Was für ein Paar waren denn Ihre Eltern?*

»Meine Mutter ist ein zivilisierter Mensch, viele Bücher, Theater, sowjetische Mittelschicht, sie hatte hübsche Kleider, einen Pelzmantel für den Winter, jedes Jahr Urlaub am Schwarzen Meer. Für meinen Vater war es auf jeden Fall Liebe. Meine Mutter? Da weiß ich nicht. Obwohl, heute, nach fünfunddreißig Jahren, kann man wohl sagen, sie hat viel in diese Beziehung investiert, jede andere Frau hätte ihn schon längst weggeschickt.«

*Sagt das Ihre Mutter?*

»Ja. Ich auch.«

*Warum hat sie es nicht getan?*

»Dafür habe ich keine Erklärung. Gestern zum Beispiel, sage ich zu meiner Mutter, ihr seid inzwischen seelenverwandt geworden, deshalb kannst du ihn nicht wegschicken, und sie sagte, so ein Quatsch!«

*Wie ist es denn zwischen Ihnen und Ihrer Mutter?*

»Wir verstehen uns prima, wir hatten niemals einen Streit, im ganzen Leben nie.«

*Ist das wahr?*

»Ja.«

*Gibt es das?*

»Wieso?«

*Sie sind von großer Bedeutung für Ihre Mutter? Gerade in dieser Ehe?*

»Klar. Ich bin der einzige Sinn dieser Ehe. Auch für meinen Vater, meine schriftstellerischen Erfolge, die wirken heilsam auf ihn, für ihn ist wichtig, was hat er erreicht? Und nun hat sein Sohn was erreicht.«

*Es gibt in Ihren Büchern keine vergleichbar intensive Geschichte über Ihre Mutter wie über Ihren Vater.*

»Er hat viel dummes Zeug gemacht, was in meinen Geschichten auch vorkommt, und meine Mutter hat eine Lebenseinstellung, so wie ich auch eine habe, ich mache in meinen Büchern auch nicht viel, ich bin zwar immer irgendwie dabei, aber nicht aktiv, ich bin eine ziemlich passive Person. Das entspricht auch meiner Mutter, sie ist ein ruhiger Mensch, wie ich.«

*War Ihre Mutter schon bei einer Lesung von Ihnen?*

»Sie saßen beide vorne in der Ecke, ich habe gelesen und zu ihnen hinübergeschaut, nachher kam der Chef vom Verlag auch zu meinen Eltern, Lob über den Sohn, wir haben zusammen ein Foto gemacht. Noch in Moskau, als ich Hippie war, das war für meinen Vater ein Schlag, wir trafen uns zufällig an der Straßenbahnhaltestelle, er sagte, geh bitte zwei Schritte weiter, ich möchte nicht mit dir in Verbindung gebracht werden. War nicht böse gemeint. Jetzt ist er stolz auf seinen Sohn.«

*Wenn ich nach Ihrer Mutter frage, sprechen Sie von Ihrem Vater.*

»Seit dreißig Jahren spricht sie mit mir über ihn.«

*Wie kam es, daß Sie alle drei nach Deutschland gingen?*

»Die Idee kam von meinem Vater. Seine Verwandten wanderten aus, nach Israel und nach Amerika. Dann erzählte ein Onkel, daß in Westdeutschland Juden aufgenommen würden, und da hat mich meine Familie geschickt, ich sollte mich umsehen. Es war nicht so, daß ich für immer von Rußland wegfuhr, das ist auch heute noch nicht so. Ich habe hier erstaunlich schnell alle Lebensgrundlagen schaffen können, ich rief meine Mutter an. Na, hallo, sagte sie, dann komme ich auch nach Berlin. Sie war zu dem Zeitpunkt schon Rentnerin, in der Sowjetunion ging man mit fünfundfünfzig in Rente, mein Vater hatte noch zu arbeiten, er ist drei Jahre jünger als sie. Meine Mutter besorgte sich hier eine Wohnung, mein Vater war glücklich, seine Familie war sicher untergebracht. Für meine Mutter waren diese Jahre die glücklichsten ihres Lebens, sie hat immer schon von einem Leben allein geträumt, dann kam mein Vater 1992.«

*Bleiben wir noch etwas bei diesen glücklichen Jahren.*

»Sie war viel mit ihren Freundinnen zusammen, ist ausgegangen, ist verreist, es hieß nicht mehr, was sagt der Vater dazu, man mußte nicht immerzu mit ihm rechnen. Ich war oft bei ihr, ich hatte noch keine eigene Familie, wir haben aber nicht zusammen gewohnt. Sie ist ein Weltmensch, sie hat sich sehr schnell hier alles beschaffen können, was man so braucht, was sie für sich will, sie spricht Deutsch, hat sie hier gelernt, und sie kann ja Englisch. Ständig geht sie ins Theater, mehr noch als in Moskau, sie besitzt alle Abos, sie geht vor allem in Konzerte, Oper, Operette, sie kauft Platten, viel Oper und klassische Musik, das mag sie. Sie ist reiselustig, mit Ina, mit ihrer Freundin, ist sie schon mehrmals nach Wien gefahren, zu einem Konzert von Pavarotti zum Beispiel. Ich war noch nie in Österreich, sie war schon fünfmal in Österreich. Sie ist in einer bestimmten Weise eine Optimistin, wie ich auch.«

*Spielt das Jüdische eine Rolle in der Familie?*

»Sie sind beide Mitglieder in der Gemeinde, meine Mutter interessiert sich für die kulturellen Aspekte und mein Vater für die politischen. Die haben die jüdische Gemeinde als Ersatz für die sozialistische Gesellschaft, da gab es auch immer Gruppen, die arbeiteten zusammen, und andere Gruppen, die konnten nicht miteinander.«

*Sie sind inzwischen selbst Vater.*

»Ja, ich habe eine Tochter und einen Sohn.«

*Wie läuft es zwischen Ihrer Mutter und Ihrer Frau?*

»Phantastisch. Meine Frau hat sofort gesehen, daß meine Mutter eine wunderbare Frau ist, ein hervorragender Mensch.«

*Wie sehen Sie Ihre Frau als Mutter?*

»Sie ist eine gute Mutter, finde ich.«

*Wie ist eine gute Mutter?*

»Das ist eine schwierige Frage. Eine gute Mutter ist diejenige, die ihre Vorstellungen von der Welt und von den Werten nicht auf die Kinder projiziert, die im Grunde die Kinder begreift, die sich zurücknehmen kann aus dem Bild. Dafür braucht man viel Willenskraft. Das Ergebnis ist immer anders als die Absicht der Eltern. Ich sage zu meinen Kindern, ihr müßt immer zusammenhalten. Aber das nützt nichts. Meine Frau und ich können mit gutem Beispiel vorangehen, dann machen die Kinder es vielleicht auch so. Ich glaube, unsere Welt kann zu jedem Zeitpunkt für eine größere Anzahl von Menschen ein Paradies sein. Man besitzt eine heilende Substanz in sich, wenn die von einem weggeht, macht das Leben keinen Spaß mehr, dann ist es nur noch eine Kette von inneren Bestrafungen. Das Leben von meiner Mutter und meinem Vater war und ist immer noch voll unerfüllter Träume, deswegen haben sie die kindische Einstellung beibehalten, unbedingt glücklich sein zu wollen, und sind darum unglücklich. Meine Mutter sehnt sich nach Freiheit, mein Vater nach Anerkennung. Es gibt eine schöne Geschichte von dem russischen Schriftsteller Pietow, der erzählt von einem Maler, der hyperrealistisch malt, Landschaften, und immer gibt es auf seinen Bildern einen dunklen Fleck, mal rechts, mal links, mal unten am Bild. Man fragt ihn, was das sei, und er sagt, das sei natürlich seine Nase, die würde er doch immer sehen. Und so ragte sie in alles hinein. Sind wir fertig?«

*Ja.*

»Dann will ich jetzt sofort meine Mutter anrufen.«

Helene Schneiderman

*ist Opernsängerin, geboren wurde sie 1954 in New Jersey als einziges Mädchen von vier Kindern, sie hat zwei ältere und einen jüngeren Bruder. Die Familie ist sehr musikalisch. Schon in der High School fiel sie durch ihre schöne Stimme auf. Sie absolvierte eine umfassende Ausbildung und studierte Gesang in Princeton, New Jersey, und am Westminster Choir College in Cincinnati, Ohio. Sie schloß ab mit Master of Music. 1982 sang sie in Graz vor und ging ins Engagement nach Heidelberg. Dort lernte sie ihren Mann kennen, das Ehepaar lebt in Stuttgart und hat zwei Töchter. Seit 1984 gehört Helene Schneiderman zum Ensemble der Stuttgarter Oper und wurde hier zur Kammersängerin ernannt. Die Mezzosopranistin ist bekannt geworden in zahlreichen großen Partien des Musiktheaters: als Octavian im »Rosenkavalier« und als Bradamante in »Alcina«, in Covent Garden war sie die Dorabella in »Cosi fan tutte«. Ihr besonderes Engagement gehört der zeitgenössischen Musik. Zwei CDs mit Liedern in Jiddisch, Ladino und Hebräisch liegen vor. 1999 zeigte das ZDF den Film »Im Warteraum Gottes«, in dem die Geschichte ihrer Eltern dokumentiert ist.*

## Sie würde jetzt für Sie singen

Bevor ich das Gespräch mit Helene Schneiderman beginnen kann, geht es bereits um ihre Mutter. Wir sind im Wohnzimmer, der Wellensittich schnarrt ohrenbetäubend, das Ehepaar Schneiderman-Flamme spricht auf mich ein. Er berichtet von einem Dokumentarfilm über die Mutter seiner Frau, über die Eltern, den könne er mir zeigen. Ich lehne ab, ich will erst in Ruhe mit der Tochter dieser Mutter sprechen. Das findet er nicht gut, seine Schwiegermutter sei eine beeindruckende Frau. Weil mir der Wellensittich das Mikrophon sprengt, gehen wir in die Küche. In dem Dokumentarfilm, sagt er, erzähle seine Schwiegermutter von einem deutschen Soldaten, der sehr nett gewesen sei. Zu Jom Kippur habe der damals der Familie ein Brot gebracht. Sie: »Nein, zu Pessach.« Er: »Zu Jom Kippur oder zu Pessach, jedenfalls zur Deportation.« Dann erzähle Helenes Mutter in dem Film von einer Suppe, die sie nach der Befreiung von einer deutschen Frau bekommen habe, das sei die beste Suppe ihres Lebens gewesen, sage seine Schwiegermutter heute noch, »und in einem Lager bei Gelsenkirchen, da ist ihre kleine Schwester von einem amerikanischen Tiefflieger …«.

Nachdem er gegangen ist, sagt sie: »Er hat auch eine jüdische Mutter.«

Im Jahre 1947 verläßt das Ehepaar Judith und Paul Schneiderman Europa. Nie wieder wollen sie deutschen Boden betreten. Sie haben überlebt, sie gehen nach Amerika, um sich ein neues Leben aufzubauen, mit nichts, aber sie haben einander und sie wollen Kinder. In New Jersey wird 1954 als drittes von vier Kindern Helene geboren, die einzige Tochter neben drei Söhnen.

Ausgerechnet Deutschland wird ihr Land, das Land, in dem Helene Schneiderman eine erfolgreiche Opernsängerin wird, das Land, das die Mutter, Judith Schneiderman, geborene Rosenberg, nie mehr betreten wollte. Nie mehr in ihrem Leben. Wenn aber ihre Tochter glaubt, dorthin gehen zu müssen? Wenn sie da Karriere machen kann? »Wir haben keinen Haß, der stärker ist als unsere Liebe zu unserer Tochter.«

Dieser Satz von der Mutter ausgesprochen gegenüber den jüdischen Freunden in Amerika, gegen deren andauerndes Kopfschütteln, gegen die eigene Überzeugung gesprochen, gegen das eigene Wünschen, die Tochter möge nicht ausgerechnet dorthin gehen, dieser Satz sollte wohl auch den alten und den neuen und den ewigen Antisemitismus bannen, dort drüben in Deutschland. Eine Art mütterlicher Fluch in strahlendster Pose hervorgebracht: Unsere Liebe zu unserem Kind ist größer als euer Haß auf uns!

Helene Schneiderman: »Die Agentur sagte mir, ich sollte in Heidelberg, Aachen und Gelsenkirchen vorsingen. Ich rief gleich meine Eltern an. Am Telefon hörte ich meine Mutter nach Luft ringen. Gelsenkirchen? Da wurde Esther getötet. – Ich sagte sofort: Ich gehe nicht hin, Mom, ist okay.«

Esther Rosenberg war die einzige der jüngeren Schwestern, die überlebte, weil Judith Rosenberg sie bei der Selektion an der Rampe von Auschwitz ganz schnell zu sich hinübergerissen hatte, auf die rechte Seite, die Seite, auf die alle kamen, die den SS-Männern als arbeitsfähig galten. Warum gerade Esther? Sie sah ein wenig kräftiger aus als die anderen beiden jüngeren Schwestern. Das mochte Judith in letzter Sekunde begriffen haben. Alles hatte sie irgendwie in diesem Augenblick begriffen. Daß es um Überleben und Ermordung ging. Esther konnte es schaffen. Um das zu erkennen, hatte für einen Moment ihr Blick auf ihren drei kleinen Schwestern gelegen, wie sie in der anderen Reihe standen, zwischen alten Menschen und kleinen Kindern, wie sie sich an ihre Mutter drängten, ihr einschätzender und abschätzender Blick, mit den Augen der Täter, furchtbarer Gedanke, aber um wenigstens eine zu retten. Vielleicht. Und vielleicht um den Preis ihres eigenen Lebens. Alles in wenigen Sekunden.

Monate später, in den Tagen der Befreiung, wurde Esther in Gelsenkirchen bei einem Bombenabwurf ihrer amerikanischen Befreier getötet. Die Flieger dröhnten über die Häuser. Die Schwestern rannten in Panik auseinander, in getrennte Richtungen.

Helene Schneiderman: »Meine Mutter Judith hieß als Mädchen Jentele und lebte in Rachow, in den Karpaten. Eine beliebte Urlaubsgegend. Das gehört jetzt wahrscheinlich zur Slowakei, war mal ungarisch, mal tschechoslowakisch. Sie hatte fünf Schwestern und einen Bruder, Bummi, der kam als Junge in eine Kadettenanstalt, weil er so wild war. Heute lebt er in Israel. Als die Familie deportiert wurde, war er nicht zu Hause.«

Jankel Rosenberg, Jenteles Vater, war ein frommer Mann, der ins Bethaus ging und den Talmud studierte. Seine Frau Ita war tüchtig im Geschäft. Kamen die Touristen die Straße hinauf, blieben sie an ihrem Laden stehen, vor dem ihre fünf Töchter saßen, kleine Beutel mit Perlen bestickten und die verkauften.

Am Freitag gab es bei Rosenbergs ein Hühnchen für zehn hungrige Menschen. »Das hat meine Mutter uns immer erzählt, denn ich bin auf einer Hühnerfarm aufgewachsen, fünfundzwanzigtausend Hühner. Mein Vater wurde Chickenfarmer, er wollte nach Hitler nie wieder für jemand anderes arbeiten als für sich und seine Familie.«

Vor der Deportation wurden die jüdischen Familien von Rachow in die örtliche Schule gesperrt, bewacht von SS und Wehrmacht. In dem Durcheinander klagender, angstvoller Menschen sah Jentele ihren Vater auf sich zukommen. Aber das war nicht der Vater. So durfte der Vater nicht aussehen.

So entblößt, so zerstört. Die Deutschen hatten ihm den Bart abgeschnitten.

»Meine Mutter ist 1944 nach Auschwitz gekommen mit vierzehn Jahren, sie, ihre drei jüngeren Schwestern, ihre ältere Schwester, die selbst schon einen kleinen Sohn hatte, und ihre Eltern. Ihre Mutter nahm der ältesten Tochter das Baby ab. Die muß gewußt haben, daß man mit einem Baby auf dem Arm in die Gaskammer kam. Dort, bei der Selektion, hat meine Mutter ihre Eltern, ihre beiden kleinen Schwestern und ihren Neffen zuletzt gesehen.«

Also Heidelberg. Das erste Engagement 1982 in Deutschland. Helene rief sofort die Mutter an. Heidelberg? Heidelberg konnte man irgendwie als international bezeichnen, da gab es amerikanische Soldaten und amerikanische Touristen und wieder eine Synagoge und inzwischen sogar eine jüdische Hochschule. Gut. Die Eltern kamen, um ihre Tochter zu sehen, zum ersten Mal in Deutschland auf der Bühne, und zwar als Hänsel, der mit seiner Schwester Gretel beinahe im Backofen geendet wäre, und die böse Hexe hatte wie immer eine so krumme Nase, wie man sie in Deutschland zu anderen Zeiten jüdisch nannte.

»Das ist meine Tochter«, sagte die Mutter stolz zu den Damen und Herren, die im Zuschauerraum des Opernhauses in ihrer unmittelbaren Nachbarschaft saßen und voll des Lobes waren über diesen schönen Mezzosopran.

Dann aber geschah etwas Unfaßbares. Etwas, das sich die Eltern hätten denken können und nicht zu denken vermochten: Ihre Tochter Helene stellte ihnen ihren zukünftigen Mann vor. Ein Deutscher. »Meine Eltern waren gegen Michael, er war deutsch, obwohl jüdisch. Sie wollten seinen deutschen Akzent nicht hören. Er ist fünfzehn Jahre älter als ich. Er hat die Zeit auch erlebt. Zwischen ihm und meiner Mutter sind elf Jahre.

Ich wollte Michael nicht aufgeben, auch nicht für meine Eltern. Mein Vater wollte ihn überreden, mich zu lassen, ich sei doch zu jung für ihn.«

In Deutschland fing Helene Schneiderman an, Tagebuch zu schreiben. »Da steht drin, daß ich mir in diesem Land nur drei, vier Wochen gebe. Ich lebe jetzt hier seit achtzehn Jahren. Es war wichtig für mich, daß ich es geschafft habe, mich von meinen Eltern unabhängig zu machen. Ich konnte endlich die große Helene sein, ausgerechnet in Deutschland. Mein Vater bekam in der Nacht einen Zusammenbruch. Für ihn kam alles zurück.«

Pinchas Sznajderman aus Polen nannte sich in den USA Paul Schneiderman. Vier Jahre Buchenwald, Dachau, Arbeitslager, Partisan. »Heute geht er in Amerika in die Schulen und spricht darüber. Jahrelang hat er geschwiegen. Meine Mutter hat darüber gesprochen, seit ich hören kann, alles hundertmal, wie dünn sie war, als sie rauskam, was sie alles verloren hatte, ihre Eltern, ihre Schwestern, wie aber der eine Deutsche gut war, ein Soldat.«

Konrad. Einquartiert bei Familie Rosenberg in Rachow. Sie mochten ihn. Er mochte die Familie. Als sich die Juden sammeln mußten zur Deportation, war Pessach, das Fest zur Befreiung aus ägyptischer Sklaverei. Sie hatten nur Mazze im Haus. Jenteles Mutter bat Konrad, Brot für sie zu kaufen. Er tat es.

*Angenommen, Ihre Eltern kämen jetzt herein und Ihr Mann wäre da.*

»Meine Mutter würde zu ihm sagen, Michael, du siehst gut aus! Sie macht ihm ein gutes Gefühl. Sie hat es in der Hand. Sie ist sehr großzügig. Wenn jemand zu ihr sagt, ich mag deinen Pulli, zieht sie ihn aus und gibt ihn her. Sie kann stur sein in ihrer Meinung. Mein Vater auch, aber anders. Sie ist naiv stur, hat ihre Träume, ihre Gedanken. Wenn wir nicht auch ihren Weg denken, das kann sie nicht haben, meine jiddische Mamme. Ich liebe sie über alles.«

*Was macht die jiddische Mamme aus?*

»Die Selbstbehauptung in der eigenen Liebe: Sie liebt ihre Tochter mehr als alle anderen Mütter ihre Töchter lieben können. Sogar ich habe keine Töchter, so wie sie eine Tochter hat. Sie war immer zu Hause der Boß. Andererseits, sie himmelt meinen Vater an, der Intelligenteste und der beste Liebhaber, das sagt sie uns dreimal am Tag, bis ich stöhne: Mom, du hast nie einen anderen gehabt. Dann sagt sie: Das muß ich auch nicht, ich weiß, er ist der Beste.«

*Was bleibt da für die Tochter? Nur der Zweitbeste.*

»Ich wollte meine Eltern nie traurig sehen durch mich. Ich hatte feste boy-friends, die nicht jüdisch waren, das habe ich nie erzählt. Ich habe viel versteckt vor ihnen, mit anderen Gefühlen, glaube ich, als meine Töchter manches vor mir verstekken. Spreche ich mit meiner Mutter darüber, sagt sie, ich sei wie alle Kinder und sie hätte sich auch so ihrer Mutter gegenüber verhalten. Sie wirft alles in einen Topf und will alles heil machen.«

*Wo lernten Ihre Eltern einander kennen?*

»Im DP-Camp in Landsberg am Lech. Sie suchte nach ihrer älteren Schwester und lief auf der Straße ihrem Bruder in die Arme. Mein Vater machte im Camp jiddisches Theater, sie sang ihm vor. Weil sie nicht gut Jiddisch konnte, engagierte er sie für den Chor. Wir sind eine musikalische Familie, meine Brüder spielen Instrumente, es gab immer Auftritte. Meine Mutter hat eine wunderschöne Stimme. Sie ist dreiundsiebzig Jahre alt und singt heute noch, mein Vater auch, zum Beispiel bei Feiertagen in der Synagoge, bei großen Veranstaltungen und Festen. Sie ist auch amerikanisch geworden – offenes Lächeln, happylook. Meine Eltern sind Showleute, stolze Menschen.«

Als Kind hatte Jentele Rosenberg von Shirley Temple gehört, dem weltweit beliebten Kinderstar. So wollte sie auch werden, ein Star, von allen geliebt. Als sie nach Auschwitz kam, blieb sie ohne Nummer. Sie war hübsch, sie war musikalisch, man bedeckte ihren kahlgeschorenen Kopf mit einem Tuch, stellte sie auf einen Tisch und ließ sie singen, für die SS-Männer, deutsche Lieder.

»Dafür bekam sie extra Brot, das sie mit ihren Schwestern teilte. Wäre meine Mutter hier, sie würde jetzt aufstehen und diese Lieder vorsingen. Als Kind ist mir das alles superpeinlich gewesen. Ich bat sie, nicht jiddisch zu sprechen, wenn eine meiner nichtjüdischen Freundinnen kam. Mommy, sprich bitte englisch! Und sie sagte: Englisch? Mit meinem komischen Akzent? Ist dir das lieber? Ich wollte nicht anders sein, ich wollte gut reinpassen.

Ein Kind liebt die Mutter so wie den Tag, ganz natürlich. Wie meine Mutter mich liebt, das wußte ich erst, als ich mein Kind zur Welt gebracht hatte. Ich kam zur Entbindung nach Amerika, ich wollte in der Nähe meiner Mutter sein. Als ich dann meine Tochter im Arm hielt, schenkte meine Mutter mir einen Ring von sich, den ich besonders an ihr liebte, und sagte: Meine Tochter hat eine Tochter.«

Stefan Heym

*wurde 1913 in Chemnitz geboren, acht Monate nach diesem Gespräch über seine Mutter starb er am 16. Dezember 2001 in Jerusalem. Er war zum Heinrich-Heine-Kongreß nach Israel eingeladen worden. Stefan Heym hatte 1936 seine Magisterarbeit über Heine geschrieben, 1993 wurde ihm der Jerusalem-Preis verliehen. Sein erster Roman 1942 hieß »Hostages. A Novel« (»Der Fall Glasenapp«), sein dritter Roman 1948 »The Crusaders« (»Bitterer Lorbeer«) wurde ein Bestseller. 1952 ging Heym in die DDR. 1953 bis 1956 war er Kolumnist der »Berliner Zeitung«, 1954 wurde »Im Kopf sauber. Schriften zum Tage« veröffentlicht, im selben Jahr erhielt er den Heinrich-Mann-Preis. 1959 wurde ihm der Nationalpreis II. Klasse der DDR verliehen. Im selben Jahr war die erste Fassung seines Romans »Fünf Tage im Juni« fertig, die verboten wurde, die zweite Fassung wurde 1974 in der BRD gedruckt. Weitere Romane waren »Lenz oder Die Freiheit« (1965), »Lassalle« (1969), »Der König David Bericht« (1972), »Collin« (1979), »Ahasver« (1981). 1988 veröffentlichte er »Nachruf« (auf sich selbst). 1994 wurde Stefan Heym zum Alterspräsidenten des Deutschen Bundestages gewählt, den er mit einer gefürchteten, dann gefeierten Rede eröffnete. Ein Jahr später legte er sein Mandat nieder. 1995 erschien »Radek«. Zuletzt wurde »Die Architekten« veröffentlicht, ein 1967 geschriebener Roman über den Untergang der DDR.*

## Mit Schmuckköfferchen durch New York

In allen biographischen Angaben steht zu lesen: Stefan Heym, mit richtigem Namen Helmut Flieg, wurde am 10. April 1913 als Sohn eines jüdischen Kaufmanns geboren.

*Ich habe lange gebraucht, bis ich einen Hinweis auf Ihre Mutter gefunden habe.*

Stefan Heym: »Die Leute haben mich nie nach ihr gefragt. Meine Mutter ist 1967 gestorben, sie ist etwa fünfundsiebzig Jahre alt geworden. Im Erzgebirge ist sie geboren, in der kleinen Stadt Thum. Sie hatte keine Geschwister.«

*Eine orthodoxe Familie?*

»Nein.«

*Hat sie erzählt aus ihrer Kindheit?*

»Nein. Sie hat überhaupt wenig über sich gesprochen. Ich wußte, sie kam aus dieser kleinen Stadt, und mein Großvater hatte dort eine kleine Textilfirma. Die hatte er wiederum von seinem Schwiegervater übernommen. Dann heiratete mein Vater meine Mutter und ist dadurch auch in diese Firma gekommen. Das war dann schon in Chemnitz. Thum gehörte zum Umkreis.«

*Und Sie sind in Chemnitz geboren?*

»Ja, Gott helfe mir.«

*Sie haben einen Bruder, sind Sie der zweite Sohn oder der erste?*

»Der erste. Bei meiner Geburt muß sie einundzwanzig Jahre alt gewesen sein. Ich hatte eine junge und schöne Mutter. Lieb sah sie aus, mit einem weichen Gesicht und wunderbaren warmen Augen. Ich erinnere mich, wenn ich aus der Schule kam, wir wohnten damals im zweiten Stock eines Hauses am Kaiserplatz in Chemnitz, wenn ich die Treppe hinaufkam, stand sie oben in der Wohnungstür mit ausgebreiteten Armen, mit diesem herrlichen Lächeln, das sie hatte, und hat mich da empfangen. Das habe ich noch jetzt vor meinen geistigen Augen, diese Szene. Sie ist da, und sie lebt für mich, meine Mutter. Sie war aber nicht das, was man als eine jiddische Mamme bezeichnet.«

*Wie wäre die denn?*

»Das ist etwas anderes, das ist immer mit Aufregungen verbunden. Meine Mutter war ruhig und einfach lieb.«

*Ihr Bruder kam …*

»… da war ich fünf Jahre. Ich bin 1913 geboren, er ist 1918 geboren. Ich glaube, ich war nicht sehr erfreut darüber. Wenn man ein Einzelkind ist und plötzlich die Liebe der Mutter und des Vaters teilen zu müssen, das ist ein kleiner Schock.«

*Haben Sie eine Vorstellung von dem Paar, das Ihre Eltern waren?*

»Ich glaube, die haben sich sehr geliebt, oder meine Mutter hat meinen Vater sehr geliebt. Mein Vater hat es nur nicht so häufig gezeigt, wenigstens nicht vor meinen Augen. Man war zurückhaltend. Mein Vater war der Chef in der Familie. Ich wuchs auf im Ersten Weltkrieg, wo es nicht so viel zu essen gab. Wenn es mal ein Ei gab, bekam der Vater das und nicht die Mutter und nicht der Sohn. Daran erinnere ich mich. Der Vater kam mittags nach Hause, fuhr mit der Straßenbahn, ruhte sich zu Hause eine halbe Stunde aus, ging dann wieder zurück …«

*… ins Comptoir.*

»… ins Comptoir, richtig.«

*Waren die Eltern streng? Gab es Schläge?*

»Ich kann mich nicht erinnern, daß ich geschlagen worden bin. Ich habe meinen kleinen Bruder geprügelt.«

*Wie hieß Ihr Bruder?*

»Werner.«

*Und Ihre Mutter?*

»Else und mein Vater Daniel.«

*Ein jüdischer Name.*

»Ein biblischer Name. Man ging zu den Feiertagen in die Synagoge.«

*Wurde koscher gegessen?*

»Nein.«

*Ihre Mutter war Hausfrau, war sie auch berufstätig?*

»Nein. Später dann in USA. Mein Vater, Gott segne ihn, mein Vater beging in der Nazizeit Selbstmord. Meine Mutter hat ihn begraben und hat, weil sie das Grab dann nicht mehr pflegen konnte, einen Stein darauf gelegt, keine Blumen. Ich bin nach 1945 als amerikanischer Soldat im Jeep nach Chemnitz gefahren, obwohl das russisch besetzt war, und habe das Grab meines Vaters gesucht, habe es aber nicht gefunden. Erst später habe ich es gefunden.«

Stefan Heym schrieb als Schüler antifaschistische Gedichte, floh 1933 nach Prag und ging 1935 in die USA. Dort schrieb er seine Magisterarbeit über Heinrich Heine. 1943 trat er in die US-Armee ein und nahm als Sergeant für psychologische Kriegsführung an der Landung in der Normandie teil. Als Angehöriger der Besatzungsmacht wurde er Mitbegründer der *Neuen Zeitung* in München. Er verweigerte die Veröffentlichung antisowjetischer Texte und verließ die Armee. Sein Kriegsroman *The Crusaders (Bitterer Lorbeer,* 1948) wurde Weltbestseller. Aus Protest gegen den Koreakrieg gab Heym 1952 der US-Regierung seine militärischen Auszeichnungen zurück und übersiedelte in die DDR.

Stefan Heym: »Meine Mutter brachte ich 1941 nach Amerika, zuerst meinen Bruder und dann meine Mutter. Das war ja nicht so einfach. Man mußte dieses elende Affidavit haben, und dafür mußte man Geld haben. Ein Konto mußte man haben, ein altes Konto, nicht neu auf die Bank gelegt. Ich hatte ein altes Konto, da waren zehn Dollar drauf. Dann habe ich mir Geld geborgt von Bekannten und hatte dann in dieser Woche eine größere Summe auf meinem Konto, habe mir von der Bank eine Bestätigung geben lassen, damit ich ein Affidavit kriegen konnte, dann habe ich das Geld wieder zurückgezahlt. Meine Mutter kam nach Amerika auf dem letzten Schiff, das noch aus Deutschland herausging.«

*Ihre Mutter fuhr allein.*

»Ja, sie fuhr allein. Sie hatte vorher gelernt, in Deutschland noch, solchen Schmuck zu machen, wie nennt man den? Nicht Talmi. Modeschmuck. Das hatte sie gelernt, und das verkaufte sie dann. Ich erinnere mich noch, wie sie mit ihrem Köfferchen durch New York gegangen ist und sich Kunden geworben hatte für ihre Waren, in solchen entsprechenden Läden, auch in Chinatown bei den Chinesen. Später nahm sie noch ähnliche Sachen von anderen mit, um sie zu verkaufen. Sie hatte binnen kurzer Zeit es fertiggebracht, sich selbst zu ernähren. Sie hat mich nicht beansprucht, weil ich ja auch kein Geld verdient hatte. Als Redakteur der deutschen antifaschistischen Zeitschrift *Deutsches Volksecho* bekamen wir zwanzig Dollar im Monat. Sie hat sich also bemüht, nicht mir und auch meinem Bruder nicht zur Last zu fallen.«

*Was war mit der Sprache? Englisch?*

»Sie hat es gelernt, zuerst hatte sie natürlich Schwierigkeiten.«

*Konnte sie Jiddisch?*

»Sie konnte kein Jiddisch.«

*Aber wohl Sächsisch. Würden Sie sagen, die Familie war assimiliert?*

»Die Familie war eine deutsche Familie.«

*Wo hat Ihre Mutter in New York gewohnt?*

»Meine Mutter hatte ein Zimmer, sie hat dort nicht bei mir gewohnt. Dort war sie sehr selbständig.«

Chemnitz – New York. Else Flieg war Witwe und erst Mitte vierzig. In Chemnitz lebten Anfang der dreißiger Jahre an die viertausend Juden. Davon waren fast die Hälfte Ostjuden, die nach Beginn des Ersten Weltkrieges gekommen waren. Sie waren arm, fromm, fleißig und sprachen Jiddisch, Schtetljuden. Nach dem Geschmack der deutschen Juden wahrscheinlich viel zu jüdisch wegen der immer lauter werdenden Antisemiten.

Die amerikanische Statistik zählte 104 815 Menschen aus Deutschland, die zwischen 1934 und 1944 als *Immigrant Aliens admitted* aufgenommen wurden. Etwa achtzig Prozent von ihnen waren jüdisch. Seit 1940 kamen mehr Frauen als Männer, Frauen wie Else Flieg, verwitwet, weil ihre Männer in Deutschland getötet worden waren. Sie brauchten einen Affidavit-Geber, jemanden, der sie finanziell absicherte, am besten einen Verwandten, denn Voraussetzung dafür, nicht nach Deutschland zurückgeschickt zu werden, war, *not likely to become a public charge,* der Öffentlichkeit nicht zur Last zu fallen. Über die Hälfte der jüdischen Einwanderer aus Deutschland ließ sich in New York City nieder. Die meisten Frauen wurden hier zum erstenmal in ihrem Leben berufstätig. So auch Else Flieg mit ihrem Köfferchen voller Modeschmuck, den sie selbst angefertigt hatte. Und wie richtig sie damit lag. Als hätte sie es geahnt: Die Amerikanerin trug Schmuck, machte sich Locken, malte sich die Lippen an, sogar die Sozialarbeiterinnen, die sich um die Integration der Flüchtlinge aus Nazi-Deutschland kümmerten. Der Modeschmuck von Else Flieg fand guten Absatz.

Stefan Heym: »Als ich dann zurückkam in die DDR, war die Frage, bleibt sie dort in New York mit meinem Bruder oder kommt sie zu mir? Aber es war besser, daß sie nach hier gekommen ist, weil ich dann hier in der DDR doch etwas mehr durch meine Bücher verdient habe als in New York, obwohl ich auch dort schon Bestseller schrieb, aber damals kriegte man nicht so viel Geld für Bücher, auch heute kriegt man nicht so viel Geld für Bücher. Sie kam nach. Wieder allein zurück. 1953 oder 1954.«

*Von New York nach Berlin-Ost. Ihre Mutter war zweiundsechzig Jahre alt.*

»Wir haben ihr ein Zimmer freigemacht, und dann hat sie hier gelebt. Und ich habe versucht, ihr ein gutes Leben zu geben.«

*Hat sie Ihre Bücher gelesen?*

»Ja, sicher. Sie war auch sehr stolz auf mich.«

*Gibt es Frauenfiguren in Ihren Büchern, die etwas mit Ihrer Mutter zu tun haben?*

»Ich glaube, in allen Frauenfiguren in meinen Büchern steckt etwas von meiner Mutter. Frauen, die sich mit der Welt auseinandersetzen, zum Beispiel die Julia in *Die Architekten.* Das Verhältnis der Julia zu ihrem Kind. Meine Mutter hatte mir sehr geholfen, als die Nazis mich verhaften wollten 1933. Sie hat meinen kleinen Bruder nach Berlin geschickt, um mich zu warnen: Sofort raus aus Deutschland. Die wollen dich verhaften. Du kommst nicht wieder frei. Das hat diese Frau gespürt und hat entsprechend gehandelt. Sie hat mir auf diese Weise das Leben gerettet. – Die haben meinen Vater verhaftet.«

*Hat Ihr Vater in der Haft Selbstmord gemacht?*

»Nach der Haft. Er war immer sehr ernst, und das Geschäft war auch keine reine Freude mehr. Er sah, daß ihm alles genommen werden würde. Da hat er Schluß gemacht. Muß furchtbar gewesen sein für meine Mutter. Die Mutter meiner Mutter hat auch Selbstmord begangen, auch in der Zeit. Kurz vor ihrem Tod hat mich meine Mutter gebeten, sie möchte neben meinem

Vater liegen, aber nicht in Chemnitz. Ich habe meinen Vater umbetten lassen, sie liegen nun beide zusammen in Weißensee. Viel zu selten besuche ich sie. Sie ist im Krankenhaus gestorben, an einer falschen Diagnose. Ein Idiot von Arzt hat auf Krebs diagnostiziert, dabei hatte sie einen Blinddarmdurchbruch. Sie hätte noch ein paar Jahre leben können.«

*Gab* es *einen Lieblingssohn?*

»Das weiß ich nicht, meine Mutter war sehr gerecht und hat meinen kleinen Bruder genauso geliebt, vielleicht sogar mehr als mich. Ich hatte das Gefühl, daß sie mich liebt, und etwas von meinem Gefühl für meine Mutter ist auch jetzt in meinem Gefühl zu meiner Frau.«

*War Ihre Mutter hier so selbständig wie in den USA?*

»Sie hat ihre eigenen Freundinnen gehabt. Ich erinnere mich, eine davon war die Mutter von dem Schriftsteller Peter Edel. Viele Freundinnen hatte sie nicht. Sie hat sich auch hier große Sorgen um mich gemacht. In ihren letzten Tagen, als wir schon wußten, daß sie sterben wird, war ich an ihrem Bett im Krankenhaus, plötzlich hat sie sich zu mir umgedreht und gesagt: Kannst du dich nicht versöhnen mit dem Ulbricht? Sie hat Angst gehabt um mich. Damals waren die Herren mir nicht gerade günstig gesinnt, und sie hat gedacht, das könne man so in Ordnung bringen. Nebbich. Und ich habe ihr gesagt, ja, ich werde das versuchen. Mach dir keine Sorgen. Das waren ihre letzten Gedanken. – Es hat mich irgendwie sehr mitgenommen, über meine Mutter zu sprechen. Glauben Sie denn, man wird sich wiedersehen, da drüben? Wissen Sie auch nicht. Solange noch jemand an den Toten denkt, ist der nicht tot. Erst dann, wenn wirklich alles weg ist. Insofern haben Schriftsteller einen gewissen Vorteil. Sie lassen ihre Bücher zurück. Aber auch die werden vergessen. Wieviel Bücher werden denn noch gelesen? Ich meine Bücher von Toten.«

*Ich lese oft Bücher von Autoren, die nicht mehr leben. Tucholsky, Arendt, Mann, Feuchtwanger. Wen lesen Sie?*

»Im Augenblick lese ich Heym, *Radek.* Das Buch kann ich Ihnen sehr empfehlen. Es handelt von Juden.«

Viola Roggenkamp
**Familienleben**
Roman

Band 16591

»Ein großer, schöner Familienroman.
Wenn man dieses Buch liest, ist man ganz glücklich.«
*Elke Heidenreich, Lesen!*

Hamburg 1967. In einer alten, abbruchreifen Villa im feinen Harvestehude wacht Alma Schiefer liebevoll und unerbittlich über das Leben ihrer Familie. Fania ist 13, ihre zickige Schwester 17. Die Töchter wissen, dass ihre jüdische Mutter nur mit Hilfe des Vaters überlebt hat. Und die Großmutter, auch sie eine Überlebende, hält einmal im Monat mit ihren Freundinnen ein »Theresienstädter Kränzchen« ab.

»Von den Schwierigkeiten, ein Trauma zu begreifen,
handelt mit Witz, Bildkraft und Wärme dieser
deutsch-jüdische Familienroman.«
*DIE ZEIT*

»So unsentimental. So sinnlich. So schrecklich schön.«
*Hamburger Abendblatt*

Fischer Taschenbuch Verlag

fi 16591 / 1

Christoph Meckel

**Suchbild**

Über meinen Vater

Mit einem Nachwort des Autors

Band 16162

»Der Mensch, den ich kannte, war nur ein Teil jenes anderen, den keiner kannte«.

Christoph Meckels Annäherung an den Vater erschien erstmals 1980 und war der Höhepunkt einer ganzen Reihe von literarischen Versuchen, mit denen Angehörige der 68er-Generation ihre Väter und deren Arrangement mit dem Nationalsozialismus beschrieben. Ein Klassiker in der Literatur über den Vater, in dem auch die eigene Kinderzeit nach dem Krieg sensibel, poetisch und genau erfasst wird.

»Wie Christoph Meckel in seinem Vater
die deutsche Malaise erkannte,
hat etwas Allgemeingültiges.«
*Die Zeit*

Fischer Taschenbuch Verlag

fi 16162 / 1

Christoph Meckel

**Suchbild**

Meine Mutter

Mit einem Nachwort des Autors

Band 16080

»Das Porträt meiner Mutter hätte Ingres gemalt, in idealer Manier. Das Brustbild einer Dame mit sinnenden Augen. Ein Buch, eine Tasse Tee, ein hübsches Kollier. Dahinter, im Dunklen verschwindend, ein Kruxifix.«

Erst nach dem Tod der Mutter veröffentlichte Christoph Meckel seine Aufzeichnungen über die Frau, die ihn in Freiburg, zwischen den Kriegen, zur Welt gebracht hat. Es ist die Geschichte einer nachgetragenen Enttäuschung. Ohne Nachsicht wird hier zur Sprache gebracht, was der Sohn vermißte: Phantasie, Zärtlichkeit, Anteilnahme. So entsteht das Bild einer Frau, die klug und kühl war. Zu kühl, um geliebt zu werden.

»Meckel ist unerbittlich.
... Eindrucksvoll ist die Präzision
und Wortgewandtheit seiner Kritik.«
*Literaturen*

Fischer Taschenbuch Verlag

fi 16080 / 1

Suad Amiry

**Sharon und meine Schwiegermutter**

Tagebuch vom Krieg aus Ramallah, Palästina

Aus dem Italienischen
von Annette Kopetzki

Band 16517

Eine Architektin aus Palästina schreibt ein Tagebuch vom Krieg. Scharfsinnig und klug erzählt sie vom Alltag unter der Besetzung. Die Israelis haben sie ins Visier genommen und in den eigenen vier Wänden inhaftiert – zusammen mit der Mutter ihres Mannes. Mit bissiger Klarheit und voller Humor erzählt Suad Amiry, wie die Tiefschläge Sharons und seiner Regierung sich mit den Zumutungen der tyrannischen Schwiegermutter vereinen.

»Vielleicht kann ich Ihnen eines Tages
die 34 Tage Haft vergeben, aber niemals
wird es mir gelingen zu vergessen,
dass ich sie mit meiner Schwiegermutter
verbringen musste.«

Fischer Taschenbuch Verlag

fi 16517 / 1